天水師範學院中國語言文學一流學科項目資助

《御史臺記》輯注

霍志軍　輯校

人民出版社

目　錄

輯校說明

本書輯佚正文,文字無法辨認或漫漶不清的字用"□"表示之後,正文所附材料,一般包括校勘、箋注、按語、相關補錄、匯評幾部分。

一、校勘

本書正文的"校勘",遵循以下原則:

①以《太平廣記》文淵閣四庫全書本(上海古籍出版社 1990 年版,即影印文淵閣四庫全書本)為底本,對錄自其他史書之材料,亦精擇善本。由於《御史臺記》相關內容歷代流傳情況復雜,不少作品各種版本之間文字差異較大,對此均出"校記"說明。

②凡底本誤而他本不誤者,均據他本改正,並出"校記"說明;凡底本與他本文字有異而又無法判斷何本為正確者,出"校記"說明;凡底本不誤而他本誤者,一律不出"校記"說明。

③凡正文中的異體字,在不影響文意的情況下一般不改動,也不出"校記"說明;對於在不同情況下使用實際文意有不同的異體字,則出"校記"說明。

④本書對底本中的歷代避諱字,依慣例不出校記,在箋注中予以說明。

二、箋注

正文中的人名、地名、官職名稱,儘量加注說明。語詞典實較為冷僻者亦略加注釋,以為一般讀者閱覽之助。注釋地名以李吉甫《元和郡縣圖志》為據,參用《舊唐書·地理志》等。

三、按語

由於《御史臺記》散佚較多,已難按原書體例編排,故本書正文之編排,先編排御史臺相關制度内容，次按照人物生卒年編排；凡生年可考者，以生年為順序；生年不可考而卒年可考者，以卒年為順序；生卒年具不可考者，據其生平活動有關情況大致確定其年代；佚名作者則推測其生活年代編排。對此均在按語中說明。本書正文源自何書，亦在按語中說明。按語還兼敍正文的内容，"敍御史正邪得失，以為世戒"，必要時介紹正文的歷史文化背景。

四、相關補錄

箋注中未能容納的有關内容，擇其要者列為補錄，以見相關人物風貌及《御史臺記》的後世影響。

五、匯評

韓琬著《御史臺記》，目的在於"敍御史正邪得失、進擢誅滅之狀，以為世戒"，是其優長之處。今大其體，擇要輯錄歷代對相關人物之評價，按時代順序臚列。雷同、空泛者不錄，已采入箋注者不錄，視歷代對相關人物之評價而定。

六、簡稱

爲節省篇幅，本書常用資料名稱采用簡稱：《太平廣記》稱《廣記》，《資治通鑒考异》稱《考异》。

前　　言

　　"唐自貞觀初以法理天下,尤重憲官,故御史復為雄要。"①由於御史在唐代社會政治生活中的重要地位,唐代出現了數種記載御史臺掌故、職官等的專書,如《新唐書》卷五八《藝文志》著錄:"杜易簡《御史臺雜注》五卷,記臺中故事。"按杜易簡為杜審言從兄,《舊唐書》卷一九〇《文苑傳上》有傳。另外,尚有李構《御史臺故事》三卷,記載自周迄隋的御史故事;韓琬《御史臺記》十二卷;韋述《御史臺記》十卷;記錄唐代御史臺故事。按韋述為開元、天寶時期人,當時燕國公張說重詞學之士,韋述與張九齡、許景先、袁暉、趙冬曦、孫逖等常遊其門。韋述在"書府四十年,居史職二十年,嗜學著述,手不釋卷",所撰有《唐職儀》三十卷、《高宗實錄》三十卷、《西京新記》五卷、《御史臺記》十卷等,《舊唐書》卷一〇二有傳。

　　上述四種專書,迄今均散佚不傳,其佚文如吉光片羽,在後世類書及一些史料筆記中不同程度地保存下來。其中,韓琬《御史臺記》是當時及後世影響較大的一種。凡關注中國監察制度的學者,無不關注韓琬《御史臺記》。此書史料價值尤高,在兩《唐書》編撰中,引用過《御史臺記》的大量內容;宋代司馬光撰《資治通鑒》亦曾較多參考該書;清人勞格、趙鉞《唐尚書省郎官石柱題名考》《唐御史臺精舍題名考》等,均引用過韓琬《御史臺記》部分內容;至今治唐代文史者,亦須用此書以參考。同時,此書散佚已久,材料雜亂,不經過整理,利用不便。故將韓琬及《御史臺記》相關情況加以探討和說明。

① 　(元)馬端臨:《文獻通考》卷二四《職官六》,中華書局 1984 年版,第 141 頁。

一、韓思彥、韓琬生平事蹟考述

《御史臺記》的作者韓琬，事蹟見於歐陽修編撰《新唐書》。《新唐書》卷一一二《韓琬傳》："琬字茂貞，喜交酒徒，落魄少崖檢。有姻勸舉茂才，名動里中。刺史行鄉飲餞之，主人揚觶曰：'孝于家，忠於國，今始充賦，請行無算爵。'儒林榮之。擢第，又舉文藝優長、賢良方正，連中。拜監察御史。"①

"家族是中國文化一個最主要的柱石……中國文化，全部都從家族觀念上築起，先有家族觀念乃有人道觀念，先有人道觀念乃有其他的一切。"②在中國古代，無論是地域文化的形成、文化中心的變遷，還是作家個體的成長等，都與家族家運密切相關。《元和姓纂》《新唐書·宰相世系表》等文獻中均有陳留韓氏家族的記載，為我們瞭解韓琬家族提供了基本文獻資料。德國人類學家米夏埃爾·蘭德曼曾說："人生而有之的身心構造不是一切。這種構造只是他的全部實在的一部分。我們僅僅詢問人的身心品質，我們就不能理解他。除了研究身心品質之外，還應研究他的客觀精神中的根；除了研究他生而有之的自然品質之外，還應研究文化制約作用——只有這樣我們才能完全理解他。"③如果從某種"精神之根"（即文化根源）上來審視韓琬一生的監察、文學活動，那麼，有兩個文化因素是不可忽視的：一是陳留韓氏家族濃郁的文化氛圍；二是韓思彥、韓琬父子兩代執憲烏臺、蕭政彈非的御史職業生涯，它們潛在地規約了韓琬的價值觀、人生觀的形成。

陳留韓氏"本潁川人稜後，徙陳留"④。長期以來，該家族有著一貫的崇文重教的良好家風，韓思彥、韓琬與中唐的韓雲清、韓愈、韓會等均屬於陳留韓氏，均以文學見長。《元和姓纂》卷四："侍御史韓（思）彥亦陳留人，生琬，殿中御史。"⑤韓思彥青年時即好學，曾"遊太學，事博士谷那律"。谷那律，貞觀中

---

① （宋）歐陽修等：《新唐書》卷一一二《韓琬傳》，中華書局 1975 年版，第 4164 頁。
② 錢穆：《中國文化史導論》（修訂本），商務印書館 1994 年版，第 51 頁。
③ ［德］米夏埃爾·蘭德曼：《哲學人類學》，張樂天譯，上海譯文出版社 1988 年版，第 218 頁。
④ （唐）林寶：《元和姓纂》卷四，岑仲勉校記，中華書局 1994 年版，第 493 頁。
⑤ （唐）林寶：《元和姓纂》卷四，岑仲勉校記，中華書局 1994 年版，第 494 頁。

累補國子博士,學識淵博,時人稱其為"九經庫",①是孔穎達《五經正義》的編撰者之一,主撰《春秋正義》。《唐會要》卷七六載:"顯慶三年,(思彥)制科及第。"②當時"萬年令李乾祐異其才,舉下筆成章、志烈秋霜科,擢第。授監察御史,"③"下筆成章、志烈秋霜科"設于顯慶三年(658年),是唐代最早設立的制科科目之一。韓思彥過人的文學才華於斯可見矣。

韓思彥游太學時,"律為匪人所辱,思彥欲殺之,律不可。"④可見作為監察官,韓思彥不獨有過人的文學才華,其俠肝義膽,亦為史家所稱道。《新唐書》卷一一二除韓思彥、韓琬之外,還載有以下幾位剛正不阿之御史:

王義方,泗州漣水人,"孤且窶,事母謹甚,研究經術,……舉明經,詣京師,客有徒步疲於道者,自言:'父宦遠方,病且革,欲往省,困不能前。'義方哀之,解所乘馬以遺,不告姓名去,由是譽振一時。"王義方素善張亮,亮抵罪,王義方也被貶謫到海南,是歷史上第一位遠謫海南的文人。海南"介蠻夷,梗悍不馴",王義方開海南學校教育之先河,竟臻"清歌吹龠、人人悅順"之境。張亮之侄張皎,時亦"配流在崖州,依義方而卒,臨終托以妻子,以尸歸葬。"義方許之,一諾千金,"使奴負柩,輟馬載皎妻,身步從之,既葬皎原武,歸妻其家。"⑤至於其後來彈劾宰相李義府,更是名震朝野。王義方一生官位不高,最高只做到六品的侍御史。這樣一個小人物,卻以忠厚仁義,在兩《唐書》《通鑒》中均有傳記。

員半千,王義方門人,"凡舉八科,皆中。"義方卒後,員半千"墳松柏冢側,三年乃去。"⑥王求禮,則天朝為左拾遺,遷監察御史,性忠謇敢言。"時三月,大雨雪,鳳閣侍郎蘇味道等以為瑞,草表將賀,求禮讓曰:'宰相燮和陰陽,而

---

① (後晉)劉昫等:《舊唐書》卷一八九上《儒學傳上》,中華書局1975年版,第4952頁。

② (宋)王溥:《唐會要》卷七六,上海古籍出版社2006年版。

③ (宋)歐陽修等:《新唐書》卷一一二《韓琬傳》,中華書局1975年版,第4163頁。

④ (宋)歐陽修等:《新唐書》卷一一二《韓琬傳》,中華書局1975年版,第4163頁。

⑤ (宋)歐陽修等:《新唐書》卷一一二《王義方傳》,中華書局1975年版,第4159—4160頁。

⑥ (宋)歐陽修等:《新唐書》卷一一二《員半千傳》,中華書局1975年版,第4161頁。

季春雨雪,乃災也。果以爲瑞,則冬月雷,渠爲瑞雷邪?'"①

《新唐書》將韓思彥與王義方、員半千、王求禮、柳澤、蔣欽緒等剛正良吏作爲合傳,異常鮮明地彰顯編撰者的價值取向。韓思彥身爲監察御史,不但善斷疑獄、明察秋毫,具有優秀監察官的業務素質,而且慎于用刑、決獄仁恕,具有仁者惻隱仁愛之心。"巡察劍南,益州高貲兄弟相訟,累年不決,思彥敕廚宰飲以乳。二人寤,齧肩相泣曰:"吾乃夷獠,不識孝義,公將以兄弟共乳而生邪!"②武后時期,韓思彥曾經就當時諸多問題,上書朝廷,提出自己的處理意見,很好地履行了一位監察官的職責。

每一家族的文化特性往往具有一定的延續性與穩定性。一種家風形成後,在家族成員中一般都會得到傳承,這就是我們常說的家學淵源。出身於這樣一個監察官的家庭,韓琬從小受到韓氏家族正直家風的影響,其人格、心性、氣質均不可避免地受到影響。據孟二冬《登科記考補正》考證,韓琬於天冊萬歲二年(696年)中文藝優長科,神龍三年(707年)舉賢良方正能直言極諫科,因授監察御史,知韓琬任監察御史在神龍三年。韓琬以連中文藝優長、賢良方正入仕,拔擢韓琬的是蔣欽緒。《新唐書》卷一一二《蔣欽緒傳》載:"蔣欽緒,……歷吏部員外郎。始,韓琬爲高郵主簿,使京師,自負其才,有不遇之言題客舍。它日,欽緒見之,笑曰:'是子歎後時耶?'久之,琬舉賢良方正,欽緒擢其文異等,因謂曰:'朋友之過免未?'琬曰:'今日乃見君子之心。'其務薦引士類此。"③韓琬任職御史臺後,曾出使、巡察各地,"神龍中,韓琬與路元毅、鄭元父充判官,至萊州。"④景雲年間,韓琬還以監察御史身份出監河北軍,兼按察使。受其父感召、影響,繼承乃父之志,同樣心存君國,以社稷爲重,忠實履行監察官使命。

韓琬不僅是唐代著名御史,還是唐代著名史學家、文學家,政事之余,勤於

---

① (宋)歐陽修等:《新唐書》卷一一二《王求禮傳》,中華書局1975年版,第4173頁。

② (宋)歐陽修等:《新唐書》卷一一二《韓琬傳》,中華書局1975年版,第4163頁。

③ (宋)歐陽修等:《新唐書》卷一一二《蔣欽緒傳》,中華書局1975年版,第4179—4180頁。

④ 見本書"出使御史"條。

著述。《玉海》卷五七引韋述《集賢注記》云：“開元中，宋州司馬韓琬上《續史記》一百卅卷，《南征記》十卷，《御史臺記》十二卷。”可惜三書皆散佚不存。御史臺經歷，使韓琬思想日益成熟。他深諳世事、洞悉人情，反對一些人徒有學問，而不深入瞭解社會，也不能有用於世。曾諄諄告誡子弟“耽翫經史者，宜詳時事。不然，何古人號為愚儒、朴儒、腐儒、豎儒耶？亦可貽誡子弟。”①顯然，這與他“經歷過喜交酒徒的抑鬱的青年時代，從而深刻體驗社會現實、瞭解下情有關。”②

　　就本質而言，封建國家的監察制度是為君主服務的，它一方面具有監察百僚、維護吏治的作用；另一方面，御史臺本身也具有強化專制統治的工具品格。在某些特殊歷史條件下，御史臺的工具品格相應會膨脹。唐代御史制度，既有貞觀朝省刑慎法、良性運作、監察百僚的成功經驗，也有武后時期酷吏橫行，“索元禮、來俊臣之徒，揣后密旨，紛紛並興，澤吻磨牙，噬紳纓若狗豚然，至叛胔臭達道路，冤血流離刀鋸，忠鯁貴強之臣，朝不保昏”③的慘痛教訓。景雲初年，唐王朝已於神龍元年（705 年）復國號唐，開始對武后時期嚴刑峻法政策撥亂反正，身為監察御史的韓琬上言：“國安危在於政。政以法，暫安焉必危；以德，始不便焉終治。夫法者，智也；德者，道也。智，權宜也；道，可以久大也。故以智治國，國之賊；不以智治國，國之福。貞觀、永徽之間，農不勸而耕者眾，法施而犯者寡；俗不偷薄，器不行窳；吏貪者士恥同列，忠正清白者比肩而立；罰雖輕而不犯，賞雖薄而勸；位尊不倨，家富不奢；學校不勵而勤，道佛不懲而戒；土木質厚，裨販弗蚩。其故奈何？雜以皇道也。自茲以來，任巧智，斥謇諤；趨勢者進，守道者退；諧附者無黜剝之憂，正直者有後時之歎；人趨家競，風俗淪替。其故奈何？行以霸道也。貞觀、永徽之天下，亦今日天下，淳薄相反，由治則然。”④這篇奏疏頗為切實，準確指出了當時的社會矛盾，也包含著韓琬對社會問題的深刻思考。

---

①　見本書“韓琬”條。

②　[日]池田温：《唐研究論文選集》，中國社會科學出版社 1999 年版，第 359 頁。

③　(宋)歐陽修等：《新唐書》卷二〇九《酷吏傳序》，中華書局 1975 年版，第 5904 頁。

④　(宋)歐陽修等：《新唐書》卷一一二《韓琬傳》，中華書局 1975 年版，第 4164—4165 頁。

對於現實政治運行中的種種積弊，韓琬也勇於糾正，充分顯示出作為傑出監察官的剛正人格和憂國憂民之情懷。然而，景雲年間，太平公主、韋后依舊用事，韓琬的這些主張並未得到重視，《新唐書》言："書入，不報。"先天中，賦絹非時，於是穀賤縑益貴，丁別二縑，人多徙亡。琬曰："御史乃耳目官，知而不言，尚何賴？"①從景雲到先天中，韓琬一直擔任監察御史的職務，並能忠實履行監察御史職責，是初盛唐之交時期的資深監察官。

綜上所述，韓琬之所以能寫成《御史臺記》絕非偶然，它既是韓氏文學家族良好家風長期積澱的產物，又與韓思彥、韓琬父子兩代長期的監察實踐密不可分。崇文重教的家庭氛圍，使得韓琬從小刻苦砥礪，能自樹立，練就了良好的文學功底，這為他後來從事《御史臺記》寫作作了很好的準備。長期的御史臺經歷，使韓琬對唐代御史制度的實際運作有著深入的瞭解，對唐代御史制度的優劣有著深刻的認識。在開元初期，唐王朝系統地撥亂反正，各項事業重回正軌的歷史時期，韓琬終於寫成了"敘御史正邪得失、進擢誅滅之狀，以為世戒"的《御史臺記》。

二、《御史臺記》的性質

《御史臺記》成書以後，在唐代即流傳頗廣，張鷟《朝野僉載》、中唐時期劉肅的《大唐新語》都較多錄有《御史臺記》的內容。中唐編撰《會要》的蘇冕將《御史臺記》《唐六典》《御史臺雜注》列為有關唐代御史制度的主要參考書。五代時期，後晉劉昫編撰《舊唐書》、北宋歐陽修、宋祁等編撰《新唐書》，司馬光編《資治通鑒》，都較多地參考了《御史臺記》的內容，可見該書在當時及北宋時期的影響。南宋重要公私書目，如陳騤《中興館閣書目》、陳振孫《直齋書錄解題》、晁公武《郡齋讀書志》等皆著錄《御史臺記》一書，並將其主要內容給予一定描述。元人馬端臨《文獻通考》則只引用了晁、陳二人之記載。可見韓琬《御史臺記》十二卷本的全文一直流傳到南宋末年，至元代則逐漸散佚了。

（一）《御史臺記》的卷次

日本學者池田溫先生對《御史臺記》研究甚深，他考證《御史臺記》全書的

① （宋）歐陽修等：《新唐書》卷一一二《韓琬傳》，中華書局 1975 年版，第 4166 頁。

卷次,資料主要源自以下:

1. 南宋初陳騤《中興館閣書目》:"殿中侍御史韓琬《御史臺記》十二卷。自唐初,迄開元五年。臺中官屬,凡十有一卷。皆論建置沿革,附以名氏爵里,美惡必書,敘傳一篇,自紀世家,並附雜說一十八事。"①

2. 陳振孫《直齋書錄解題》卷六:"《御史臺記》十二卷,唐殿中侍御史南陽韓琬茂貞撰。自唐初迄開元五年,御史姓名、行事及官制沿革,皆詳著之。第八卷為琬著傳,九卷以後為右臺。右臺創於武后,廢于中宗,歲月蓋不久也。莫有雜說五十七條。"②

3. 晁公武《郡齋讀書志》卷七:"《御史臺記》十二卷,……唐韓琬撰。載唐初至開元御史制度故事。以大夫、中丞、侍御史、殿中、監察主簿、錄事,分門載次名氏行事。著《論》一篇,敘御史正邪得失、進擢誅滅之狀,附卷末,以為世戒。"③

筆者亦曾長期關注此書,認為池田溫先生考證基本可以成立,唯在其基礎上稍作修正。茲將筆者考訂的《御史臺記》卷次排列如下:

卷一:御史臺沿革

卷二:御史大夫

卷三:御史中丞

卷四:侍御史

卷五:殿中侍御史

卷六:監察御史

卷七:主簿、裏行、錄事

卷八:韓琬傳

卷九:右臺御史大夫、御史中丞

卷一〇:右臺侍御史

卷一一:右臺殿中侍御史、監察御史

---

① 據(明)胡應麟《玉海》引。

② (宋)陳振孫:《直齋書錄解題》卷六,上海古籍出版社1987年版,第173—174頁。

③ (宋)晁公武:《郡齋讀書志》卷七,上海古籍出版社1990年版,第314頁。

　　卷一二：著論、雜說

　　《舊唐書》無韓琬傳記，在《新唐書》編撰過程中，特意為韓琬立傳，也許正是受韓琬《御史臺記》影響之故。因此，《新唐書》卷一一二《韓琬傳》的材料，很大程度上應來源於《御史臺記》，其中韓琬上述與御史臺得失的內容，疑即《御史臺記》卷一二之"著論"。

　　(二)《御史臺記》的史學價值

　　如前所述，《御史臺記》深得後世史家重視，兩《唐書》《資治通鑒》編撰中都參考此書所記史料。由於《御史臺記》散佚已久，其佚文在今本《廣記》①中保存最多。眾所周知，《廣記》是小說類類書，主要收錄街談巷語、逸聞趣事、鄉野叢談，其收錄的《御史臺記》內容，亦以俳諧故事為主，這無形中沖淡了《御史臺記》的價值，給人的感覺是《御史臺記》一書似乎亦是一種俳諧類為主的書。如果將現存《御史臺記》的內容與兩《唐書》引用情況作一對比，也許會有意想不到的結果。日本學者池田溫已有將兩《唐書》與《御史臺記》相互比較的成果。筆者在此基礎上，再就一些不大引人注意的御史資料相互對照如下：

兩《唐書》引用《御史臺記》資料統計表

序號	《御史臺記》	《舊唐書》	《新唐書》
1	**孟詵** 唐孟詵，平昌人也，……進士擢第，解褐長樂尉，累遷鳳閣舍人。時鳳閣侍郎劉禕之臥疾，詵候問之，因留飯，以金碗貯酪。詵視之，驚曰："此藥金，非石中所出者。"……遽燒之，果然。禕之以聞，則天以其近臣，不當旁稽異術，左授臺州司馬，累遷同州刺史。	《舊唐書》卷一四一《方伎傳》略同。	《新唐書》卷二一九《隱逸》：孟詵，汝州梁人。擢進士第，累遷鳳閣舍人。他日至劉禕之家，見賜金，曰："此藥金也，燒之，火有五色氣。"試之，驗。武后聞，不悅，出為臺州司馬，頻遷春官侍郎。相王召為侍讀。拜同州刺史。……詵居官頗刻敏，然以治稱。
2	**石抱忠** 石抱忠檢校天官郎中，與侍郎劉奇、張詢古同知選。抱忠素非靜慎，劉奇久著清平、詢古通婚名族。將分銓，時人語曰："有錢石下好，無錢劉下好，士大夫張下好。"斯言果徵。		《新唐書》卷一一二《石抱忠傳》載石抱忠"檢校天官郎中，與侍郎劉奇、張詢古共領選，寡廉潔，而奇久著清平，二人坐綦連耀伏誅。"

---

　　①　爲了節省篇幅，本書中宋代李昉編《太平廣記》(上海古籍出版社 1990 年版) 簡稱《廣記》，以下同。

续表

序號	《御史臺記》	《舊唐書》	《新唐書》
3	許子儒 許子儒知選，劉奇獨以公清稱。抱忠師範子儒，頗任令史句直，每注官，呼曰："句直乎?"時人又為之語曰："碩學師劉子，儒生用典言。"抱忠後與奇同棄市	《舊唐書》卷一八九上《儒學傳》略同。	《新唐書》卷一九八《儒學傳·許子儒傳》：子儒，長壽中歷天官侍郎，弘文館學士，封潁川縣男，以選事委令史句直，日偃臥不下筆，時人語曰"句直平配"。
4	張楚金 唐則天朝，刑部尚書張楚金為酷吏周興構陷。將刑，乃仰歎曰……	《舊唐書》卷一八七上《忠義上·張道源傳》：楚金，高宗時累遷刑部侍郎。……為酷吏周興所陷，配流嶺表，竟卒於徙所。	《新唐書·張楚金傳》略同
5	吳少微 吳少微，東海人也。少負文華，與富嘉謨友善。少微進士及第，累授晉陽太原尉，拜御史。時嘉謨疾卒，為文哭之。其詞曰……	《舊唐書》卷一九○《文苑傳》：少微亦舉進士，累至晉陽尉。中興初，調於吏部，侍郎韋嗣立稱薦，拜右臺監察御史。臥病，聞嘉謨死，哭而賦詩。	《新唐書·文藝傳》略同
6	來俊臣 來俊臣，雍人也。父操，……俊臣少詭譎無賴，反復險詖，殘忍荒慝，舉世無比。則天朝，羅告諸王貴臣，授朝散大夫，拜侍御史，按制獄。少不會意者，必牽引之，前後坐族，滅千餘家。朝廷累息，無敢言者。道路以目。與侍御史王弘義、侯思止腹心。羅告衣冠。無間春夏。誅斬人不絕。時于麗景門內置制獄，亦號為新開門，但人新開門，百不全一。弘義戲謂麗景門為"例竟門"，言入此門例竟也。俊臣與其党朱南山等十餘輩，造告密羅織經數十言，皆有條貫支節張本。佈置事狀由緒，其黨告之。或投匭以聞。則天委俊臣按問。俊臣造枷，號為"突地吼"。遭其枷者，輪轉於地，斯須悶絕矣。又作枷有十，號棒名"見即承"。復有鐵圈籠頭，當訊囚，圈中下楔。其餘名號數十，大略如此也。囚人無貴賤，必先例枷棒於地，召囚前曰："此是作具。"見之魂膽飛越，無不自誣者。則天重其爵賞以酬之，故更競勸為酷矣！由是告密者之徒，紛然道路，名流冗俯，閱日而已。朝士因朝，默遭掩襲，至於族滅，與其家訣曰："不知重相見否?"天授中，春官尚書狄仁傑、天官侍郎任令暉、文昌右丞盧獻等五人，並為其羅告。俊臣既以族人家為功，欲引人承反，乃奏請降敕。一問既承首例，得減死，以脅仁傑等，令承反。傑款曰："大周革命，萬物惟新，唐室舊臣，某從誅戮，反是實。"俊臣乃少寬之。其	《舊唐書》卷一八六上《酷吏上·來俊臣傳》：來俊臣，雍州萬年人也。父操，博徒。……兇險不事生產，反復殘害，舉無與比。……與侍御史侯思止、王弘義、郭霸、李仁敬，司刑評事康暐、衛遂忠等，同惡相濟。……俊臣每鞠囚，無問輕重，多以醋灌鼻，禁地牢中，或盛之甕中，以火圍繞炙之，並絕其糧餉，至有抽衣絮以啖之者。又令寢處糞穢，備諸苦毒。自非身死，終不得出。每有赦令，俊臣必先遣獄卒盡殺重囚，然後宣示。又以索元禮等作大枷，凡有十號：一曰定百脈，二曰喘不得，三曰突地吼，四曰著即承，五曰失魂膽，六曰實同反，七曰反是實，八曰死豬愁，九曰求即死，十曰求破家。復有鐵籠頭連其枷者，輪轉於地，斯須悶絕矣。囚人無貴賤，必先布枷棒於地，召囚前曰："此是作具。"見之魂膽飛越，無不自誣矣。則天重其賞以酬，故吏競勸為酷矣。由是告密之徒，紛然道路；名流俚偃閱日而已。朝士多因人朝，默遭掩襲，以至身死，與其家無複音息。故每入朝者，必與其家訣曰："不知重相見不?"如意元年，地官尚書狄仁傑、益州長史任令暉，冬官尚書裴游道、秋官尚書袁智宏、司賓卿崔神基、文昌左丞盧獻等六人，並為其羅告。俊臣既以族人家為功，苟引之承反，乃奏請降敕，一問即承，首例得減死。及脅仁傑等反，仁傑歎曰："大周革命，萬物惟新，唐朝舊臣，甘從誅戮。反是實。"俊臣乃	《新唐書·來俊臣傳》記載略同

序號	《御史臺記》	《舊唐書》	《新唐書》
	判官王德壽謂傑曰："尚書事已爾,且得減死。壽今業已受驅策,意欲求少階級,憑尚書牽楊執柔可乎?"傑曰："若之何?"壽曰:"尚書昔在春官,執柔任某司員外,引之可也。"傑曰:"皇天厚土,遣狄仁傑行此事耶!"以頭觸柱,血流被面。德壽懼而謝焉。仁傑既承反,所司待日行刑,不復嚴防,得憑首者求筆硯。折被頭帛書之,敘冤苦,置於綿衣中。遣謂德壽曰:"時方熱。請赴家人去其綿。"德壽不復疑。家人得衣中書,傑子光遠持之稱變,得召見。則天覽之惘然,召問俊臣曰:"卿言仁傑等承反,今其子弟訟冤何也?"俊臣曰:"此等何能自伏其罪。臣寢處之甚安,亦不去其巾帶,則天令通事舍人周琳往視之。俊臣遂命獄人,令假傑等巾帶,行立於西,命綝視之。懼俊臣,莫敢西顧,但視東唯諾而已。俊臣令綝少留,附進狀。 　　俊臣先逼取太原王慶詵女。俊臣素與河東衛遂忠有舊。忠名行雖不著,然好學,有詞辨,酒酣詣俊臣。俊臣方與妻族宴集,應門者妄云"已出矣"。遂忠知妄,入其家,慢罵辱之。俊臣恥其親族,命毆擊反接。既而免之,自此構隙。 　　俊臣將羅告武氏諸偽王及太平公主、張易之等,遂忠發之。則天屢保持,而諸武及公主可懼,共毀之,乃棄市。國人無少長皆怨恨,競剮其肉,斯須而盡。	少寬之。其判官王德壽謂仁傑曰:"尚書事已爾,得減死。德壽今業已受驅策,欲求少階級,憑尚書牽楊執柔,可乎?"仁傑曰:"若之何?"德壽曰:"尚書昔在春官時,執柔任某司員外,引之可也。"仁傑曰:"皇天后土,遣狄仁傑行此事!"以頭觸柱,血流被面,德壽懼而止焉。仁傑既承反,有司但待報行刑,不復嚴備。仁傑得憑守者求筆硯之,拆被頭帛書之,敘冤苦,置於綿衣,遣謂德壽:"時方熱,請付家人去其綿。"德壽不復疑矣,家人得衣中書,仁傑子光遠持之稱變,得見。則天覽之愕然,召問俊臣曰:"卿言仁傑等承反,今子弟訟冤,何故也?"俊臣曰:"此等何能自伏其罪!臣寢處甚安,亦不去其巾帶。"則天令通事舍人周綝視之。俊臣遂令獄卒令假仁傑等巾帶,行立於西,命綝視之。綝懼俊臣,莫敢西顧,但視東唯諾而已。俊臣令綝少留,附進狀。 　　俊臣先逼妻太原王慶詵女。俊臣與河東衛遂忠有舊。遂忠行雖不著,然好學,有詞辯,嘗攜酒謁俊臣,俊臣方與妻族宴集,應門者紿云:"已出矣。"遂忠知妄,入其宅,慢罵毀辱之。俊臣恥其妻族,命毆擊反接,既而免之,自此構隙。 　　俊臣將羅告武氏諸王及太平公主、張易之等,遂相掎摭,則天屢保持。而諸武及太平公主恐懼,共發其罪。乃棄市。國人無少長皆怨之,競剮其肉,斯須盡矣。	
7	**侯思止** 思止告舒王元名反,授遊擊將軍。初元禮教思止,上必問候大不識字,但云:"獬豸豈識字,只能觸邪。"果問而對,則天大悅,授左臺侍御史。又教,上若問要宅,得賜沒官者,但云:"臣惡其名,不願居止。"上又悅。	《舊唐書》卷一八六上《酷吏上‧侯思止傳》: 　　……授思止遊擊將軍。若言侯大不識字,即奏云:"獬豸獸亦不識字,而能觸邪!"則天果如其言,思止以獬豸對之,則天大悅。……元禮復教曰:"在上知侯大無宅,倘以諸役官宅見借,可辭謝而不受。在上必問所由,即奏云'諸反逆人,臣惡其名,不願坐其宅。'"則天復大悅。	《新唐書‧侯思止傳》記載略同

续表

序號	《御史臺記》	《舊唐書》	《新唐書》
8	陸元方為鸞臺鳳閣侍郎，居相國。則天將有遷除，必先訪之。元方密以進，不露其恩，人莫之知也。先所奏進狀章，緘於函中，子弟未嘗見。臨終，命焚之。曰："吾陰德於人多矣，其後福必不衰也。吾本當壽，但以領選曹，銓擇流品，吾傷心神耳。"言畢而終。	《舊唐書‧陸元方》略同	《新唐書》卷一一六《陸元方傳》：陸元方字希仲，蘇州吳人。元方初明經，後舉八科皆中，累轉監察御史。……除殿中侍御史，擢鳳閣舍人。——"吾陰德於人多矣，其後福必不衰也。吾本當壽，但以領選曹，銓擇流品，吾傷心神耳。"言畢而終。
9	**王弘義** 王弘義，衡水人也，告變授遊擊將家。天授中，拜御史，與俊臣羅告衣冠。俊臣敗，義亦流於嶺南。妄稱敕追，時胡無禮以御史使嶺南，次於襄鄧，會而按之，弘義詞窮，乃謂之曰："與公氣類也"元禮曰："足下昔任御史，禮今任洛陽尉；禮今任御史，公乃流囚。復何氣類？"乃榜殺之。弘義每暑月系囚，必于小房中，積蒿而施氊褥，遭之者，期須氣將絕矣，苟自誣或他引，則易於別房。俊臣常行移牒，州縣懾懼，自矜曰："我之文牒，有如狼毒冶葛也。"内史李照德曰："昔聞蒼鷹獄吏，今見白兔御史。"	《舊唐書》卷一八六上《酷吏上‧王弘義傳》： 王弘義，冀州衡水人也。告變，授遊擊將軍。天授中，拜右臺殿中侍御史。長壽中，拜左臺侍御史，與來俊臣羅告衣冠。時胡元禮為侍御史，使嶺南道，次於襄、鄧，會而按之。弘義詞窮，乃謂元禮曰："與公氣類"元禮曰："足下任御史，元禮任洛陽尉。元禮今為御史，公乃流囚，復何氣類？"乃榜殺之。自矜曰："我之文牒，有如狼毒野葛也。"弘義常於鄉里傍舍求瓜，主之家，弘義乃狀言瓜園中有白兔，縣官命人捕逐，斯須園苗盡矣。内史李昭德曰："昔聞蒼鷹獄吏，今見白兔御史。"	《新唐書‧王弘義傳》記載略同
10	吉頊，貶安固尉。	《舊唐書‧吉頊傳》：貶琰川尉，後改安固尉。	《新唐書‧吉頊傳》略同
11	王求禮，長安元年……三月。是月，大雪。蘇味道以為瑞。帥百官入賀。殿中侍御史王求禮……曰："三月雪為瑞雪，臘月雷為瑞雷乎？"……既入，求禮獨不賀。	《舊唐書》卷一○一《王求禮傳》："王求禮，許州長社人。則天朝為左拾遺，遷監察御史。性忠謇敢言，每上封彈事，無所畏避。……時三月雪，鳳閣侍郎蘇味道等以為瑞，草表將賀，求禮止之曰："宰相調變陰陽，而致雪降暮春，災也，安得為瑞？如三月雪為瑞雪，則臘月雷亦瑞雷也。"舉朝嗤笑，以為口實。"	《新唐書‧王求禮傳》記載略同

　　需要說明的是，上表並非是《御史臺記》所有内容與兩《唐書》的對比。應該說，表中所選内容僅是現存《御史臺記》90餘條材料中的11條，遠未能包含《御史臺記》現存佚文的全部，然而一些基本情況已經顯現出來。從上表看出，兩《唐書》中孟詵、張楚金、石抱忠、吳少微、來俊臣、王弘義、侯思止、來子珣的傳記很大程度上來自《御史臺記》，甚至有些傳記内容幾乎完整地採用了《御史臺記》的資料。司馬光撰《資治通鑒》，考證精審，歷來為史家所稱道，也

採用了《御史臺記》的諸多内容。同時,《御史臺記》保存了唐代特别是高宗武后時期大量有關監察制度、人物傳記、思想觀念、宗教民俗等方面的史料,記載以實錄爲主,内容基本可靠,《御史臺記》的史料價值值得充分肯定。

(三)《御史臺記》的文學價值

筆記作爲中國古代一種著述體式,多是古人耳聞目睹的社會劄記。唐人筆記"表現出强烈的娱樂化、世俗化傾向,它們走出了嚴邃的學術殿堂,褪去了宗教的神聖光環,也不限於記述達官名士的逸事,而是廣泛記録社會生活的各個方面,其題材和内容遠比前代豐富多彩。"①韓琬出生于文學世家,從小勤奮好學,"擢第,又舉文藝優長、賢良方正,皆中。"②其所著《御史臺記》記述了唐代前期御史臺的軼事,尤以武后朝事蹟爲主,對武則天時期的朝政尤多譏諷。全書中反映了有關人物事蹟、典章制度、社會風尚、傳聞逸事,也站在下層民衆的角度對武后朝的政治黑暗、吏治腐敗、酷吏横暴、民生疾苦有所揭露。韓琬與其父韓思彥兩代人先後任職御史臺,對臺中掌故、人物、歷史沿革等頗爲熟悉,所載多爲自己掌握的第一手文獻資料和耳聞目睹的真實情况,某種程度上具有"實録"性質,這也是兩《唐書》《資治通鑒》及後來治唐史者廣爲參考之原因。《御史臺記》不只内容豐富,叙事亦頗爲生動傳神,在中國古代筆記小説演進過程中有一定的地位和影響。

首先,《御史臺記》文筆省簡,生動傳聲,以富有個性化的筆觸塑造了唐代御史的群像。如果説各種正史"只是思想家的思想史或經典的思想史,可是我們應當注意到在人們生活的實際的世界中,還有一種近乎平均值的知識、思想與信仰,作爲底色或基石而存在,……還有一個一般知識、思想與信仰的世界。"③如關於唐代御史臺官員升遷的記載,有利於我們瞭解唐代御史制度的運作情况:"唐户部郎侯味虚著《百官本草》,題御史曰:"'大熱,有毒。'又朱書云:'大熱有毒。主除邪佞,杜姦回,報冤滯,止淫濫,尤攻貪濁。無大小皆搏之,幾尉簿爲之相。畏還使,惡爆直,忌按權豪。出於雍、洛州諸縣,其外州

---

① 陶敏:《全唐五代筆記》,三秦出版社 2012 年版,"前言"第 2 頁。
② (宋)歐陽修等:《新唐書》卷一一二《韓琬傳》,中華書局 1975 年版,第 4164 頁。
③ 葛兆光:《中國思想史·導論》,復旦大學出版社 2004 年版,第 13 頁。

出者,尤可用。日炙幹硬者為良。服之,長精神,滅姿媚。久服,令人冷峭。'"①上述文字,文筆省簡,生動傳神,不只寫出了唐代御史作為監察官鷹揚虎視、監察百僚的行政特點,而且頗為簡練、精要地概括出了御史的處事特點。千年以後讀之,唐代御史的形象仍然躍然紙上,令人過目不忘。

其次,《御史臺記》記述故事,生動形象,引人入勝。今天殘存的《御史臺記》在很大程度上已非原書全貌,但仍然敘寫了各類人物一百多個,涉及高宗武后時期的帝王、將相、御史、各級官吏、酷吏、市民等,都包括在内。《御史臺記》對人物的描寫有的重在形貌,有的重在才學,有的重在心理,有的重在精神氣質,均以生動傳神著稱。如"唐元福慶,河南人,拜右臺監察。與韋虛心、任正名、頗事軒昂。殿中監察朱評之詠曰:'韋子凝而密,任生直且狂;可憐元福慶,也學坐癲床。'正名聞之,乃自改為'俊且強'"。② 短短一段文字,韋虛心的細密謹慎、任正名的直率狂態,都呼之欲出。特別是任正名自己改"任生直且狂"為"任生俊且強",抓住人物性格的主要特徵作漫畫式的誇張,唐人性格中的率真、憨態,令人印象深刻。再如光庭曰:"與你官銜,我右臺御史也,可隨取值"之語,以富於個性的口語來表現人物的放逸。霍獻可"頭觸玉階,請殺裴宣禮","宣禮,獻可堂舅也。既損額,以綠帛裹於巾下,常令露出,冀則天以為忠。"短短幾句話,就寫盡了霍獻可這位酷吏的鑽營投機本性。其母"見其著緋衫,以面覆床,涕淚不勝曰:'此是汝舅血染者耶!'"通過同一環境中不同人物的表現形成鮮明對比,鞭撻了酷吏的殘忍劣根性。

唐代官修史書越來越走向程式化,本紀呆板如同流水賬,傳記亦以勾勒傳主生平為主要線索,《御史臺記》等筆記小說卻如花絮一般,生動入微地刻畫了人物性格的不同側面,讀起來如聞其聲、如見其人,有別具特色的文學魅力。從小說發展史來看,魏晉六朝小說,尚是"搜奇記逸",唐人小說乃"作意好奇,假小說以寄筆端。"《御史臺記》正標誌著魏晉小說向唐代傳奇的過渡,無論在小說敘事模式還是情節營構上,對中唐傳奇的興盛都做了極好的藝術上的鋪

---

① （宋）李昉等編:《太平廣記》卷二五五,上海古籍出版社 1990 年版,第 639—640 頁。
② （宋）李昉等編:《太平廣記》卷二五〇,上海古籍出版社 1990 年版,第 608 頁。

塾與準備。無論就内容還是對後世的影響來說,《御史臺記》在中國古代筆記小說史上均有一定的地位。

(四)《御史臺記》文獻學價值

《御史臺記》由於保存了大量唐代文史的豐富資料,在文獻學上亦有一定價值。

首先,《御史臺記》保存了諸多唐代文學家、文學家族的基本史料。一些著名文學家的家世情況,史書有時記載並不全面,幸賴《御史臺記》存留史料,使我們可以探知其家族情況。如貞觀朝監察御史盧莊道,兩《唐書》無傳,《御史臺記》則記載了此位過目不忘、博聞強記的文學家,足以補正史之失,彌足珍貴。《唐代墓誌彙編》大曆〇五八《有唐盧夫人墓誌》云盧莊道“英表冠時,休名滿代”,可知《御史臺記》所記當為不虛之言,史料價值頗高。又如“初唐四傑”之一的王勃祖父王通,“隋秀才高第,蜀郡司戶,書佐蜀王侍讀。大業末,退講藝于龍門。其卒也,門人諡之曰文中子。”(楊炯《王勃集序》)①當時文人如京兆杜淹、扶風竇威、河東薛收、清河房玄齡、鉅鹿魏徵、太原溫大雅等均師從王通習經。王通曾著《續詩》三百六十篇、《元經》五十篇、《禮論》二十五篇、《易贊》七十篇、《續書》一百五十篇,為隋末大儒。王勃叔祖王績山水詩在唐初詩壇卓然成家,其《野望》詩,尤為世所傳頌。王福畤“綜六藝以成能,兼百行而為德”,今《全唐文》卷一六一存文五篇。王勃長兄王勔、次兄王勮、弟王助、王劼等均已文顯。王氏文學家族的情況得以較完整地保存下來。《御史臺記》還記載“福時與韓琬父有舊”,王福畤與韓思彥書信往來,在所多有,這些材料對我們瞭解唐代文學家族之間的相互來往、交流、切磋,進而影響其文學創作,均有寶貴的文獻價值。再如吳少微、富嘉謨不僅是武后時期監察官,還是當時著名文學家。關於兩人的傳世文獻資料並不多,而《御史臺記》完整保存了吳少微哀悼富嘉謨的挽詩,被《全唐詩》收錄,兩人交往的一些細節也為兩《唐書》完整採錄。

其次,《御史臺記》保存了一些唐代文學的作家、作品。一些不太知名的

---

① (清)董誥等編:《全唐文》卷一九一,山西教育出版社 2002 年版,第 1154 頁。

唐詩作家,也在《御史臺記》存有詩作,如吉光片羽,彌足珍貴。如杜易簡,為武后時期著名文學家,著述甚豐,今《全唐詩》存其詩三首,其中一首《嘲格輔元》即采自《御史臺記》。石抱忠,今《全唐詩》卷八六九存詩一首,即從《御史臺記》錄入。又《全唐詩》卷八六九邵炅《嘲韋鏗》、韋鏗《嘲邵景蕭嵩》均采自《御史臺記》。石抱忠、邵炅、韋鏗諸人詩,還是他們僅存於世的作品。從此意義而言,《御史臺記》的文獻學價值不言而喻。

再次,《御史臺記》保存了唐代文學發生的一些原初景觀。如裴琰之,是武后時期享有盛名的作家,有"霹靂手"之譽。《舊唐書》卷一〇〇《裴漼傳》:"裴漼,……父琰之,永徽中,為同州司戶參軍。……琰之命書吏數人,連紙進筆,斯須剖斷並畢,文翰俱美,……由是大知名,號為'霹靂手'。"① 僅僅數十個字。而《御史臺記》記載裴琰之的文字近五百字,使我們能窺探到裴琰之作文時"詞理縱橫,文華燦爛,手不停綴,落紙如飛。傾州官僚,觀者如堵牆,驚歎之聲不已也"的風采;為我們認識唐代文學的發生史提供了難得的第一手文獻。

最後,《御史臺記》在考證、校勘方面亦有突出的價值。《御史臺記》在編撰過程中援用過其他一些史料記載,我們猜想韓琬可能用過其父韓思彥生前關於御史臺的一些著述。從古代監察制度史來看,《御史臺記》不僅保存了唐代御史制度的制度層面規定,如"臺門""冷峭御史""爆直"等,都是正史很少記載的。而且它還較多地反映出唐代監察制度的實際運作層面,使我們看到唐代御史群體的群像。《御史臺記》記載的一些史料,兩《唐書》《資治通鑒》《通典》等正史多有採錄。如宋代史學巨擘司馬光《資治通鑒考異》② 有關《御史臺記》的內容達二十五條;清人勞格、趙鉞《唐尚書省郎官石柱題名考》《唐御史臺精舍題名考》都引用《御史臺記》內容資以考證。同時,《御史臺記》的一些內容在《朝野僉載》《大唐新語》《封氏聞見記》《因話錄》《唐語林》中亦多次出現,在編撰時間上早于《大唐新語》等。這些唐宋史料筆記雖然流傳至

---

① （五代）劉昫:《舊唐書》卷一〇〇《裴漼傳》,中華書局 1975 年版,第 3128 頁。

② 爲了節省篇幅,本書中宋人司馬光撰《資治通鑒考异》（影印文淵閣四庫全書本）,以下均簡稱《考异》,以下同。

今,然幾乎每一本書都有殘缺。今人趙貞信《封氏聞見記校注》、周勛初《唐語林校證》等都曾參考過《御史臺記》的有關內容。由此可見,《御史臺記》考證、校勘價值也是不容忽視的。

(五)《御史臺記》的倫理取向

經世致用一直是中國史學的優良傳統,自春秋迄明清,它貫穿於中國史學發展之始終。史學具有典型的科學性、人文性相統一的特徵,折射出社會發展、歷史風雲演進的蹣跚步伐,它探索社會變遷的內在規律,更貽鑒著將來。唐代史學家劉知己《史通》卷二四《直書》:"史之為務,申以勸誡,樹之風聲。其有賊臣逆子,淫君亂主,苟直書其事,不掩其暇,則穢跡彰於一朝,惡名被於千載。"①披閱《御史臺記》,雖然殘存頗多,今之佚文遠非原書全貌,然全書依然有異常明顯的倫理取向,主要表現在以下幾個方面:

一是對剛正不阿、彰善嫉惡的正直監察官的頌揚。唐朝是封建社會的盛世,也是我國古代監察制度的重要發展階段。唐初統治者從總結歷史經驗中比較清醒地認識到,監察機關對於維護國家綱紀的作用,因而給予充分的肯定和重視。據《文獻通考·職官七》記載:"自貞觀初,以法理天下,尤重憲官,故御史復為雄要。"②唐玄宗在《飭御史刺史縣令詔》中說:"御史執憲,綱紀是司。"③睿宗更進一步表示:"彰善癉惡,激濁揚清,御史之職也。政之理亂,實由此也。"④不僅如此,鑒於隋末暴君專制兩代而亡的教訓,皇帝比較重視納諫,唐太宗不僅強調"主欲知過,必藉忠臣",在行動上重視聽取諫諍。這種制度設計明確了御史在國家政治生活中舉足輕重的地位,賦予御史相應的威權,從而也激發了唐代御史持身剛正、維護社會公平正義的事功精神。

御史臺無疑給唐代御史提供了一個極好的施展政治抱負的平臺,他們普遍有著良好的道德修養,注重"名節",以"道"自任,以社會正義、社會良知的代表者和維護者自居,甘赴鼎鑊,不避禍患。這樣,御史的職業使命和文人的

---

① (唐)劉知己:《史通》卷二四,中華書局 2014 年版,第 324 頁。
② (元)馬端臨:《文獻通考·職官六》,中華書局 1984 年版,第 141 頁。
③ (清)董誥等編、孫映逵點校:《全唐文》卷二九,山西教育出版社 2002 年版,第 195 頁。
④ 《唐大詔令集》卷一〇〇《令御史錄奏內外官職事詔》,影印文淵閣四庫全書本。

政治良知相結合,加強了他們職業意識的成熟和自覺,唐代御史中不乏持法公正、彈劾姦佞的監察官。如:

> 唐臨爲大理卿,初莅職,斷一死囚。先時坐死者十餘人,皆他官所斷。會太宗幸寺,親録囚徒。他官所斷死囚,稱冤不已;臨所斷者,默而無言。太宗怪之,問其故。囚對曰:"唐卿斷臣,必無枉濫,所以絶意"。太宗嘆息久之,……即日,拜御史大夫。①

在封建專制社會中,不畏強權、鐵面無私常常得罪權貴而丟官,甚至可能會付出坐牢、殺頭的代價。仍然有不少像王求禮、鄭仁恭那樣正直愛國、承擔社會道義的御史,並沒有因此被嚇倒、退卻,他們不避風險,不畏強權,不怕播遷,成為我國士人的優良傳統。其光明磊落的胸懷,不畏強暴的氣概,敢作敢為的個性,堅貞不屈的品格,千百年來受到人們的敬仰和稱讚。"文死諫、武死戰",這是唐代御史犯言直諫、敢說真話人格的生動寫照,它已經熔鑄為中華民族精神的組成部分,成為激勵後人樹立高尚情操的思想基礎。知識分子一旦入仕為官,就要有一種責任感,有為國家捨命的精神和勇氣。在此方面,相信唐代正直御史的從政實踐能給現代人以有益的啟迪。

二是對承風希旨、苟合取容的姦佞之徒和酷吏陷害忠良、殘忍行為的鞭撻。武則天大興告密之風的真實動機,是鞏固威權、打擊異己,維持自己的統治。其主要打擊對象是李唐王室及舊臣官僚。酷吏"上以希上主之旨,下以圖榮身之利。徇利毀多,則不能無濫,濫及良善,則淫刑逞矣。"②事實上形成了陰森恐怖的政治環境。武后時期酷吏如來子珣、萬國俊、來俊臣、魚承曄、劉光業、王德壽、鮑思恭、王處貞、王弘義、屈貞筠、侯思止、周利貞、郭弘霸、李敬仁、傅遊藝、姚紹之、李嵩、李全交、王旭、吉頊等二十人均有御史經歷。酷吏為吏尖刻而品德拙劣、利慾熏心、不擇手段、殘暴貪婪、善於投機。這些惡劣的人格特質在武則天蕭清政敵、整肅外朝的運動中進一步強化,其負面效應也更為突出。《御史臺記》在記載大量御史明察秋毫、懲治罪犯、救人于水火之中的

---

① (唐)劉肅:《大唐新語》卷四《持法第七》,見丁如明等點校《唐五代筆記以小説大觀》,上海古籍出版社 2000 年版,第 242 頁。

② 陳子昂:《諫用刑書》,《全唐文》卷二一三,第 1286 頁。

同時,也鞭撻了御史群體中一些諂媚取容的敗類:

> 唐張玄靖,陝人也,自左衛倉曹拜監察,性非敦厚。因附會慕容寶節而遷。時有兩張監察,號玄靖為小張。初入臺,呼同列長年為兄,及選殿中,則不復兄矣。寶節既誅,頗不自安,復呼舊列為兄,監察杜文範,因使還,會鄭仁恭方出使,問臺中事意,恭答曰:"寶節敗後,小張復呼我曹為兄矣。"時人以為談笑。①

> 唐成敬奇……與紫微令姚崇連親。崇嘗有疾,敬奇造宅省焉,對崇涕淚。懷中置生雀數從,乃一一持出,請崇手執之而後釋。祝云:"願令公速愈也。"崇勉從之。既出,崇鄙其諛媚,謂子弟曰:"此淚從何而來?"自茲不復禮也。②

可見,韓琬《御史臺記》在"敘御史正邪得失、進擢誅滅之狀"的同時,也在彰顯著作家創作的主體精神,有著鮮明的"以為世戒"③之目的,寄寓著自己的救世理想。

三、《御史臺記》的整理

《御史臺記》在南宋時期尚流傳於世,《郡齋讀書志》《直齋書錄解題》均有記載,元人陶宗儀編《說郛》,收書達六百餘種,以筆記小說為主,而未收《御史臺記》,可知是書大約至元代已散佚了。然其佚文如隕石一般散落在後世各種文獻之中,陶珽編《重校說郛》收《御史臺記》佚文九則,均來自《廣記》。明清時期一些類書如《古今圖書集成》等亦收有《御史臺記》佚文,然大體不出《廣記》《考異》之範圍。在古代御史制度研究已漸成"顯學"的今天,《御史臺記》的佚文散見各書之中,查閱殊不方便,學界需要一個相對完整的《御史臺記》,這是筆者整理《御史臺記》的初衷。

對《御史臺記》的整理,成績尤著者當屬陶敏先生,陶先生主編的《全唐五代筆記》④收錄《御史臺記》達九十一條,輯佚工作主要是李德輝君完成的。

---

① 見本書"張立靖"條。
② 見本書"成敬奇"條。
③ (宋)晁公武:《郡齋讀書志》卷七。
④ 陶敏主編:《全唐五代筆記》,三秦出版社 2012 年版。

李德輝君在廣泛搜集原書佚文的基礎上，做了較為精審、細緻的校勘工作，已經有了一個相對完整的輯佚本，頗有益於學人研究之需。其不足之處，一是佚文搜集尚不全面；二是佚文僅按照《廣記》收錄的先後次序排列。《廣記》自有其編排體系，與《御史臺記》編排體系並無直接關聯。茲將筆者本次整理《御史臺記》的佚文來源列表如下：

《御史臺記》佚文出處一覽表

序號	《御史臺記》佚文	佚文出處	序號	《御史臺記》佚文	佚文出處
1	御史臺三院	《古今合璧事類備要》外集卷四二	48	魏元忠	《考異》卷一一
2	侍御史	《廣記》卷二五〇	49	張楚金	《廣記》卷一六二
3	左右臺御史	《廣記》卷二五四	50	王本立	《考異》卷一一
4	御史裏行	《廣記》卷二五〇	51	彭先覺	《廣記》卷一九二
5	御史裏行	《廣記》卷二五四	52	張文成	《廣記》卷二五〇
6	冷峭御史	《海錄碎事》卷一一	53	王慶之	《考異》卷一〇
7	出使御史	《廣記》卷二五九	54	李昭德	《考異》卷一一
8	爆直	《封氏聞見記》卷五	55	滏州筮者	《廣記》卷二一六
9	臺門	《廣記》卷一八七	56	楊茂直	《廣記》卷二五四
10	臺揖筆	《文房四譜》卷一	57	郭霸	《考異》卷一一
11	南床	《紺珠集》卷七	58	周矩	《廣記》卷二五〇
12	孫伏伽	《考異》卷一〇	59	霍獻可	《廣記》卷二五九
13	李義琛	《廣記》卷一七一	60	徐有功	《考異》卷一一
14	任瓌	《廣記》卷二四八	61	紀履忠	《考異》卷一一
15	辛郁	《廣記》卷二四九	62	論欽陵	《考異》卷一一
16	尹君	《廣記》卷二四九	63	石抱忠	《廣記》卷二五五
17	盧莊道	《廣記》卷一七四	64	張昌宗	《考異》卷一一
18	李文禮	《廣記》卷二六〇	65	吉頊	《考異》卷一一
19	裴琰之	《廣記》卷一七四	66	姚貞操	《廣記》卷二五〇
20	元晉	《廣記》卷二四九	67	王求禮	《考異》卷一一
21	侯味虛	《廣記》卷二五五	68	馮嘉賓	《考異》卷一二
22	賈言忠	《廣記》卷二五五	69	李師旦	《廣記》卷二五九
23	高智周	《廣記》卷一四七	70	韓琬	《廣記》卷二五九

序號	《御史臺記》佚文	佚文出處	序號	《御史臺記》佚文	佚文出處
24	格輔元	《廣記》卷二五五	71	論	《新唐書》卷一一二
25	王福畤	《廣記》卷二四九	72	蕭誠	《廣記》卷二五〇
26	汲師	《廣記》卷二六五	73	嚴昇期	《廣記》卷二四三,明朝亯本出《御史臺記》
27	張玄靖	《廣記》卷二五九	74	鄭杲	《廣記》卷二四三
28	杜文範	《廣記》卷二五四	75	宋璟	《考異》卷一一
29	婁師德	《廣記》卷四九三	76	宋璟	《考異》卷一一
30	婁師德	《考異》卷一〇	77	張柬之	《考異》卷一二
31	陸余慶	《廣記》卷三二八	78	王同皎	《考異》卷一二
32	狄仁傑	《考異》卷一〇	79	張仲之	《考異》卷一二
33	狄仁傑	《廣記》卷二五四	80	姚紹之	《考異》卷一二
34	陸元方	《廣記》卷四九三	81	李詳	《廣記》卷四九三
35	鄭仁恭	《考異》卷一〇	82	唐奉一	《金石錄》卷二五
36	薛仲章	《考異》卷一一	83	吳少微	《廣記》卷二三五
37	裴明禮	《廣記》卷二四三	84	元福慶	《廣記》卷二五〇
38	盧廙	《廣記》卷二四九	85	崔希喬	《太平御覽》卷四一一
39	傅巖	《廣記》卷二五五	86	宋務光	《廣記》卷二五五
40	魚保家	《考異》卷一一	87	趙仁獎	《廣記》卷二五九
41	來俊臣	《廣記》卷二六七	88	邵炅	《廣記》卷二五五
42	胡元禮	《廣記》卷二六九	89	孟詵	《廣記》卷一九七
43	誣劉如璿惡黨	《廣記》卷二六九	90	房光庭	《廣記》卷四九四
44	王弘義	《廣記》卷二六八	91	成敬奇	《廣記》卷二五九
45	來子珣	《廣記》卷二五八	92	呂太一	《廣記》卷四九四
46	侯思止	《廣記》卷二五八	93	張佶	《續補侍兒小名錄》
47	騫味道	《考異》卷一一			

　　長期以來,學界在《御史臺記》的整理方面已經積澱了不少可以參考借鑒的資料,特別是李德輝先生的輯佚、校勘成果價值尤高,這些成果為筆者的輯佚、校勘、箋注工作提供了較多便利。我在先賢時彥輯佚的基礎上,擇善而從,

借鑒其輯佚、校勘成果，又補充錄入自己新見的有關佚文，對全書的材料進行了重新編排。由於年代久遠，按照原書體例排列佚文已不可能，我首先將唐代御史制度的有關史料排列於前；至於人物史料，則儘量按照時間先後順序重新排列佚文；使原書眉目為之一清。對文中的錯、脫、衍、異一一校正，盡可能恢復原書的原貌；對相關內容作了箋注，以利一般讀者閱讀。

《御史臺記》涉及內容較廣，對此書進行全面整理，需要各方面的知識。特別需要指出，本書對《御史臺記》的整理尚是階段性的。從兩《唐書》與《御史臺記》資料相互對照的情況來看，兩《唐書》中武德初至開元五年的御史資料，有頗多采自《御史臺記》。由此，我們有理由認為，兩《唐書》中初唐時期的王義方、員半千、柳澤、蔣欽緒、丘神績、萬國俊、魚承曄、張知默、焦仁宣、郭弘霸、李仁敬、皇甫文備、陳嘉言、劉光業、王德壽、王處貞、劉景陽、屈貞筠、唐奉一、曹仁哲、鮑思恭、周利貞、張福貞、張思敬、劉暉、姜燁、封行珣、李嵩、李全交、王旭等監察官的資料很可能即源於《御史臺記》，或與該書有密切聯繫。正如池田溫先生所說："今後廣泛地輯錄佚文和其他取意于佚文的文字，是遺留給我們的一個困難課題。"①

限於學力，書稿中存在不少錯誤，懇請學界同仁不吝指正。

---

① ［日］池田温：《唐研究論文選集》，中國社會科學出版社 1999 年版，第 361 頁。

御史臺三院

御史臺[一]三院[二]：一曰臺院[三]，其僚曰侍御史[四]，眾呼為"端公"[五]。見宰相及臺長[六]，則曰"某姓侍御"。知雜事，謂之"雜端"[七]。見臺長，則曰"知雜侍御"。雖他官高秩兼之，其侍御號不改。見宰相，則曰"知雜某姓某官"。臺院非知雜者，俗號"散端"。

二曰殿院[八]，其僚曰殿中侍御史[九]，眾呼為"侍御"。見宰相及臺長雜端，則曰"某姓殿中"。最新入，知右巡；已次，知左巡：號"兩巡使"。所主繁劇。及遷向上，則又入推，益為煩勞。惟其中間，則入清閒。故臺中諺曰："免巡未推，只得自如。"言其閒適也。廳有壁畫，小山水甚工，云是吳道玄[一〇]真跡。

三曰察院[一一]，其僚曰監察御史[一二]，眾呼亦曰"侍御"①。見宰相及臺長雜端，則曰"某姓監察"。若三院同見臺長，則通曰"三院侍御"。而主簿[一三]紀其所行之事。每公堂食會，雜事不至，則無所檢轄，唯相揖而已。雜事至，則盡用憲府之禮。雜端在南榻②，主簿在北榻，兩院則分坐。雖舉匕箸，皆絕譚笑。食畢，則主簿持黃卷揖曰："請舉事。"於是臺院長③白雜端曰："舉事"。[原注][一四]欲上堂，三院長各于食堂之南廊下，先白雜端云："合舉事。"則舉曰："某姓侍御史[原注]有同姓者，則以第行別之。有某過，請准條。"主簿書之。其兩院皆如此。若舉時差錯，則最小殿中舉院長，則最小侍御史舉殿院長；又錯，則向上人乃舉。雜端失笑[一五]，則三院皆笑，謂之"烘堂"，悉免罰矣。凡見黃卷罰直，遇赦悉免。臺長到諸院，凡官吏有所罰，亦悉免。御史歷三院雖

1

至美，而月滿殿中推鞫之勞，憚於轉兩院，以向下侍御史便領推也，多不願為，以此臺中以"殿中轉兩院"為戲詛之詞④。每出入行步，侍御史在柱裏，殿、察兩院在柱外；有時殿中入柱裏，則共咍之曰："著[原注]直略反，去也。"三院御史主簿有事白端公，就其廳，若有中路白事，謂之"篸端"，有罰。殿中已免巡⑤，遇正知巡者假故，則向上人又權知，謂之"蘸巡"。臺官有親愛除拜及喜慶之事，則謁院長、雜端、臺長，謂之"取賀"。凡此皆因胥徒走卒之言，遂成故事。察院每上堂了各報，諸御史皆入立于南廊，便服靸鞋，以俟院長。立定，院長方出，相揖而序行。至殿院門，揖殿中，又序行；至食堂前，揖侍御史。凡入門至食，凡數揖。祗揖者，古之肅拜也。臺中無不揖，其酒無起謝之禮，但云"揖酒"而已。酒最合敬，以恐煩卻揖。往往自臺拜他官，執事亦誤作"臺揖"，人皆笑之。每赴朝序行，至待漏院[一六]偃息，則有"臥揖"；上馬⑥則有"馬揖"。凡院長在廳院內，御史欲往他院，必先白，決罰又先白。察院有都廳，院長在本廳，諸人皆會話於都廳。[原注]御史初上後，遇雜端上堂，則舉三愆九失儀，緣是新人，欲並罰也。未遇雜端上堂，其犯舊條並不罰。察院南院⑦，會昌初監察御史鄭路所茸。禮察廳⑧，謂之"松廳"，南有古松也。刑察廳，謂之"魘廳"，寢於此多魘。兵察常主院中，茶必市蜀之佳者，貯於陶器，以防暑濕。御史躬親緘啟，故謂之"茶瓶廳"。吏察主院中入朝人次第名籍，謂之"朝簿廳"。吏察之上，則館驛使。館驛使之上，則監察使⑨。同僚之冠也，謂之院長。臺中敬長，三院皆有長。察院風彩尤峻。凡三院御史初拜，未朝謝，先謁院長；辭疾不見，則不得及上矣。[原注]諸家《御史臺記》，多載當時御史事蹟、戲笑之言，故事甚略。臺中有儀注，後漸遺闕。雖有板榜，亦但錄一時要節，自此轉恐磨滅矣。因與親友話及此，遂粗疏之。

【校勘】

①侍御：周勛初《唐語林校證》作"侍御史"，誤，今據原書。唐代殿中侍御

史、監察御史均稱"侍御",此在《全唐文》《全唐詩》中有大量例證。

②榻:原書作"揖",今據《唐玉林校證》改。

③臺院:《唐玉林校證》改為"臺院長",實為誤。

④兩院:據上文,當為"兩院",《唐玉林校證》作"西院",實為誤。

⑤已:《唐玉林校證》改為"有",不應改。

⑥上馬:原書作"上門",《紺珠集》卷五作"上馬",今據《紺珠集》改。

⑦察院南院:原書作"亦曰察院南院","亦曰"當為衍文。

⑧察:原作"祭",今據《唐玉林校證》改。

⑨監察使:下重"監察使"三字。

【箋注】

[一]御史臺:御史臺是唐王朝中央監察機構。唐武德初(618年)依隋制稱御史臺,龍朔二年(662年)改名憲臺,咸亨初(670年)復為御史臺。光宅元年(684年)武則天分御史臺為左、右肅政臺,左臺專知京百司,右臺按察地方諸州縣。神龍(705年)年間改左、右肅政臺為左、右御史臺,延和年(712年)廢右御史臺,先天二年(712年)復置,同年十月又廢,此後至唐末均稱御史臺。《舊唐書》卷四四《職官三》:"御史臺,秦、漢曰御史府,後漢改為憲臺,魏、晉、宋改為蘭臺,梁、陳、北朝咸曰御史臺。武德因之。龍朔二年改名憲臺。咸亨複。"《唐六典》卷一三《御史臺》:"御史臺,大夫一人、中丞二人、侍御史四人、主簿一人、錄事二人、令史十五人、書令史二十五人、亭長六人、掌固十二人、殿中侍御史六人、令史八人、書令史十人、監察御史十人、令史三十四人。"共計約一百三十六餘人。

[二]三院:唐代御史臺的所屬機構有臺院、殿院、察院,分別由侍御史、殿中侍御史、監察御史任職,統稱三院御史。

[三]臺院:唐代御史臺中,臺院是侍御史的辦公場所。

[四]侍御史:唐御史臺職官名。秦置侍御史,《周官》載:"(御史)掌邦國都鄙及萬民之治令,以贊塚宰,凡治之者受法令也。"以其在殿柱之間,亦謂之柱下史,秦改為侍御史。漢因秦制,置侍御史十五人。漢至劉宋,侍御史職能

屢有變遷。齊置侍御史十人,梁、陳皆九人,均為從五品。北魏置侍御史八人,為正八品下。北齊置八人,從七品下。北魏、北齊尤重御史,選御史須答策高第者。北周有司憲中士一職,相當於侍御史。隋朝置侍御史八人,從七品下。隋煬帝大業三年(607年),改為正七品。唐置“侍御史四員,從六品下。”《舊唐書》卷四四《職官志三》載,唐代侍御史的職責是:“掌糾舉百僚,推鞫獄訟。凡有別付推者,則按其實狀以奏。若尋常之獄,推訖斷於大理。凡事非大夫、中丞所劾,而合彈奏者,則具其事為狀,大夫、中丞押奏。大事則冠法冠,衣朱衣纁裳,白紗中單以彈之,小事常服而已。凡三司理事,則與給事中、中書舍人,更直直於朝堂受表。若三司所按而非其長官,則與刑部郎中員外、大理司直評事往訊之。”又《唐六典》卷一三《御史臺》云:侍御史掌“糾舉百僚,推鞫獄訟。其職有六:一曰奏彈;二曰三司;三曰西推;四曰東推;五曰贓贖;六曰理匭。”可見唐代御史臺中,侍御史的主要職責是糾劾百官,審訊案件,以及處理御史臺的內部事務。侍御史中年資最深者一人,處理御史臺的日常行政事務,故此人又稱雜端、端公、院長。侍御史中第二人負責彈奏事宜。侍御史第三、四人知東、西推。所謂東、西推,就是將京城百司及諸州分為東、西兩部分,各有侍御史一人負責監察。侍御史還可與相關部門組成“三司推事”,共同鞫審大獄,參與司法審判。

[五]端公:唐代臺院有侍御史四員,其中“侍御史年深者一人判臺事,知公廨雜事”。(《舊唐書》卷四四《職官三》)即處理御史臺的日常行政事務,故此人又稱雜端、端公、院長。他還可以管“殿中、監察執掌,進名、遷改,及令史考第”,由於“臺內事(由其)專決,亦號臺端”。“雜端”在三院御史中地位最為雄踞,往往晉升為御史中丞。

[六]臺長:即御史臺長官御史大夫。

[七]雜端:侍御史中資歷最深者一人主持臺院日常行政事務,故此人又稱“雜端”,見本條箋注[五]。

[八]殿院:唐代御史臺中,殿院是殿中侍御史的辦公場所。

[九]殿中侍御史:唐御史臺職官名。殿中侍御史,晉置四人,東晉時為二人。梁、陳二朝不載其品秩。北魏初期,殿中侍御史為從五品,太和末(500

年),降為從八品上。北齊置殿中侍御史十二人,正八品。隋開皇初(581年),改為殿內侍御史,置十二人,正八品下;煬帝大業三年(607年)省。唐武德五年(622年),置殿中侍御史四人,正八品上。貞觀二十二年(626年),增加員額、品階,殿中侍御史遂為"六人,從七品上。"《舊唐書》卷四四《職官志三》載,唐代殿中侍御史職責是:"掌殿廷供奉之儀式。凡冬至,元正大朝會,則具服升殿。若郊祀、巡幸,則與鹵簿中糾察非違,具服從於旌門,視文物有所虧闕,則糾之。凡兩京城內,則分知左右巡,各察其所巡之內有不法之事。"唐代殿中侍御史監察殿廷供奉之式,權力甚重,無論是誰,違反朝廷禮儀,均可彈劾。《唐會要》卷六二《值班》載:"大足元年,王無兢為殿中侍御史,正班於閤門外,宰相團立于班北。無兢前曰:'去上不遠,公雖大臣,自當肅敬。'以笏揮之,請齊班。"即使宰相違反朝儀,殿中侍御史亦可理直氣壯地彈劾。唐代殿中侍御史的另一重要職責是"分知左右巡,各察其所巡之內有不法之事。"這些不法之事包括"左降流移停匿不去,及妖訛宿宵,蒲博盜竊,獄訟冤濫,諸州綱典貿易,賦斂違法"(《唐六典》卷一三《御史臺》)等。殿中侍御史還與侍御史共掌推鞠之事,合稱"四推御史"。唐王朝十分注意對經濟犯罪的防範。殿中侍御史負有監察倉庫出納的重要職責。"倉"即司農寺太倉署所管國家糧倉,"庫"即太府寺左藏署所管國家金庫。唐前期,知東推的殿中侍御史監察太倉出納,知西推的殿中侍御史監察左藏出納。

[一〇]吳道玄:吳道子(680?—759年),唐代著名畫家,又名道玄,陽翟(今河南禹州)人。少孤貧,有畫名,曾任兗州瑕丘(今山東滋陽)縣尉,旋辭職。開元年間以善畫被召入宮廷,歷任供奉,畫史尊稱其為"畫聖"。唐張彥遠《歷代名畫記》云:"國朝吳道玄古今獨步,前不見顧陸,後無來者。授筆法於張旭,此又知書畫用筆同矣。張既號書顛,吳宜為畫聖。"

[一一]察院:唐代御史臺中,察院是監察御史的辦公場所。

[一二]監察御史:監察御史一職,可追溯到秦代的監郡御史。秦王朝以御史監理諸郡,謂監察史,漢代廢之。晉代設檢校御史,《晉書》云:"孝武太元中,創置檢校御史。而吳混之為之。"專掌出外巡查,此即為隋朝監察御史的前身。宋、齊、梁、陳諸朝,不設檢校御史。北魏太和末(500年),複置檢校御

史，為正九品上。北齊置檢校御史十二人，從八品上。北周秋官府有司憲旅下士八人，職能相當於檢校御史。隋朝立國，改為監察御史，置十二人，從八品上。隋煬帝大業三年（607年），增置為十六人，正八品。大業八年（612年），擢為從七品。隋煬帝后又置御史一百員，從九品，尋省之。唐代監察御史人數，《舊唐書》卷四四《職官志三》云："監察御史十員。"實則唐武德初（618年）沿隋制，設監察御史八員，貞觀二十二年（626年）加置二員，遂為十人。又《新唐書·百官志三》載："察院有計史三十四人，令史十人，掌固十二人。"可見察院還有令史等。監察御史品階初為從八品上，垂拱令升為正八品上。在三院御史中，監察御史頗引人矚目，監察御史雖然官品最低，但其監察所涉及的方面最為廣泛，《舊唐書》卷四四《職官志三》載：監察御史主要"掌分察、巡按郡縣、屯田、鑄錢、嶺南選補、知太府、司農出納，監決囚徒。監察祀則閱牲牢，省器服，不敬則劾祭官。尚書省有會議，亦監其過謬。凡百官宴會、習射，亦如之。"《新唐書·百官志三》對監察御史的職責範圍有較詳細記載："監察御史掌分察百僚，巡按州縣，獄訟、軍戎、祭祀、營作、太府出納皆蒞焉；知朝堂左右廂及百司綱目。凡十道巡按，以判官二人為佐，……其一，察官人善惡；其二，察戶口流散，籍賬隱沒，賦役不均；其三，察農桑不勤，倉庫耗減；其四，察妖猾盜賊，不事生業，為私蠹害；其五，察德行孝悌，茂才異等，藏器晦跡，應時用者；其六，察黠吏豪宗兼併縱暴，貧弱冤苦不能自伸者。凡戰伐大克獲，則數俘馘，審功賞，然後奏之。屯田，鑄錢，嶺南、黔府選補，亦視功過糾察。決囚徒，則與中書舍人、金吾將軍蒞之。國忌齋，則與殿中侍御史分察寺觀。蒞宴射、習射及大祠、中祠，視不如意者以聞。初，開元中，兼巡傳驛，至二十五年，以監察御史檢校兩京館驛。大曆十四年，兩京以（監察——筆者注）御史一人知館驛，號館驛使。監察御史分察尚書省六司，縣下第一人為始，出使亦然。興元元年，以第一人察吏部、禮部，兼監祭使；第二人察兵部、工部，兼館驛使；第三人察戶部、刑部，歲終議殿最。元和中，以新人不出使無以觀能否，乃命顓察尚書省，號曰六察官。開元十九年，以監察御史二人蒞太倉、左藏庫。三院御史，皆初領繁劇外府推事。"可見，監察御史之職，職能浩繁，就主要方面而言，以分察和分巡最為重要。從中央三省六部長官到地方州郡官僚都在監察御史的巡察範圍內,甚至監祭祀、監習射、監府廩、監財政,連嶺南、黔中的選補等也在其職權之內,一旦發現違法之處,即可實施彈劾。唐人所謂"御史為風霜之任,彈糾不法,百僚震恐,官之雄峻,莫之比也",當主要指監察御史而言。

[一三]主簿:據《舊唐書》卷四四《職官志三》,唐代御史臺中,臺院還設"主簿一人,從七品下。主簿掌印及受事發辰、勾檢稽失、兼知府廚及黃卷。"主簿主要負責掌印、收發文牒,考核、檢查文牒中有無漏失,並管理機關事務和書御史闕失的重要文本——黃卷。"錄事二人,從七品下。"錄事是主簿之輔佐,此外,臺院還有"主事二人,令史十七人,書令史二十三人,亭長六人,掌固十二人",均為一般辦事人員。

[一四][原注]:指唐代趙璘自注,以下同。

[一五]失笑:忍不住發笑,不自主地發笑。宋・蘇軾《文與可畫篔簹穀偃竹記》:"發函得詩,失笑,噴飯滿案。"

[一六]待漏院:古時百官晨集,等待朝拜之所。漏者,以銅為壺,貯水其內,水滴有聲,為計時之用。唐・李肇《唐國史補》卷中:"舊百官早朝,必立馬於望仙建福門外,宰相于光宅車坊,以避風雨。元和初,始制待漏院。"

【按語】

本條材料見《古今合璧事類備要》外集卷四二引《御史臺記》,又見趙璘《因話錄》,宋代王讜《唐語林》卷八《補遺》與趙璘《因話錄》略同。據孟二冬《登科記考補正》,韓琬於天冊萬歲二年(696 年)中文藝優長科,神龍三年(707 年)舉賢良方正能直言極諫科,因受監察御史。景雲年間,韓琬還以監察御史身份出監河北軍,兼按察使。先天中,賦絹非時,於是穀賤縑益貴,丁別二縑,人多徙亡。琬曰:"御史乃耳目官,知而不言,尚何賴?"從中可以看到,從景雲到先天中,韓琬一直擔任監察御史的職務,並能忠實履行監察御史職責。開元中,遷殿中侍御史,是初盛唐之交時期的監察官。趙璘約生於唐憲宗元和初,文宗大和八年(834 年)中進士第,開成三年(838 年)舉拔萃科,宣宗大中七年(853 年)為左補闕,其撰《因話錄》時當參考過《御史臺記》。《紺珠集》卷五:"《因話錄》趙璘":"【御史三院】一曰臺院,其僚曰侍御史,呼為端公。知雜事者謂之雜端,非知雜事謂之散端。二曰殿院,其僚曰殿中侍御史,新入者知右巡,以次左巡,號兩巡使。三曰察院,其僚曰監察御史,每公堂會食,皆絕談笑,若雜端失笑,則三院皆笑,謂之烘堂。【臺中無不揖】飲酒無起謝之禮,但云揖酒。赴朝偃息於待漏,則有臥揖,上馬有馬揖。他悉以揖為禮。【諸察院廳名】察院諸廳各有他名,禮察謂之松廳,廳南有古松也。刑察謂之魘廳,寢者多魘。兵察謂之茶甌廳,以其主院中茶,茶必以陶器置之,躬自緘啟故也。吏察主朝官名籍,謂之朝簿廳。"顯系從《御史臺記》摘錄而來。又見宋·曾慥編《類說》卷一四、元人陶宗儀《說郛》等。李德輝《全唐五代筆記小說》第一冊《御史臺記》第九十一條"唐制,御史臺三院"注此條"非《御史臺記》之文。"筆者以為《古今合璧事類備要》外集卷四二既引《御史臺記》,以後《因話錄》《唐語林》等均參考其文,可見《古今合璧事類備要》所引,必有其淵源所自,故系於此。

侍　御　史

　　唐京臺監察院西行中間，號"橫劈房"。凡遷此房者，必先盛饌臺中，而後居焉。先無窗，後人置之。神龍中，侍中楊再思[一]兼大夫，諸相畢送視事。中書令魏元忠[二]嘗任監察，臺中故事素諳。謔指房曰："此是橫劈房。"諸相問故，元忠具述其由。御史曰："此房近日遷耶？"曰："無別遷①。"元忠曰："當為開窗出氣，故不遷耳。"左右歡笑殆不禁。且御史糾察郡司，綱紀庶務，實為眾官所忌。晉御史為"冷峭"，而突厥號御史為"吐屯"。則天朝，蕃使來朝者，而吐屯獨立不入班。諭德[三]張元一[四]以詼②諧見稱，問蕃使曰："此獨立者為誰？"譯者曰："吐屯，此御史。"元一③曰："人言我朝御史獨冷峭，此蕃御史亦甚冷峭。"舉朝喧笑。

【校勘】

①遷：原作"選"，據明鈔本改。

②詼：原作"齊"，據明鈔本改。

③一：原作"忠"，據明鈔本改。

【箋注】

　　[一]楊再思（634—709 年），名綝，字再思，鄭州原武（今河南原陽西）人，東漢太尉楊震之後，唐朝武周時期宰相。《新唐書》卷四《則天皇后紀》："延載元年……八月……己巳……左肅政臺御史大夫楊再思為鸞臺侍郎，洛州司馬

杜景儉檢校鳳閣侍郎:同鳳閣鸞臺平章事。"《新唐書》卷六一《宰相表上》:
"延載元年八月己巳,姚璹守納言,左肅政臺御史大夫楊再思為鸞臺侍郎,洛
州司馬杜景儉檢校鳳閣侍郎,並同鳳閣鸞臺平章事。"楊再思在武則天、唐中
宗年間兩居相位,毫無作為。《全唐文》卷六三四李翱《疏屏姦佞》:"所謂姦邪
之臣者,榮夷公、費無極……王鳳、張禹、許敬宗、楊再思、李義府、李林甫、盧
杞、裴延齡之比是也。姦佞之臣信用,大則亡國,小則壞法度而亂生矣。"

[二]魏元忠(637? —707年),初唐時期政治家,歷仕高宗、武后、中宗三
朝,兩次出任宰相。詳見本書"出使御史"【箋注八】。

[三]諭德:官名,唐高宗龍朔二年(662年)始置太子左右諭德各一人,秩
正四品下,掌對皇太子教諭道德,左右諭德各屬左右春坊。咸亨元年(670年)
十二月廢,景雲二年(711年)再置。

[四]張元一:《全唐詩》卷八六九小傳:"元一,則天朝為左司郎中,善滑
稽。時吐蕃人上封事多加官賞,有為右臺御史者,則天問元一在外,有何事可
笑,……尋改他官。"顯系從《御史臺記》摘錄而來。

【按語】

本條材料見《廣記》卷二五〇引《御史臺記》,主要敘述唐代御史臺之掌
故。唐代御史"多以清苦介直獲進,居常敝服羸馬,至於殿庭。"這種清廉自
守、清方自居、兩袖清風的生活態度,加之以嚴峻之氣度、剛直之心性,自然給
人以冷峭的感覺。唐代御史群體長期經歷的波詭雲譎、充滿風險的監察實踐
使他們的倔強性格中多了一份沉著、嚴肅,強悍之中多了一分冷冽、峭厲的
色彩。

左右臺御史

唐孝和[一]朝,左、右臺①御史[二]有遷南省[三]仍內供奉者三,墨敕授者五,右②臺議之為"五墨三仍"。左臺呼右臺為"高麗僧",言隨漢僧赴齋,不呪願歎唄,但飲食受賑而已。議其掌外臺[四],在京輦無所彈劾,而俸祿同也。[五]自右臺授左臺,號為"出蕃";自左臺授右臺,號為"沒蕃"。每相遇,必相嘲謔[六]不已也。

【校勘】

①左右臺:《類說》卷六、《紺珠集》均作"左臺"。武后時期御史臺改左、右肅政臺,雖巡察範圍不同,辦公仍在原御史臺內。

②右:《廣記》無"右"字,據《紺珠集》補。

【箋注】

[一]孝和:唐中宗李顯(656—710年)初諡孝和皇帝,葬于定陵。《全唐文》卷二五八蘇頲《唐中宗孝和皇帝諡議冊文》:"維景雲元年歲次庚戌十月戊寅朔十三日庚寅,……請上尊諡曰孝和皇帝,廟曰中宗。謹議。"

[二]左、右臺御史:武則天在唐初御史臺的基礎上,分置左、右肅政臺。光宅元年(684年)武后《改元光宅敕文》稱:"司隸之官,監郡之職,所以巡省風俗,刺舉愆違。今人物殷煩,區宇遐曠,而所在州縣,未能澄肅。可制右肅政御史臺一司,其職員一準御史臺,專知諸州按察。其舊御史臺改左肅政御史臺,專知在京有司及監諸軍旅並出使。"《舊唐書》卷四四《職官三》:"光宅元

11

年分臺為左右，號曰左右肅政臺。左臺專知京百司，右臺按察諸州。神龍復為左右御史臺。延和年廢右臺，先天二年復置，十月又廢也。"杜佑《通典》載："武后時，改御史臺為肅政臺，凡置左、右肅政二臺。別置大夫、中丞各一人，侍御史、殿中、監察各二十人。……左以察朝廷，右以察郡縣。"又宋代類書《類要》引《垂拱令》曰："左肅政臺監察御史，掌在京糾察、祠祀及諸出使之事。"可見左、右肅政臺有明確的職責分工，左肅政臺主要監察兩京官吏，右臺則負責巡查地方。這樣對中央、地方的監察控制都得到強化，有助於武后對百官的控制；同時御史權力的無限膨脹又形成了一股病態勢力，導致酷吏政治的形成，其負面效應異常明顯。

[三]南省：尚書省的別稱。唐代中書、門下、尚書三省均在大內之南，而尚書省位居中書、門下二省之南，故稱"南省"。柳宗元有《南省轉牒欲具江國圖令盡通風俗故事》詩。

[四]外臺：開元以前，諸節度使並不帶御史銜，《唐語林》卷八載："自張守珪為幽州節度，加御史大夫，幕府始帶憲官，由是方面威權益重。遊宦之士，至以朝廷為閑地，為幕府為要津。遷騰倏忽，坐致郎臺，彈劾之職，遂不復舉。"諸節度使本來即是方面大員，又兼御史大夫，權力更為加強，一般文士追名逐利，紛紛投往幕府。唐代諸道方鎮參佐均帶御史銜，度支、鹽鐵、轉運等巡院官員亦帶御史銜，稱為外臺，享有一定的監察權，然終不能與地位雄要的御史臺官員相提並論。

[五]"京輦"句：左肅政臺主要監察兩京官吏，右臺則負責巡察地方。此是左臺御史常譏笑右臺御史在京都無監察權，只是白拿俸祿。

[六]嘲謔：調侃戲謔之意。

【按語】

本條材料見《廣記》卷二五四引《御史臺記》，又見《紺珠集》。

御史裏行

　　唐開元中置裏行[一]，無員數[二]。或有御史裏行，侍御史裏行，殿中裏行，監察裏行。以未爲正官[三]。臺中詠之曰："柱下雖爲史，臺中未是官。何時聞必也[四]？早晚見任端[五]。"任端，即侍御史任正名[六]也。

【箋注】

　　[一]裏行：唐代官員除了正式任命的之外，還有許多靈活變通的任用形式，如員外、員外同正、裏行、內供奉等稱謂加在官稱或職事的後面，表明各自不同的適用範圍和任用性質。唐代最多的是監察御史裏行，"裏行官"創置時間有二說：一說最早出現于唐太宗貞觀六年（623 年），始于馬周。《大唐六典》卷一三《御史臺記》載，馬周以布衣游于京師，借宿于中郎將常何家。因替常何上疏言得失，得到太宗賞識。太宗令馬周直門下省，並欲拜爲監察御史。"以布衣，太宗令于監察御史裏行。自此，便置裏行之名。"另一說始于高宗龍朔元年（661 年）之王本立。《唐會要》卷六〇《御史臺記》"監察御史"條載："龍朔元年八月，忻州定襄縣尉王本立爲監察御史（裏行），裏行之名始於此。"杜佑《通典》卷二四《職官六》注曰："太宗朝，始有裏行之名。高宗時方置內供奉及裏行官，皆非正官也。"可見裏行官之始于太宗朝，而其制度化，則始于高宗朝。兩說並不矛盾。除監察御史之外，武后、玄宗時期更是出現了其他名目繁多的裏行官。王溥《唐會要》卷六〇《御史臺上》：武后文明元年（684 年）"制殿中（侍御史）裏行，以楊啟、王侍征爲之。"《新唐書》卷四八《百官三》：

"開元七年,……又置御史裏行使、侍御史裏行使、殿中裏行使、監察裏行使,以未為正官,無員數。""裏行官"之設置,一是主要爲資淺者試攝之意,二是不受編制、員額之限制,其待遇俸料"並同正員給"。(《大唐六典》卷一三《御史臺》)在唐王朝選人多、官員員額少的情況下,無疑是破格使用人才的有效措施。

[二]無員數:裏行官無政府規定的編制員額限制,為流外官。

[三]正官:政府規定編制、員額、品級的正規官員。

[四]聞必也:典出《論語·顔淵》:"子張問:'士何如斯可謂之達矣?'子曰:'何哉? 爾所謂達者?'子張對曰:'在邦必聞,在家必聞。'子曰:'是聞也,非達也。夫達也者,質直而好義,察言而觀色,慮以下人。在邦必達,在家必達。夫聞也者,色取仁而行違,居之不疑。在邦必聞,在家必聞。'"聞必也,即"在邦必聞,在家必聞"之意,指在社會上具有一定的地位和聲望。

[五]任端:唐代侍御史為御史臺主持日常事務者,稱為"端公",任正名為侍御史,故稱"任端"。

[六]任正名:唐初盛唐之交時期官吏,曾任同州錄事參軍、侍御史等職。《唐御史臺精舍題名考》卷一"碑陰題名":"《新·嚴挺之傳》:'先天二年,侍御史任正名恃風憲,至廷中責詈衣冠,嚴挺之讓其不敬,反為所劾。'"又見《大唐新語》卷六:"張同州沛之在州也,任正名為錄事,劉幽球為朝邑尉。沛奴下諸官,而獨呼二公為劉大、任大,若平常之交。……時幽求方立元勳,居中用事,遂免沛於難。"

【按語】

本條材料見《廣記》卷二五〇引《御史臺記》。唐代御史制度規定,三院御史除正員之外,還有員外、試、裏行及內供奉等員。《通典》卷二四《監察侍御史》曰:"凡諸內供奉及裏行,其員數各居正官之半,唯俸祿有差,職事與正同。"內供奉及裏行一般不得超過正員數的一半。員外及試則無員額限制。神龍元年(705年)罷員外及試官,裏行及內供奉終唐一世沿置不替。唐代御史臺三院的創置,是中國古代御史制度在唐代成熟的標誌之一,臺、殿、察三院分工明確,各司其職;御史大夫、御史中丞、侍御史、殿中侍御史、監察御史等,自上而下,職責分明,相互配合,構成了相當嚴密的監察體系。對於唐御史臺裏行官的設置、職能等,可參見張東光《唐代御史臺的裏行官》(《遼寧大學學報》2005 年 3 月)。

御史裏行

武后初稱周，恐下心未安，乃令人自舉供奉官[一]，正員外多置裏行。有御史臺令史[二]，將入臺，值裏行御史數人，聚立門內。令史不下驢衝過。諸御史大怒，將杖之。令史云："今日之過，實在此驢。乞先數[三]之，然後受罰。"許之。謂驢曰："汝技藝可知，精神機鈍，何物驢畜，敢於御史裏行？"於是御史羞慚而止。

【箋注】

[一]供奉官：與員外同正員、裏行等均為唐從官之名。《新唐書》卷四八《百官志三》："長安二年，置（御史）內供奉。"

[二]令史：隋唐時期的臺、省、院、部均設令史，皆為低級辦事吏員。《新唐書》卷四八《百官志三》："（御史臺）臺院有令史七十八人，書令史二十五人，……殿院有令史八人，書令史十八人，察院……有令史十人。"

[三]數：責備。《廣雅·釋詁一》："數，責也。"

【按語】

本條材料《廣記》卷二五四"出《國朝雜記》"。日本學者池田溫將其作為《御史臺記》佚文（池田溫《唐研究論文選集》，中國社會科學出版社1999年版，第339頁）其主要是關於唐御史臺的逸事，應是《御史臺記》之內容，故收錄於此。該條材料反映了武周時期御史臺之混亂情況，可補史料失載。武則天當政期間，一度授官頗濫。《朝野僉載》卷四："則天革命，舉人不試皆與官，起家至御史、評事、拾遺、補闕者，不可勝數。張鷟為謠曰：'補闕連車載，拾遺平斗量。杷推侍御史，椀脫校書郎。'"

冷峭御史

唐御史官糾察群司,衆呼爲冷峭[一]御史。

【箋注】

[一]冷峭:態度嚴峻,話語尖刻。御史監察吏治、彈劾不法、推究刑獄的工作職責,使御史經常處於與不法官吏作鬥爭的驚濤駭浪之中,故御史多以清苦介直獲進,居常敝服羸馬,出入朝廷。御史彈劾姦邪,勢必遭到貪官污吏的強烈抵制,監察工作經常冒著殺身之禍。只有氣節剛直、清正廉潔、敢於堅持原則、敢於碰硬,才能勝任"肅政彈非"工作。

【按語】

此條材料見《海錄碎事》卷一一下引"《御史臺記》",當爲《御史臺記》之佚文,故錄於此。唐人呼御史爲冷峭,便是肯定其敢於彈劾、敢於搏擊的勇猛性格和作爲執法者,執法如山,決不摻雜個人情感的堅定信念。

【相關補錄】

《舊唐書》卷八五《唐臨傳》:"唐臨……自述其考曰:'形如死灰,心若鐵石。'"

《唐語林》卷八"補遺":"御史多以清苦介直獲進,居常敝服羸馬,至於殿庭。"

《通典》卷二四《職官六》:"御史爲風霜之任,彈糾不法,百僚震恐,官之雄峻,莫之比也。"

出使御史

唐御史出使[一]，久絕滋味[二]。至驛，或竊脯臘[三]置於食，僞叱侍者撤之，侍者去而後徐食。此往往而有，殊失舉措也。嘗有御史，所留不多，不覺侍者見之。對曰："幹肉驛家頗有，請吏留。"御史深自愧焉。亦有膳者爛煮肉，以汁作羹，御史僞不知而食之。或羹中遇肉，乃責庖人。或值新庖人，未閑應答，但謝[四]曰"羅漏"，言以羅濾之漏也。神龍[五]中，韓琬[六]與路元殼、鄭元父充判官，至萊州[七]，親睹此事，相顧而笑。僕射魏元忠[八]時任中丞，謂琬之曰："元忠任監察，至驛，幹肉、雞子並食之，未虧于憲司之重，蓋盜之深失國士體。"魏公之言當矣，但不食不竊，豈不美歟？

【箋注】

[一]御史出使：唐代御史的重要職責之一，是出使巡察州縣。中國古代封建社會，州、縣地方政府直接面向下層民眾，它既是中央政府與民眾的結合處，也是承上啟下、溝通三省六部與地方的樞紐。正因如此，唐王朝非常重視州縣地方官員的監察工作，始終將巡按州縣作為御史臺的一項主要職責。唐王朝對州縣地方政府的監察，分御史巡視和遣使巡察兩類。《新唐書》卷四三《百官志三》對監察御史巡按州縣的監察標準有明確規定："監察御史掌分察百僚，巡按州縣。……凡十道巡按，以判官二人為佐，務繁則有支使。其一，察官人善惡；其二，察戶口流散，籍賬隱沒，賦役不均；其三，察農桑不勤，倉庫耗減；其四，察妖猾盜賊，不事生業，為私蠹害；其五，察德行孝悌，茂才異等，藏器

晦跡,應時用者;其六,察黠吏豪宗兼併縱暴,貧弱冤苦不能自伸者。"唐王朝
對州縣地方政府的監察,具有以下幾點特色:一是劃片監察,以保證監察的質
量。二是制度性巡視和不定期巡察相結合,使州縣地方政府始終處於中央政
府的監察、監督之下。三是監察的範圍,不僅是"察官人善惡",對官員個人監
察,而且包括對地方政府機構、部門的監察,如"籍賬隱沒,賦役不均"等。這
就有利於從源頭上、制度上預防腐敗,保證州縣政府的正常運行。四是從前代
注重對地方官員的政治監察轉為以經濟監察為主,政治監察為輔。漢代地方
豪強勢力一度成尾大不掉之勢,敢於和中央分庭抗禮,唐代地方豪強勢力急劇
衰落,監察重點是"倉庫耗減""妖猾盜賊,不事生業,為私蠹害"等經濟犯罪,
"豪宗兼併"等則列為監察之末。唐王朝在充分借鑒歷史經驗的基礎上,其對
州縣地方政府的監察制度,無疑是一個進步,對後世有深遠的影響。宋代轉運
使和提點刑獄、元代行御史臺、明代的按察使制度,無不源于唐代的巡按州縣
制度。

[二]絕滋味:御史巡察州縣,奔波各地,久未嘗時令美味。

[三]脯臘:幹肉。《周禮·天官·臘人》:"掌幹肉,凡田獸之脯臘、膴胖之
事。"鄭玄注:"薄析曰脯,棰之而施姜桂曰鍛修。臘,小物全幹也。"宋·孟元
老《東京夢華錄·大內》:"凡飲食時新花果、魚蝦鱉蟹、鶉兔脯臘、金玉珍玩、
衣著,無非天下之奇。"

[四]謝:此處是謝罪之意。

[五]神龍:唐中宗李顯年號(705—707年)。《資治通鑒》卷二〇七:"正
月壬午朔,改元。……乙巳,太后傳位於皇太子。丙午,中宗即位。"

[六]韓琬:《新唐書》卷一一二《韓琬傳》:"琬字茂貞,喜交酒徒,落魄少
崖檢。有姻勸舉茂才,名動里中。刺史行鄉飲餞之,主人揚觶曰:'孝于家,忠
於國,今始充賦,請行無算爵。'擢第,又舉文藝優長、賢良方正,連中。拜監察
御史。"《新唐書》卷一九七《循吏傳》:"懷古清介審慎,在幽州時,韓琬以監察
御史監軍,稱其馭士信,臨財廉,國名將云。"據孟二冬《登科記考補正》考證,
韓琬於天冊萬歲二年(696年)中文藝優長科,神龍三年(707年)舉賢良方正
能直言極諫科,因受監察御史。

［七］萊州：即今山東省萊州市，隋廢郡改光州為萊州，領縣九；後又廢州復東萊郡，唐復改東萊郡為萊州。

［八］魏元忠（637？—707 年），初唐時期政治家，歷仕高宗、武后、中宗三朝，兩次出任宰相。據《舊唐書》卷九二《魏元忠傳》：“儀鳳中，吐蕃頻犯塞，元忠赴洛陽上封事，言命將用兵之工拙，曰……帝甚歎異之，授秘書省正字，令直中書省，仗內供奉。尋除監察御史。”《資治通鑒》卷二〇二載：“儀鳳三年……九月……，太學生宋城魏元忠上封事，言禦吐蕃之策。”《舊唐書》卷五《高宗下》：“儀鳳四年正月……已酉，幸東都。”《舊唐書》本傳曰“元忠赴洛陽上封事”則在儀鳳四年，與《資治通鑒》異。魏元忠由秘書省正字，尋除監察御史當在儀鳳四年。神龍中（705—707 年）任左蕭政臺御史中丞。

【按語】

本條材料見《廣記》卷二五九引《御史臺記》。唐代御史為朝廷耳目，掌國家法紀，職責重大，所任頗重。玄宗在《遣使巡按天下詔》中強調：“黜幽陟明，所以察風俗；求瘼恤隱，所以慰黎蒸。不有其人，孰可將命？”唐代對選拔御史，格外重視，有一整套嚴格的制度規定與運作規程。一是御史須剛果勁正之士，人既長厚，難任彈奏。御史糾舉官吏失職、彈劾官員違法，往往為人所怨恨，其諫諍的對象又是至高無上的帝王，忠言逆耳、逆鱗忤旨，常蹈殺身之禍，非剛果勁正、不畏強權者不足以任其職，非精氣雄健、鷹隼奮發者不足以振其威。二是御史須堅明勁峭，不獨取謹厚溫文之士；三是豐富的基層行政經驗；四是明法典。另外，在御史的選拔條件中，諸如身體素質、能否適應繁雜政務等也是必不可少的標準。

爆　直

爆直^[一]，如燒竹，遇節則爆。

【箋注】

[一]爆直：唐代官員節假日值日，稱為爆直。《封氏聞見記・豹直》：“御史舊例，初入臺，陪直二十五日。節假直日，謂之伏豹，亦曰豹直。百司州縣初授官，陪直者皆有此名……韓琬則解為爆直，言如燒竹，遇節則爆。”《唐語林》卷八《補遺》：“御史舊例：初入臺，陪直二十五日，節假直日，謂之‘伏豹’，亦曰‘豹直’。百司州縣初授官陪直者，皆有此名。”

【按語】

此條見《封氏聞見記》卷五《豹直》，《唐語林》卷八《補遺》，《紺珠集》卷一〇《封氏見聞記》作“伏豹”，《類說》卷六《封氏見聞記》作“豹直”，《南部新書》卷庚亦載此文。《唐語林》卷八《補遺》載：“杜易簡解‘伏豹’之義云：‘宿直者，離家獨宿，人情所貴。其人初蒙策拜，故以此相處。伏豹者，言眾官皆出，此人獨留，如伏藏之豹，伺候待搏，故云伏豹耳。’韓琬則解為‘爆直’，言如燒竹，遇節則爆。余以為……杜說雖不甚明，粗得其意；韓則疏矣。”由此可見，上引文字當源于韓琬《御史臺記》。

臺　門

御史臺門北開[一]，蓋取肅殺就陰之義，故京臺門北開矣。按《鄴郡①故事》云："御史臺在宮城西南，其門北開"。故②城御史臺亦北開。龍朔中，置桂坊，為東朝憲府，門亦北開。然都御史臺門南開。當時創造者不經，反於故事，同諸司，蓋以權宜耶。

【校勘】

①鄴郡：《長安志》卷七作"鄴都"。

②故：《近事會元》卷二作"又"。

【箋注】

[一]臺門北開：北齊·楊楞伽《鄴都故事》："御史臺在宮闕西南，其門北開，取冬殺之義也。"古代衙門大門朝南，取其光明正大之意。御史臺設北門，有震懾貪官、肅清吏治的含義，凸顯其作為監察機關的特殊使命。又《廣記》卷一八七引《譚賓錄》載："又北開者，或云，是隋初移都之時，兵部尚書李圓通兼御史大夫，欲向省便近，故開北門。"亦備一說。

【按語】

此條材料見《廣記》卷一八七引《御史臺記》。俗語曰："天下衙門朝南開"，一般政府機構大門朝南，取"光明正大"之意。而御史臺的標誌之一是臺門朝北，"蓋取肅殺就陰之義，故京臺門北開矣。"御史臺專事監察百官、肅清吏治。其臺門北開，凸顯唐代御史臺作為監察機關的特殊使命和在唐王朝政治生活中的獨特地位。

臺　揖　筆 *

臺中尚揖，揖者，古之肅拜也，故有"臺揖筆"[一]。每署事[二]，必舉筆當額。有不能下筆者，人號為"高揖筆"。往往自臺[三]拜他官，執筆亦誤作臺揖者，人皆笑之。

【箋注】

[一]臺揖筆：御史監察百僚，一役方來，全家盡駭。片紙一至，舉室皆驚。故御史下筆簽署，最為謹慎，往往斟酌再三，故有"臺揖筆"之稱。

[二]署事：此處指下筆判決。

[三]臺：指代御史臺。

【按語】

本條材料見《文房四譜》卷一"四之雜說"引《御史臺記》。中華法文化主張慎于用刑，決獄仁恕。唐代御史有生殺予奪之權，故夜閱文書，撫案歎息，憂形於色，形容慘沮，筆不能下。"臺揖筆""高揖筆"之說，雖為笑談，亦折射出唐代御史臺嚴肅的法學氛圍。

---

* 題目中標注"＊"者，為筆者自擬標題，以下同，不再重復注。

南　床

侍御史號雜端[一]，最為雄劇[二]。臺中會聚，則于坐南設橫榻，號南床[三]，又曰癡床。言①登此床者，倨傲若癡焉。

【校勘】

①言：《紺珠集》無“言”字，據《錦繡萬花谷》卷一一補。

【箋注】

[一]雜端：唐代御史臺侍御史主持臺內日常事務，稱為“雜端”“端公”等，見本書《御史臺三院》【箋注五】。

[二]雄劇：元·馬端臨《文獻通考》卷二四《職官六》：“唐自貞觀初以法理天下，尤重憲官，故御史復為雄要。”

[三]南床：元·馬端臨《文獻通考·職官考·侍御史》載：“（侍御史）最為雄劇，食坐之南設橫榻，謂之南床，殿中、監察不得坐，亦謂之癡床，言處其上者，皆驕傲自得，使人如癡，是故謂之癡床。”宋·趙抃《送蘇采刑部赴召》：“有詔西來亟治裝，古今威望重癡床。不煩右蜀專飛挽，直為南臺正紀綱。”

【按語】

本條材料見《紺珠集》卷七《御史臺記》，又見《唐語林》卷八“補遺”，宋·曾慥《類說》卷六《御史臺記》等。唐·張鷟《御史王銓奉敕權衡州司馬鐘建，未返制命，輒幹他事，解耒陽縣令張泰，泰不伏》：“棲烏之府，地凜冽而風生；避馬之臺，氣威稜而霜動。懲姦疾惡，實籍嚴明。肅政彈非，誠宜允列。”即精煉、準確地概括出唐代御史的雄要地位。

＊孫　伏　伽

　　孫伏伽[一]，武德中自萬年主簿①上疏極諫，太宗②怒，命引出斬之。伏伽曰："臣寧與關龍逄游於地下，不願事陛下。"太宗曰："朕試卿耳，卿能若是，朕何憂社稷？"命授之三品。宰臣曰："伏伽匡[二]陛下之過，自主簿授之三品，彰陛下之過深矣，請授之五品。"遂拜為諫議大夫[三]。

【校勘】

　　①萬年主簿：《考異》卷一〇："按《高祖實錄》，武德元年伏伽自萬年縣主簿法曹上書高祖，詔授治書侍御史。《御史臺記》誤也。"

　　②太宗：前云"武德"中，此云"太宗"，明顯不合。且《新唐書》卷一〇三《孫伏伽傳》曰：孫伏伽"又表置諫官，帝皆欽納。"又據《新唐書》《唐六典》等，隋文帝立諫議大夫七員，煬帝廢之，武德五年（622 年）復置，則孫伏伽任諫議大夫應在武德五年，此處"太宗"應為"高祖"。蓋太宗以虛心納諫稱，後人訛高祖為太宗矣。

【箋注】

　　[一]孫伏伽（？ —658 年），貝州武城（今河北省故城縣）人，曾任萬年主簿、治書侍御史、諫議大夫、刑部郎中、大理少卿、大理卿等職，以犯言直諫著稱，為貞觀名臣。《舊唐書》卷七五、《新唐書》卷一〇三有傳。

　　[二]匡：正，糾正。《說文》："匡，飯器，筥也。"由飯器引申為規範、糾正，

動詞。

　　[三]諫議大夫：古代官職，唐代諫議大夫為正五品上，主司諫諍，匡正君主之失。《唐六典》卷八曰諫議大夫職守是"常侍從贊相，規諫諷喻。"

【按語】

　　本條材料見《考異》（影印文淵閣四庫全書本，本書除非特別說明，所引《考異》均為此版本，以下不再重復。）卷一〇引《御史臺記》。本條諫諍材料，兩《唐書》及《貞觀政要》皆不載。就其諫諍之事來看，當發生在武德五年（622年）。諫議制度是中國古代特有的一種監察制度，其目的在於規範君主的言行，減少政策的失誤。唐代在中書、門下省分別設立了諫議大夫、散騎常侍、給事中、左右拾遺、補闕等諫官，形成了比較成熟、完備的諫官系統，標誌著諫議制度的成熟。所謂"文死諫、武死戰"，中國古代政治中，君王虛心納諫，臣子直言進諫，是君道、臣道的基本要求。古代士人有"泛諫諍"傳統，我們從先秦時期的"門庭若市""曹劌論戰"等典故中都能體會到這種朝野普遍諫諍的風氣。

【相關補錄】

　　《全唐文》卷一《頒示孫伏伽諫書詔》："秦以不聞其過而亡，典籍豈無先誡，臣僕諂諛，故弗之覺也。漢高祖反正，從諫如流。洎乎文景繼業，宣元承緒，不由斯道，孰隆景祚？周隋之季，忠臣結舌，一言喪邦，良足深誠。永言于此，常深歎息。朕每惟寡薄，恭膺寶命，雖不能性與天道，庶思勉力，常冀弼諧，以匡不逮。而群公卿士，罕進直言。將申虛受之懷，物所未諭。萬年縣法曹孫伏伽，至誠慷慨，詞義懇切，指陳得失，無所回避。非有不次之舉，曷貽利行之益？伏伽既懷諒直，宜處憲司，可治書侍御史。仍頒示遠近，知朕意焉。"

李　義　琛^[一]

太宗朝，文成公主^[二]自吐蕃^[三]貢金數百，至岐州^[四]遇盜。前後發使案問，無獲賊者。太宗召諸御史目^[五]之，特命李義琛前曰："卿神情①爽②拔，暫勞卿推逐^[六]，必當獲賊。"琛受命，施以密計，數日盡獲賊矣。太宗喜，特加七階，賜金二十兩。

【校勘】

①情：《廣記》卷一七一作"清"，今據《新唐書·李義琛傳》改。

②爽：《廣記》卷一七一作"俊"，今據《新唐書·李義琛傳》改。

【箋注】

［一］李義琛：貞觀朝監察御史李義琰從祖弟，曾任監察御史、累遷刑部侍郎，為雍州長史。《新書》卷一〇五《李義琰傳》："義琰從祖弟義琛……擢進士第，歷監察御史。貞觀中，文成公主貢金，遇盜於岐州，主名不立。太宗召群御史至，目義琛曰：'是人神情爽拔，可使推捕。'義琛往，數日獲賊。"又曾出使新羅高麗，不辱使命。李義琛長於精察，五代王定保《唐摭言》卷七亦載其精察故事。

［二］文成公主（625—680 年），唐朝宗室女，貞觀十四年（640 年），太宗李世民封李氏為文成公主；貞觀十五年（641 年）文成公主遠嫁吐蕃，成為吐蕃贊普松贊干布的王后。唐蕃自此結為姻親之好，兩百年間，往來使節不斷。如初唐時期，王玄策曾奉旨數度往返于五天竺諸國，今西藏日喀則市吉隆縣至今仍

存《大唐天竺使之銘》,記載了唐代使節王玄策出使天竺國途中經過吉隆的過程。從天竺出使歸來後,王玄策曾撰有文 10 卷、圖 3 卷、共計 13 卷的《中天竺國行記》。

[三]吐蕃:是古代藏族在青藏高原建立的政權,自囊日論贊至朗達瑪延續兩百多年。《舊唐書·吐蕃傳》載吐蕃"在長安之西八千里,本漢西羌之地也。"吐蕃王朝是西藏歷史上第一個有明確史料記載的政權,松贊干布被認為是實際立國者。

[四]岐州:今陝西省扶風縣一帶。《元和郡縣圖志》卷二:"後魏太武帝於今州理東五裡築雍城鎮,文帝改鎮為岐州。隋開皇元年,於州城內置岐陽宮,岐州移於今理。大業三年罷州,為扶風郡,武德元年復為岐州。至德元年改為鳳翔郡,乾元元年改為鳳翔府。"

[五]目:此處用作動詞,視、看。

[六]推逐:推,推究。推逐,猶推按,推究審問之意。唐·張鷟《朝野僉載》卷五:"須臾一人來問明府若為推逐,即披布衫籠頭送縣,一問具承,並贓並獲。"

【按語】

本條材料見《廣記》卷一七一,又見《雲溪友議》。《舊書》卷三《太宗本紀下》載,太宗伐遼,貞觀十九年"十一月癸酉,大饗,還師。"又《新書》卷二三〇《吐蕃傳上》:"帝伐遼還,使祿東贊上書曰:'陛下平定四方,日月所照,並臣治之。高麗恃遠,弗率于禮,天子自將度遼,隳城陷陣,指日凱旋,雖雁飛於天,無是之速。夫鵝猶雁也,臣謹冶黃金為鵝以獻。'其高七尺,中實酒三斛。"文成公主貢金即指此事。參之唐與吐蕃交通狀況,義琛獲賊當發生在貞觀二十年。

任　　瓌

　　唐管國公任瓌^[一]①酷怕妻,太宗以功賜二侍子,瓌拜謝,不敢以歸。太宗召其妻,賜酒,謂之曰:"婦人妒忌,合當七出^[二]。若能改行無妒,則無飲此酒。不爾,可飲之。"曰:"妾不能改妒,請飲酒。"遂飲之。比醉歸,與其家死訣,其實非鴆^[三]也。既不死,他日,杜正倫^[四]譏弄瓌,瓌曰:"婦當怕者三,初娶之時,端居若菩薩,豈有人不怕菩薩耶? 既長生男女,如養兒大蟲,豈有人不怕大蟲耶? 年老面皺,如鳩盤荼鬼,豈有人不怕鬼耶? 以此怕婦,亦何怪焉。"聞者歡喜。

【校勘】

①任瓌:《廣記》卷二七二作"任環"。

【箋注】

　　[一]任瓌(? —630 年),字瑋,廬州合肥(今安徽省合肥市)人。隋唐時期官員、將領。唐高祖即位,授谷州刺史,封管國公,出為使持節、河南道安撫使。隱太子之誅,左遷通州都督。貞觀三年,卒于任。

　　[二]七出:古代封建社會休棄妻子的七種理由。《大戴禮記·本命》:"婦有七去。"

　　[三]鴆:古代傳說中的一種毒鳥。《說文》:"鴆,毒鳥也,從鳥尤聲。"

　　[四]杜正倫(? —658 年):相州洹水(今河北省魏縣)人,唐朝宰相。貞觀時期,杜正倫歷任兵部員外郎、中書侍郎、太子左庶子等。因漏泄禁中語,被

貶為穀州刺史,再貶交州都督。後受李承乾謀反案牽連,被流放驩州。唐高宗顯慶年間,杜正倫拜相,初授黃門侍郎同三品,後升任中書令。顯慶三年(658年),杜正倫被李義府誣告結党,貶任橫州刺史,病卒。事跡見《舊唐書》卷七〇本傳。

【按語】

本條材料見《廣記》卷二四八引《御史臺記》,又見《廣記》卷二七二、《朝野僉載》卷三等。《古今圖書集成》中《明倫彙編官交誼典·嘲謔部》亦引該條材料,系從《御史臺記》中所析出。《朝野僉載》載:"兵部尚書任瓖敕賜宮女二人,皆國色。妻妒,爛二女頭髮禿盡。太宗聞之,令上宮齎金壺瓶酒賜之,……柳氏拜敕訖曰:妾與瓌結髮夫妻,俱出微賤,更相輔翼,遂致榮官。……"《僉載》重在夫妻患難情誼,明顯優於《御史臺記》。

辛　郁

　　唐辛郁，管城[一]人也，舊名太公。弱冠，遭太宗於行所[二]。問何人，曰："辛太公。"太宗曰："何如舊太公？"郁曰："舊太公，八十始遇文王。臣今適年十八，已遇陛下。過之遠矣。"太宗悅，命直中書①。

【校勘】

①中書：《錦繡萬花谷》後集卷一九作"史館"。

【箋注】

[一]管城：即今河南省鄭州一帶。李吉甫《元和郡縣圖志》卷八："管城縣，本周封管叔之國，自漢至隋皆為中牟縣。隋開皇十六年，于此置管城縣，屬管州。大業二年該管州為鄭州，縣又屬焉。"

[二]行所：猶言所在地。

【按語】

　　本條材料見《廣記》卷二四九引《御史臺記》。辛郁，諸家史籍不載，生平不詳。據文意，當為太宗朝人士，故置於此。此條材料從一個側面反映了唐王朝政治的運行情況。唐代皇帝納諫不僅隨著唐代社會的變化而改變，而且其諫諍的效果與唐王朝的盛衰亦緊密相連。

尹　君

　　唐楊纂[一]，華陰[二]人也。累遷雍州[三]長史[四]，吏部尚書。纂之在雍州，司法參軍[五]尹君①嘗任坊州[六]司戶[七]。省符[八]科[九]杜若[一〇]，尹君判申曰：“坊州本無杜若，天下共知。省符忽有此科，應由讀謝朓[一一]詩悮。華省曹郎[一二]如此判事，不畏二十八宿[一三]向下笑人。”由是知名。及雍州司法時，有胡盜金城坊者。纂判：“京城諸胡盡禁問。”尹君不同之曰：“賊出萬端，詐偽非一。亦有胡著漢帽，漢著胡靴。亦須漢裏兼求，不可胡中直覓。請西市胡禁，餘請不問。”纂怒不同判。遽命筆，復沉吟少選，乃判曰：“纂輸一籌，餘依。”太宗聞而笑曰：“朕用楊纂，聞義[一四]伏輸一籌，朕伏得幾籌？”

【校勘】

①尹君：《大唐新語》作“伊尹”。

【箋注】

　　[一]楊纂：《新唐書》卷一〇六：“纂，字續卿，弘禮族父。大業時，第進士，為朔方郡司法書佐。坐玄感近屬，廢居蒲城。高祖度河，上謁長春宮，遷累侍御史。數上書言事，稱旨，除考功郎中。貞觀初，為長安令，賜爵長安縣男。有告女子袁妖逆者，纂按之，情不得。袁敗，太宗惡其不忠，將殺之，中書令溫彥博以過誤當宥，乃免。後為吏部侍郎，有俗才，抑文雅，進黠吏，度時舞數以自進。終戶部尚書，贈幽州都督，謚曰恭。”

[二]華陰：即今陝西省華陰縣，屬雍州。

[三]雍州：隋朝開皇三年（583 年），以長安及其附近地區置雍州，大業三年（607 年），天下改州為郡，改京兆郡。唐初，復為雍州。唐代以雍、洛二州為京都，開元元年（713 年）改雍州為京兆府，洛州為河南府。《元和郡縣圖志》卷一《關內道一》："隋開皇三年，……廢京兆尹，又置雍州，煬帝改為京兆郡。武德元年，復為雍州。"

[四]長史：唐代長史為州郡長官之屬官。掌貳州事，"以紀綱眾務，通列判曹。"

[五]司法參軍：唐代州郡刺史的主要僚佐有上佐、判司和錄事參軍。判司有司功、司倉、司戶、司兵、司法、司士參軍，分別對應中央政府之六部，主管州郡一地的相應事務。司法參軍掌州郡之鞫獄定刑，督捕盜賊，司法治安管理等。

[六]坊州：即今陝西省黃陵縣。唐初分鄜州而設坊州。《元和郡縣圖志》卷三《關內道三》："元皇帝以周武帝時天和七年，放牧於今州界置馬坊，結構之處尚存。武德二年，高祖駕幸于此，聖情永感，因置坊州，取馬坊為名。"

[七]司戶：即司戶參軍，主管州郡之戶口、籍賬、婚姻、田宅、徭役等事，所管事務較為繁劇。

[八]省符：尚書省下達的命令。《新唐書·百官志一》："凡制敕計奏之數，省符宣告之節，以歲終為斷。"

[九]科：課稅，徵稅。宋·陸游《居三山時方四十餘今三十六年久已謝事而連嵗小稔喜甚有作》："謀身悲日拙，造物假年豐。稅足催科靜，禾登債負空。社酺邀裡巷，膰肉飯兒童。"

[一〇]杜若：南朝·謝朓《懷故人詩》："芳洲有杜若，可以贈佳期。望望忽超遠，何由見所思。……清風動簾夜，孤月照窗時。安得同攜手，酌酒賦新詩。"此詩流傳甚廣，故尹君云"由讀謝朓詩恨"。

[一一]謝朓：南朝梁代著名詩人，文學史上稱為"小謝"。李白對謝朓格外推崇，曾作詩"蓬萊文章建安骨，中間小謝又清發。"

[一二]華省曹郎：尚書省為清華之地，能在此任職乃文士羨慕之職，故曰

"華省曹郎"。

　　［一三］二十八宿：中國古代天文學說之一，中國古代天文學家把天空中可見的星分成二十八組，曰二十八宿。

　　［一四］聞義：聞：聽到；義：正義。聽到合乎義理的事，即深明大義。《論語·述而》："德之不修，學之不講，聞義不能徙，不善不能改，是吾憂也。"

【按語】

　　本條材料見《廣記》卷二四九引《御史臺記》。諫議制度是中國古代特有的一種監察制度，其目的在於規範君主的言行，減少政策的失誤。唐代在中書、門下省分別設立了諫議大夫、散騎常侍、給事中、左右拾遺、補闕等諫官，形成了比較成熟、完備的諫官系統，標誌著諫議制度的成熟。其實，在中國古代政治中，君王虛心納諫，臣子直言進諫，是君道、臣道的基本要求。唐代御史不僅有彈劾權，還可對皇帝的言行進行規諫，甚至"不奉詔"。本條材料可謂貞觀君臣大臣進諫、皇帝虛心納諫的另一種闡釋。

盧　莊　道

　　盧莊道[一]，范陽[二]人也，天下稱為名家。聰慧敏悟，冠於今古。父彥章①與高士廉[三]有舊。莊道少孤，年十二，造[四]士廉。廉以故人子，引令坐。會有上書者，莊道竊窺覽，謂士廉曰："此文莊道所作。"士廉怪謂曰："後生勿妄言，為輕薄之行，"請誦之，果通。復請倒誦，又通。士廉稱歎久之。乃跪謝[五]曰："此文實非莊道所作，向傍窺而記耳。士廉取他文及案牘，命讀之，一覽而倒誦。並呈示所撰文章，士廉具以聞。太宗召見，策試擢第。年十六，授河池尉[六]，滿二歲，制舉擢甲科。召見，太宗曰："此是朕聰明小兒邪？"特授長安尉。太宗將省[七]囚徒，莊道年才二十，縣令以幼年，懼不舉，將以他尉代之，莊道不從。時系囚四百餘人，俱預書狀[八]。莊道但閒暇，不之省也。令、丞[九]等憂懼，屢以為言，莊道從容自若。翌日，太宗召囚。莊道乃徐書狀以進，引諸囚入，莊道對御評其罪狀輕重，留系月日，應對如神。太宗驚歎，即日拜監察御史。

【校勘】

　　①彥章：《廣記》卷一七四作"彥"，據《新唐書·宰相世系表三》《唐代墓誌彙編》大曆〇五八《有唐盧夫人墓誌》改。

【箋注】

　　[一]盧莊道：兩《唐書》無傳，《新唐書》卷七三上《宰相世系表上》"盧

氏":"彥章,武疆令。莊道,刑部員外郎。金友,水部員外郎,滁州刺史。"《唐
代墓誌彙編》大曆〇五八《有唐盧夫人墓誌》:"夫人姓盧氏,諱梵兒,字舍那,
涿郡范陽人也。爰自本枝炎皇,錫胤齊後,公子分邑以命氏,尚書崇德以建家,
奕載名賢,郁為著族。曾祖彥章,隋安興丞,器范凤成,勳業中謝;祖莊道,皇朝
侍御史,刑部員外郎,英表冠時,休名滿代。考金友,監察御史,大理丞、滁州刺
史。……夫人即滁州府君之長女也。"正與《新唐書·宰相世系表》合。

[二]范陽:古代地名,秦王嬴政二十一年(前 226 年)初設范陽縣,因在范
水之北而得名。唐朝武德七年(624 年),涿縣改為范陽縣(今河北省涿州一
帶)。

[三]高士廉(575—647 年),本名高儉,字士廉,渤海郡蓨縣(今河北景
縣)人。唐朝初年宰相,曾主持編撰《氏族志》《文思博要》等,事見《舊唐書》
本傳。

[四]造:到,去,拜訪。《世說新語·言語》:"庾公造周伯仁,伯仁曰:'君
何所欣說而忽肥?'"

[五]謝:認錯、道歉。《史記·項羽本紀》:"旦日不可不蚤自來謝項王。"

[六]河池:即今甘肅省徽縣。初河池縣隸屬山南道鳳州。開元二十一年
(733 年),河池縣隸屬山南西道鳳州。《元和郡縣圖志》卷二二《山南道三》:
"河池縣。……本漢舊縣,屬武都郡。河池,一名仇池。按仇池山本名仇維
山,上有池,似覆壺,有瀑布,其縣因山為名。山在成州界,去縣稍遠,今縣所
處,謂之河池川,故取以為名。"

[七]省:察也。《全唐文》卷二七李隆基《命宰臣省察囚徒詔》:"惟刑恤
哉,古之道也。朕撫臨四海,茂育兆人,思致淳風,登之壽域。……故令宰臣,
備加案察,省覽所奏,用憫於懷。"

[八]狀:此處指針對囚徒犯罪事實所作的判詞。

[九]令、丞:均是唐代縣尉的屬官。

【按語】

本條見《廣記》卷一七四引《御史臺記》,又見唐劉肅《大唐新語》(許德

楠、李鼎霞點校,中華書局 1984 年版)卷八"聰敏"。《大唐新語》取材上自武德之初、下迄大曆之末之佚文舊事有裨教化者,此條當為劉肅自《御史臺記》採錄。又《有唐盧夫人墓誌》云盧莊道"英表冠時,休名滿代",可知《御史臺記》所記當為不虛之言,史料價值頗高。此亦後來史家多有引用、參考之因。

李　文　禮

　　唐李文禮[一]，頓丘[二]人也，好學有文華，累遷至揚州[三]司馬，而質性遲緩，不甚精審。時在揚州，有吏自京還，得長史[四]家書[五]，云姊亡，請擇日祭①之。文禮忽聞姊亡，乃大號慟[六]。吏伺其便，復白曰：“是長史姊。”文禮久而徐問曰：“是長史姊耶？”吏曰：“是。”文禮曰：“我無姊，向[七]亦怪矣。”

【校勘】

①祭：《廣記》卷二六〇作“發”，據孫校本改。

【箋注】

　　[一]李文禮：貞觀朝曾任殿中侍御史。《唐會要》卷六〇“殿中侍御史”：“貞觀二十二年十二月九日，大夫李乾祐奏增（殿中侍御史）兩員，以李文禮、張敬一為之。”

　　[二]頓丘：古縣名，即今河南濮陽清豐縣。《元和郡縣圖志》卷一六《河北道一》：“頓丘縣，本漢舊縣，因縣東北頓丘以為名，屬東郡。晉屬頓丘郡。隋廢郡，屬魏州。武德初割屬澶州，州廢還屬魏州，大曆初又屬澶州。”

　　[三]揚州：即今江蘇省揚州市。隋開皇九年改吳州為揚州，唐武德八年（625 年），將揚州治所從丹陽移到江北。貞觀元年（627 年），分全國為 10 道，揚州屬淮南道。玄宗天寶元年（742 年），改揚州為廣陵郡。肅宗乾元元年（758 年），廣陵郡復改爲揚州。

〔四〕長史：古代官名，其執掌事務不一，唐代長史爲州郡長官之屬官。

〔五〕家書：即家信。唐·張籍《秋思》：“洛陽城裏見秋風，欲作家書意萬重。復恐匆匆說不盡，行人臨發又開封。”

〔六〕慟：放聲痛哭。庾信《擬詠懷詩》其四：“雪泣悲去魯，淒然憶相韓。唯彼窮途慟，知余行路難。”

〔七〕向：從前、原來。《呂氏春秋·察今》“世易時移，變法宜矣。譬之若良醫，病萬變，藥亦萬變。病變而藥不變，向之壽民，今爲殤子矣。”

【按語】

本條材料見《廣記》卷二六〇引《御史臺記》。

裴琰之

　　裴琰之[一]作同州[二]司戶[三]，年纔弱冠，但以行樂為事，略不為案牘[四]。刺史譙國公李崇義[五]怪之，而問戶佐。佐曰：“司戶，達官兒郎，恐不閑書判[六]。”既數日，崇義謂琰之曰：“同州事物固繫①[七]，司戶尤甚，公何不別求京官，無為滯[八]此司也？”琰之唯諾。復數日，曹事委積[九]，諸竊議以為琰之不知書，但遨遊耳。他日，崇義召之，屬色形言，將奏免之。琰之出，謂其佐曰：“文案幾何？”對曰：“遞者[一〇]二百餘。”琰之曰：“有何多？如此逼人。”命每案後連紙十張，仍命五六人以供研墨點筆。左右勉唯[一一]而已。琰之不之[一二]廳②，語主案者略言事意，倚柱而斷之，詞理縱橫，文華燦爛，手不停綴，落紙如飛。傾州官僚，觀者如堵牆，驚歎之聲不已也。案達於崇義，崇義初曰：“司戶解判邪？”戶佐曰：“司戶太高手筆。”仍未之奇也，比四五十③案，詞彩彌精。崇義悚怍[一三]，召琰之，降階謝曰：“公之詞翰若此，何忍藏鋒？成鄙夫之過。”是日名動一州。數日，聞於京邑。尋[一四]擢授雍④州[一五]司戶。

【校勘】

①固繫：《大唐新語》作“殷繁”，未知孰是。

②廳：《廣記》作“聽”，據《大唐新語》改。

③四五十：《大唐新語》作“四五”，顯系筆誤，據《廣記》改。

④雍：《廣記》作“雄”，據明鈔本改。

【箋注】

[一]裴琰之：初唐時期官員，歷任同州司戶、永年令、倉部郎中，有才學，所任有惠政。《唐代墓誌彙編》上元〇一二："上元二年歲次乙亥，八月壬申朔，十三日甲申。大唐故祠部郎中裴府君夫人皇甫氏權瘞郎中先殯塋……長子瑾之，次子琰之。"裴琰之為初唐時期文學家，以判文名擅一時，惜其作品散佚不存。其子裴漼，曾任監察御史、殿中侍御史，開元十一年（723 年）拜吏部侍郎。裴漼曾預修《開元式》二十卷，《全唐詩》卷一〇八存詩四首，《全唐文》卷二七九存文四篇，可見裴琰之家族為唐代文學世家。

[二]同州：即今陝西省渭南市大荔縣。隋開皇初郡廢，大業初置馮翊郡。唐武德元年為同州，天寶三載（742 年）以州為郡曰馮翊郡，乾元元年（758 年）復以郡為州。

[三]司戶：唐代刺史之幕僚，主要僚佐有上佐、判司和錄事參軍。判司有司功、司倉、司戶、司兵、司法、司士參軍，分別對應中央六部而來。《通典》卷三三《總論郡佐》曰："自司功以下通謂之判司。"司戶參軍掌戶口、籍賬、婚姻、田宅、雜徭等事。

[四]案牘：古代官府公文、文書。唐・劉禹錫《陋室銘》："無絲竹之亂耳，無案牘之勞形。"

[五]李崇義：見《舊唐書》卷六〇《宗室傳》："河間王李孝恭……子崇義嗣，降爵為譙國公，歷蒲、同二州刺史，益州大都督府長史，甚有威名，後卒于宗正卿。"《新唐書・宗室世系表》蔡王房有"蒲、同、絳、陝、幽、夏六州刺史，益州長史譙國公崇義。"

[六]書判：唐代吏部銓選須考四科"身、言、書、判"，故常以書判代指公文寫作。

[七]繫：連接，引申為繁多，固系，即本來繁多之意。

[八]滯：淹滯潦倒。

[九]委積：堆積，充滿。宋・王讜《唐語林・品藻》："姚梁公與崔監司在中書。梁公有子喪，在假旬日，政事委積，處置皆不得。"

[一○]遽者:此處指需要緊急處理的急件公文。

[一一]勉唯:勉強答應。《說文》:"唯,諾也。從口,隹聲。"《論語·里仁》:"子曰:'參乎!吾道一以貫之。'曾子曰:'唯。'"

[一二]之:往、到,動詞。

[一三]悚怍:既驚奇又感到慚愧。《南齊書·王融傳》:"才分本劣,謬被策用,悚怍之情,夙宵兢惕。"

[一四]尋:不久。

[一五]雍州:《元和郡縣圖志》卷一《關內道一》:"《禹貢》雍州之地,舜置十二牧,雍其一也。……隋開皇三年,……廢京兆尹,又置雍州,煬帝改為京兆郡。武德元年,復為雍州。"唐代以雍、洛二州為京都,開元元年(713年)改雍州為京兆府,洛州為河南府。

【按語】

本條原出《廣記》卷一七四引《御史臺記》。裴琰之歷任同州司戶、永年令、倉部郎中等,並未有御史經歷。郁賢皓《唐刺史考全編》考李崇義永徽中任同州刺史,則裴琰之任同州司戶當在此期間。

【匯評】

《舊唐書》卷一○○《裴漼傳》:"裴漼,……父琰之,永徽中,為同州司戶參軍,時年少,美容儀,刺史李崇義初甚輕之。先是,州中有積年舊案數百道,崇義促琰之使斷之,琰之命書史數人,連紙進筆,斯須剖斷並畢,文翰俱美,且盡與奪之理。崇義大驚,謝曰:'公何忍藏鋒?以成鄙夫之過!'由是大知名,號為'霹靂手'。後為永年令,有惠政,人吏刊石頌之。歷任倉部郎中,以老疾廢於家。"可知《舊唐書》裴漼本傳曾參考《御史臺記》。

元　　晉

　　唐曹懷舜[一]，金鄉[二]人。父繼叔①死王事，贈雲麾將軍。懷舜緣
褓授遊擊將軍，歷內外文武官。則天云：“懷舜久歷文資，而屈於武職。”
自左鷹揚衛郎將[三]拜右玉鈐衛將軍[四]。有宋州[五]司馬曹元本，父
名乞伯。時汲縣[六]丞元晉，好談，多警策。或問元晉：“元本，懷舜從
叔。”元晉應聲答曰：“雖則同堂，俱非本族。”人怪而問之，晉曰：“元本
乞伯子，懷舜繼叔兒，以此知矣。”

【校勘】

　　①繼叔：明鈔本作“維叔”，《廣記》文淵閣四庫全書本《唐語林》卷五作
“繼叔”，據下文及《唐語林》改。

【箋注】

　　[一]曹懷舜：高宗時期左金吾將軍、定襄道總管等職，後因戰敗被流放嶺
南。《舊唐書》卷五《高宗紀下》：調露元年（679年）“冬十月壬子，遣左金吾衛
將軍曹懷舜屯井陘，……以備突厥。……（開耀元年）五月丙戌，定襄道總管
曹懷舜與突厥史伏念戰于橫水，官軍大敗。懷舜減死，配流嶺南。”
　　[二]金鄉：即今山東省濟寧市金鄉縣。《元和郡縣圖志》卷一〇：“金鄉
縣，望。東北至州一百八十里。本漢東緡縣也，屬山陽郡。即古之緡國
城。……後漢於今兗州任城縣西南七十五里置金鄉縣，蓋因穿山得金，故曰金
鄉，屬山陽郡。武德四年，于此置金州，五年廢為戴州，貞觀中廢戴州，縣屬

兗州。"

[三]左鷹揚衛郎將:唐代武官名,即左鷹揚衛,唐代南衙府兵十六衛之一。唐光宅元年(684年),改左右武衛為左右鷹揚衛。神龍元年(705年),復原名。

[四]右玉鈐衛將軍:唐代武官名。唐武德五年(622年),改右御衛為右領軍衛,置將軍二員,從三品。協掌宮禁宿衛,凡翊府之翊衛、外府射聲番上者,分配之;凡分兵主守,則知皇城西面助鋪及京城、苑城諸門。龍朔二年(662年),改為右戎衛將軍,咸亨元年(670年)復舊;光宅元年(684年)改為右玉鈐衛將軍。

[五]宋州:別名睢陽郡,治所在宋城縣(今河南省商丘市睢陽區)。《元和郡縣圖志》卷七:"宋州,⋯⋯周為青州之域。武王封微子于宋,⋯⋯秦並天下,改為碭郡。⋯⋯隋于睢陽置宋州,大業三年又改為梁郡。隋亂陷賊,武德四年討平王世充,又為宋州。天寶末,祿山亂兩河郡縣,多所陷沒,唯張巡、許遠、姚誾三人堅守睢陽,賊將尹子奇並力攻圍,逾年不克,城中孤危,糧竭,人相食殆盡。時賀蘭進明、許叔冀屯軍臨淮,爭權不協,不發援師,城竟為賊所陷。巡、遠等抗詞不屈,遂俱被害。然使賊鋒挫衄,不至江、淮,巡、遠之力也。"

[六]汲縣:即今河南省新鄉市汲縣。《元和郡縣圖志》卷一六:"汲縣,本漢舊縣,屬河內郡。後魏於此置義州及伍城郡伍城縣,周改義州為衛州,伍城縣屬衛州。隋開皇六年改伍城縣為汲縣,大業三年改屬汲郡。武德元年重置義州,汲縣屬焉。四年廢義州,縣屬衛州。"

【按語】

本條材料見《廣記》卷二四九引《御史臺記》,《唐語林校正》卷五"第646條"亦載。所記曹懷舜主要活動于高宗武后時期。

侯味虛

唐户部郎侯味虛①[一]著《百官本草》[二]，題御史曰："大熱，有毒。"又朱書[三]云："大熱有毒。主除邪佞，杜姦回，報冤滯，止淫濫，尤攻貪濁。無大小皆搏之，幾尉簿為之相。畏還使[四]，惡爆直[五]，忌按權豪。出於雍、洛州諸縣，其外州出者，尤可用。日炙幹硬者為良。服之，長精神，減姿媚。久服，令人冷峭。"

【校勘】

①侯味虛：唐·李肇《國史補》卷下作"侯朱虛"。

【箋注】

[一]侯味虛：唐武后時期曾任戶部郎中、夏官郎中。《舊唐書·薛季昶傳》："萬歲通天元年，夏官郎中侯味虛統兵討契丹不利，奏言賊徒熾盛，常有蛇虎導其軍。則天命季昶按驗其狀，便為河北道按察使。"唐光宅元年（684年），曾改兵部為夏官，兵部尚書為夏官尚書，神龍元年（705年）復原名。

[二]《百官本草》：唐侯味虛撰，今佚，僅在《太平廣記》《朝野僉載》《唐語林》諸書中存有佚文。本草學是祖國醫學對於中藥的性質、作用、藥效等進行闡釋的著作，如《神農本草經》《本草綱目》等。古代文體有"本草體"，以"本草"的方式來比喻事物的各種特點，頗具新穎性。唐代張說有《錢本草》、賈言忠有《監察本草》等。唐代御史主彈奏不法，肅清內外，維護紀綱，地位頗為雄要。侯味虛的《御史本草》便是根據御史的行政職能及處事特點而撰寫的。

[三]朱書:用朱墨書寫的文字,古代"本草體"中,藥名及藥效、主治、禁忌等常用朱、黑兩墨書寫,以示區別。

[四]畏還使:"古置御史,繩愆糾察",御史出使巡察,威風凜凜,誠如載,韋思謙曾云:"御史出都,若不動搖山嶽,震懾州縣,誠曠職耳。……吾狂鄙之性,假以雄權,觸機便發,固宜為身災也。大丈夫當正色之地,必明目張膽以報國恩,終不能為碌碌之臣保妻子耳。"(《舊唐書》卷八八《韋思謙傳》)還使則權利大減,故畏還使。

[五]爆直:見本書"爆直"條【箋注一】。

【按語】

此條材料,《廣記》卷二五五注"出《朝野僉載》",校云:"明鈔本作出《御史臺記》。"又《紺珠集》卷七、《類說》卷六、《錦繡萬花谷》卷一一等均作"出《御史臺記》",應為《御史臺記》之佚文。唐以法理天下,故御史地位復為雄要。隨著御史臺地位重要,唐代出現了數種以御史為題材的小品文,此即是其中較著名者。

賈 言 忠

唐賈言忠[一]撰《監察本草》[二]云:"服之心憂,多驚悸,生白髮。"時議①云:"裏行[三]及試員外[四]者為合口椒[五],最有毒。監察為開口椒,毒微歇。殿中為蘿蔔,亦曰生薑,雖辛辣而不為患。侍御史為脆梨,漸入佳味。遷員外郎[六]為甘子,可久服。或謂合口椒少毒而脆梨毒者,此由觸之則發,亦無常性。唯拜員外郎,號為摘去毒。歡悵相半,喜遷之,惜其權也[七]。"

【校勘】

①議:原作"義",據文意徑改。

【箋注】

[一]賈言忠:初盛唐御史,曾任吏部員外郎等職,曾撰有《監察本草》,流傳頗廣。

[二]《監察本草》:唐侯味虛曾任戶部侍郎曾撰《百官本草》,以"本草"的形式來闡明百官職能,今已散佚。洪邁《容齋四筆》卷十五說:"殿中為副端,又曰開口椒,監察為合口椒。""開口椒"為唐朝監察御史的俗稱。唐·封演《封氏聞見記·風憲》:"其'裏行'員外試者,俗名為'合口椒',言最有毒。監察為'開口椒',言稍毒。"明陳繼儒《珍珠船》卷三:"唐賈忠言撰《御史本草》,以'裏行'為'合口椒',最有毒;監察為'開口椒',微毒。查'裏行'官名。唐置,宋因之。有'監察御史裏行'、'殿中裏行'等,皆非正官,也不規定員額。"

唐劉肅《大唐新語·舉賢》:"初,周以布衣直門下省,太宗就命'監察裏行',俄拜'監察御史'。'裏行'之名,自周始也。"《新唐書·百官志三》:"開元七年……又置御史裏行使、殿中裏行使、監察裏行使,以未為正官,無員數。"宋歐陽修《再論臺官不可限資考劄子》:"令舉官自京官已上,不問差遣次第,惟材是舉。使資淺者為'裏行',資深者入三院。"按上所述,資淺非正官之"裏行"員外試者,其言最有毒,故稱為"合口椒",而"監察御史"者,其言毒減,故稱為"開口椒",或作參考。

[三]裏行:即監察御史裏行。裏行官是唐代御史臺監察御史的特殊任用形式,其性質是試攝官。唐代後期,諸使府參佐和三司巡院官帶御史者也多有裏行的任職形式,其性質近於假借官。參見本書"御史裏行"條箋注。

[四]試員外:古代官員的一種形式,即"員外置同正員"。

[五]合口椒:椒:《說文》:"椒,菜也。"落葉灌木或小喬木,果實球形,暗紅色,種子黑色,可供藥用或調味。《詩經·唐風》:"椒聊之實,蕃衍盈升。"《陸疏》:"聊,語助也。椒樹似茱萸,有針刺,葉堅而滑澤,蜀人作茶,吳人作茗。今成皋山中有椒,謂之竹葉椒。東海諸島亦有椒樹,子長而不圓,味似橘皮,島上獐、鹿食此,肉作椒橘香。"合口椒:椒未乾時味最濃,曬乾後味已淡,故曰"開口椒"。

[六]員外郎:古代官名。原指設於正額以外的郎官,晉以後有員外散騎侍郎,為皇帝近侍官之一。《通典·職官四·歷代郎官》:"至開皇三年,二十四司又各置員外郎一人,以司其曹之籍賬,侍郎闕則攝其曹事。"可知隋開皇三年(538年)於尚書省六部二十四司置郎官一人,為各司之主官;員外郎一人,為各司之次官。唐、宋、遼、金、元、明、清沿其制,以郎中、員外郎為六部各司正副主官。

[七]"唯拜員外郎"句:唐人云"郎官清妙天下選",員外郎未從七品;御史為從九品,然權重,為"雄要之職",故由御史遷往郎官,"歡悵相半,喜遷之,惜其權也。"

【按語】

本條材料見《廣記》卷二五五引《御史臺記》。祖國醫學中，"本草"是對於藥物性質、療效的闡釋，即現代所謂"中藥學"。古人卻以本草的形式寫出富有情趣的文章來，唐代已有《監本草》《百官本草》等，惜其散佚頗多，僅《監察本草》等少數流傳至今。有關《監察本草》的內容又見於《朝野僉載》《封氏聞見記》《唐語林》等筆記小說，可見其流傳頗廣。唐人喜用"本草體"的形式寫出各種官職的特點，如侯味虛曾撰《百官本草》，惜全書已佚。御史如"火烈烈、如霜肅殺，凜然不可犯也。"（《御史中丞廳壁記》）"御史出使，不能動搖山嶽、震懾州縣，誠曠職耳。""耳目官固當特立，雕、鶚、鷹、隼，豈與眾禽同偶？"（《舊唐書》卷八八《韋思謙傳》）《監察本草》"便是根據御史的行政職能及處事特點而撰寫的。"（參見吳承學《本草藥方妙成文》，《古典文學知識》2000 年第 3 期）

【相關補錄】

《全唐文》卷張說《錢本草》："錢，味甘，大熱，有毒。偏能駐顏，采澤流潤，善療饑，解困厄之患立驗。能利邦國，汙賢達，畏清廉。貪者服之，以均平為良；如不均平，則冷熱相激，令人霍亂。其藥采無時，采之非禮則傷神。此既流行，能召神靈，通鬼氣。如積而不散，則有水火盜賊之災生；如散而不積，則有饑寒困厄之患至。一積一散謂之道，不以為珍謂之德，取與合宜謂之義，無求非分謂之禮，博施濟眾謂之仁，出不失期謂之信，人不妨己謂之智。以此七術精煉，方可久而服之，令人長壽。若服之非理，則弱志傷神，切須忌之。"

宋·慧日禪師《禪門本草·戒》："戒，味辛，微苦，回甘。陳久者辛味亦盡，性涼，陽中陰也。須股煉炮製極淨，置污濁處，便常用澡浴。其樹或五葉，或八葉，或十葉，或一百二十葉，大小粗細久近不同。四月八日及臘月八日采之，良不可自取，須曾采者指示乃得。此味號為'藥中之王'，能治百病，不論元氣盛衰，皆宜服之。元氣盛者恃強不服，能至狂疾；衰者初服覺苦辣，頻頻服之，久自得味。其藥易破，宜謹收藏護惜，小破壞猶可用，若大壞者，不堪用也。

亦有小毒,偏服者損目。"

清·張嘯《書本草·諸史》:"種類不一,其性大抵相同。內惟《史記》《漢書》二種,味甘,餘俱帶苦。服之增長見識,有時令人怒不可解,或泣下不止,當暫停,復緩緩服之。但此藥價昂,無力之家往往不能得。即服,亦不易,須先服四書、五經,再服此藥方妙。必窮年累月方可服盡,非旦夕所能奏功也。官料為上,野者多偽,不堪用。服時得酒為佳。"

清·張嘯《書本草·諸子》:"性寒、帶燥,味有甘者、辛者、淡者。有大毒,服之令人狂易。"

清·張嘯《書本草·諸集》:"性味不一,有微毒,服之助氣,亦能增長見識,須擇其佳者方可用,否且殺人。"

清·張嘯《書本草·釋藏道藏》:"性大寒,味淡,有毒,不可服,服之令人身心俱冷。唯熱衷者宜用,胸有磊塊者服之亦能消導,忌酒,與茶相宜。"

清·張嘯《書本草·小說傳奇》:"味甘,性燥,有大毒,不可服,服之令人狂易。惟暑月神氣疲倦,或飽悶後風雨作惡,及有外感者服之,能解煩消鬱,釋滯寬胸,然不宜久服也。"

高 智 周

  高智周[一]，義興[二]人也。少與安陸郝處俊[三]、廣陵來濟[四]、富陽孫處約[五]同寓於石仲覽①[六]。仲覽，宣城人，而家於廣陵②，破產以待此四人，其相遇甚厚。嘗夜臥，因各言其志。處俊先曰："願秉衡軸[七]一日足矣。"智周、來濟願亦當然③。處約於被中遽起曰："丈夫樞軸或不可冀，願且為通事舍人[八]，殿庭周旋吐納足矣。"仲覽素重四人，嘗引相工[九]視之，皆言貴及人臣④，顧視仲覽曰："公因四人而達。"後各從官州郡。來濟已領吏部，處約以瀛州書佐[一〇]因選引時，隨銓而注。濟見約，遽命筆曰："如志，如志。"乃注通事舍人，注畢下階，敘平生之言，亦一時之美也。智周嘗出家為沙門，鄉里惜其才學，勉以進士充賦，擢第，授越王府參軍，累遷費縣令，與佐官均分俸錢，遷秘書郎，累遷中書侍郎，知政事，拜銀青光祿大夫。智周聰慧，舉朝無比，日誦數萬言，能背碑覆局。淡泊於冠冕，每辭職輒遷，贈越州都督，謚曰定。

【校勘】

①石仲覽：《大唐新語》作"石仲覽家"。

②廣陵：《大唐新語》作"京都"。

③亦當然：《大唐新語》作"亦然"。

④人臣：《大唐新語》"人臣"下有"而石不及見矣。然來早貴，所惜末途屯躓，高達而最壽者。夫速登者易顛，徐進者少患，天之道也"數句。

【箋注】

[一]高智周:武后時期御史大夫。《舊唐書》卷八六《章懷太子賢傳》:"調露二年,崇儼為盜所殺,則天疑賢所為。俄使人發其陰謀事,詔令……御史大夫高智周與法官推鞫之,于東宮馬坊搜得皂甲數百領,乃廢賢為庶人,幽於別所。"《舊唐書》卷一八五《良吏傳上·高智周傳》記載同。《舊唐書》卷一八九《儒學傳上·許叔牙傳》:"御史大夫高智周嘗謂人曰:'凡欲言《詩》者,必須先讀此書。'"《新唐書》卷一〇六《高智周傳》:"故智周與郝處俊監蒞。久之,罷為御史大夫,與薛元超、裴炎同治章懷太子獄,無所同異,固表去位。"《新唐書》卷六一《宰相表上》:"調露元年十一月戊寅,智周罷為御史大夫。"

[二]義興:古縣名,即今江蘇宜興市。李吉甫《元和郡縣圖志》卷二五:"常州,……管縣五:晉陵、武進、江陰、無錫、義興。……義興縣,本漢陽羨縣,故城在荊溪南。晉惠帝時,妖賊石冰寇亂揚土,縣人周玘創義討冰,割吳興之陽羨並長城縣之北鄉為義興郡,以表玘功。隋開皇九年平陳,廢郡為義興縣。"

[三]郝處俊:高宗武后時期政治家,為一代名相。安州安陸(今湖北安陸)人,生於隋煬帝大業三年(607年),卒于唐高宗開曜元年(681年)。處俊十歲早孤,好讀書,嗜《漢書》。貞觀中,第進士,累遷吏部侍郎,因佐李績討高麗有功,入拜東臺侍郎。上元(674年)初遷中書令。時高宗多疾,欲遜位武后,處俊諫止。處俊自秉政,凡所規諷,得大臣體。武后忌之,以行止無瑕,不能加害。又兼太子中庶子,拜侍中,罷為太子少保。處俊著有文集十卷。《舊唐書》卷八四本傳:"處俊志存忠正,兼有學識。至於雕飾服玩,雖極知無益,然常人不能抑情棄舍,皆好尚奢侈,處俊嘗保其質素,終始不渝。"

[四]來濟:高宗武后時期著名政治家。揚州江都(今江蘇省揚州市)人,貞觀中,中進士第,歷任通事舍人,後遷中書舍人,與令狐德棻等撰《晉書》。永徽二年(651年),拜中書侍郎,兼弘文館學士,兼修國史。永徽四年(653年),加同中書門下三品。永徽六年(655年),拜中書令、檢校吏部尚書。因反對廢黜王皇后,被武則天所恨。顯慶元年(656年),兼太子賓客,進南陽縣侯。

顯慶二年（657年），又兼太子詹事。後坐褚遂良事累貶庭州刺史。龍朔二年（662年），西突厥入寇，力戰陣亡，時年五十三歲，有文集三十卷行於世。《舊唐書》卷八〇、《新唐書》卷一〇五有傳。

〔五〕孫處約：高宗武后時期著名政治家。汝州郟城〔今河南省郟縣〕人。貞觀中，為齊王佑記室。以直言極諫為太宗賞識。《舊唐書》卷八一本傳："佑既失德，處約數上書諫之。佑既誅，太宗親檢其家文疏，得處約諫書，甚嗟賞之。累轉中書舍人。"孫處約曾預修《太宗實錄》，三遷中書侍郎，與李勣、許敬宗同知國政。顯慶中，拜少司成，以老疾請致仕，許之，尋卒。

〔六〕石仲覽：高宗武后時期人，與高智周、郝處俊、來濟、孫處約相善，生平事蹟不詳。《新唐書》卷一〇六《高智州周傳》有其附傳，即據此條載入。

〔七〕衡軸：本為古代天文儀器的轉軸，後引申為中樞要職。唐·楊炯《渾天賦》："驗之以衡軸，考之以樞機。"

〔八〕通事舍人：秦漢時期，通事舍人為謁者之職，掌賓贊受事，隸於光祿勳。晉置舍人、通事各一人，隸於中書。東晉稱通事舍人，掌呈遞奏章，傳達詔命。後改稱中書通事舍人，直接參預政務的處理。梁以後又改稱中書舍人。隋初沿北齊之制置謁者臺，罷謁者官，置通事舍人十六人，承旨宣傳。唐代改為通事舍人。於中書省置十六人，並從六品上，稱中書通事舍人；復于太子右春坊也置八人，並正七品下，稱太子通事舍人，分別掌管皇帝與太子的朝見引納、殿廷通奏等事。唐代中書舍人是文人企羨的要職，杜佑稱為"文士之極任，朝廷之盛選。"

〔九〕相工：江湖相術之士。

〔一〇〕書佐：官名，古代州一級政府主辦文書的佐官。漢代州郡門下及諸曹皆有書佐，在外由州郡長官自行辟除。書佐除諸曹外，因屬州郡長官親近屬吏，故又稱門下書佐。漢公府、郡認各曹有書佐，地位在掾、史之下，主文書繕寫等事，歷代沿設，唐武德時改名為"參軍事"。

【按語】

本條材料見《廣記》卷一四七引《御史臺記》。

格　輔　元

　　唐格輔元[一]拜監察，遷殿中。充使，次龍門[二]遇盜，行裝都盡，
袒[三]被而坐。監察御史杜易簡[四]，戲詠之曰：“有恥宿龍門，精彩先
瞰①渾。眼瘦呈近店，睡響徹遙林。抒囊將舊識，制被異新婚。誰言驄
馬使[五]，翻作蟄[六]熊蹲。”

【校勘】

①瞰：明鈔本作“噉”。

【箋注】

　　[一]格輔元（？—691年）：唐代政治家，歷任監察御史、殿中侍御史、左
肅政臺御史大夫、同鳳閣鸞臺平章事等職，後因反對立武承嗣為太子被誅。
《舊唐書》卷六《則天皇后紀》：“天授二年……六月，命岑長倩率諸軍討吐蕃。
御史大夫格輔元為地官尚書，鸞臺侍郎樂思晦並同鳳閣鸞臺平章事。”《舊唐
書》卷七〇本傳：“格輔元者，汴州俊儀人也。伯父德仁，隋剡縣丞，與同郡人
齊王文學王孝逸、文林郎繁師玄、羅川郡戶曹靖君亮、司隸從事鄭祖咸、宣城縣
長鄭師善、王世充中書舍人李行簡、處士盧協等八人，以辭學擅名，當時號為
‘陳留八俊’。輔元弱冠舉明經，歷遷御史大夫、地官尚書、同鳳閣鸞臺平章
事。初，張嘉福等請立武承嗣也，則天以問輔元，固稱不可，遂為承嗣所譖而
死，海內冤之。”《新唐書》卷四《則天皇后紀》：“天授二年……六月庚戌，左肅
政臺御史大夫格輔元為地官尚書，鸞臺侍郎樂思晦，鳳閣侍郎任知古同鳳閣鸞

臺平章事。"《新唐書》卷六一《宰相表上》:"天授二年六月庚戌,鸞臺侍郎樂思晦,鳳閣侍郎任知古,左肅政臺御史大夫格輔元為地官尚書,並同鳳閣鸞臺平章事。"《新唐書》卷一〇二本傳:"輔元者,汴州浚儀人。……擢明經,累遷殿中侍御史,歷御史中丞,同鳳閣鸞臺平章事。"又見《資治通鑑》卷二〇四。

[二]龍門:今河南洛陽市洛龍區龍門鎮,境內有著名的龍門石窟。

[三]袒:脫去上衣,露出身體的一部分。《儀禮·遂覯禮》:"乃右肉袒於廟門之東。"

[四]杜易簡:杜審言族兄,初唐文學家。《舊唐書》卷一九〇上《文苑上》:"杜易簡,襄州襄陽人,周硤州刺史叔毗曾孫也。九歲能屬文,及長,博學有高名。姨兄中書令岑文本甚推重之。登進士第,累轉殿中侍御史。咸亨中,為考功員外郎。時吏部侍郎裴行儉、李敬玄相與不葉,易簡與吏部員外郎賈言忠希行儉之旨,上封陳敬玄罪狀。高宗惡其朋黨,左轉易簡為開州司馬,尋卒。易簡頗善著述,撰《御史臺雜注》五卷,文集二十卷,行於代。"《全唐詩》卷八六九存其詩三首。

[五]驄馬使:《後漢書·桓典傳》:"(桓典)辟司徒袁隗府,舉高第,拜侍御史。是時宦官秉權,典執政無所回避。常乘驄馬,京師畏憚,為之語曰:'行行且止,避驄馬御史。'……在御史七年不調,後出為郎。"後以"驄馬使"指御史。

[六]蟄:蟲類伏藏洞穴,冬眠不出。《說文》:"蟄,藏也。"

【按語】

本條材料見《廣記》卷二五五引《御史臺記》。

王　福　畤

　　唐王福畤[一]名行溫恭,累授齊[二]、澤[三]二州,世以才學稱。子
勮[四]、勵[五]、勃[六],俱以文筆著天下。福畤與韓琬父[七]有舊,福畤
及婚崔氏,生子勸①[八],嘗致書韓父曰:"勮、據、勃文章並清俊,近小者
欲似不惡。"韓復書曰:"王武子有馬癖,明公有譽兒癖,王氏之癖,無乃
多乎? 要當見文章,方可定耳。"福畤乃致諸子文章,韓與名人閱之曰:
"生子若是,信[九]亦可誇。"

【校勘】

　　①勸:《廣記》校云:"勃原作'勸',據明鈔本改。"考王勃家世,王勃實有
弟名勸,故仍作"勸"。

【箋注】

　　[一]王福畤:唐代絳州龍門(今山西天津)人,王勃之父,德才兼備。《全
唐文》卷一九一楊炯《王勃集序》:"父福畤,歷任太常博士,雍州司功,交趾、六
合二縣令,為齊州長史。抑惟邦彥,是曰人宗。綜六藝以成能,兼百行而為德。
司馬談之晚歲,思弘授史之功;揚子雲之暮年,遂起參玄之歎。"《全唐文》卷一
八〇王勃《續書序》:"家君欽若丕烈,圖終休緒。乃例六經,次《禮樂》,敘《中
說》,明《易贊》,永惟保守前訓,大克敷遺後人。"《新唐書》卷二〇一《文藝
上·王勃傳》:"父福畤,繇雍州司功參軍,坐勃故,左遷交趾令。"

　　[二]齊:文中指齊州,齊州即今山東省濟南市。《元和郡縣圖志》卷一〇:

"《禹貢》兗州之域。春秋及戰國時屬齊國，秦並天下為齊郡。漢分齊郡立濟南國，今州即濟南國之曆城縣理也。……隋開皇三年罷郡，以所領縣屬齊州。大業三年罷州，為齊郡。隋末陷於寇賊，武德元年海、岱平定，罷郡復州。"

[三]澤：文中指澤州，今山西晉城市。《元和郡縣圖志》卷一五《河東道四》："澤州，《禹貢》冀州之域。春秋時屬晉，戰國時屬韓、魏，後屬趙，秦使白起破趙于長平，即今州北高平縣西北二十一里長平故城是也。秦並天下，今州即上黨郡地。漢為上党郡高都縣之地也。後魏道武帝置建興郡，孝莊帝改置建州，周改建州為澤州，蓋取澤為名也。"

[四]勔：王勃長兄，博學能文、文辭華豔。《全唐文》卷一八〇王勃《續書序》："勃兄弟五六冠者，童子六七，祇祇怡怡，講問伏漸之家日久矣。"《新唐書》卷二〇一《文藝上·王勃傳》："初，勔、勮、勃皆著才名，故杜易簡稱'三珠樹'，其後助、劼又以文顯。劼蚤卒。"

[五]勮：王勃次兄，亦飽學能文之士。《新唐書》卷二〇一《文藝上·王勃傳》："勃兄勮，……長壽中為鳳閣舍人，壽春等五王出閣，有司具儀，忘載冊文，群臣已在，乃寤其闕，宰相失色。勮召五吏執筆，分占其辭，粲然皆畢，人人嗟服。尋加弘文館學士，兼知天官侍郎。始，裴行儉典選，見勮與蘇味道，曰：'二子者，皆銓衡才。'至是語驗。勮素善劉思禮，用為箕州刺史，與綦連耀謀反，劇與兄涇州刺史勔及助皆坐誅。神龍初，詔復官。"

[六]勃：初唐時期著名文學家，與盧照鄰、駱賓王、楊炯並稱"初唐四傑"。《舊唐書·文苑·王勃傳》載："勃六歲解屬文，構思無滯，詞情英邁，與兄勔、遽，才藻相類。父友杜易簡常稱之曰：'此王氏三珠樹也。'"有《王子安集》，今《全唐詩》存詩一卷。

[七]韓琬父：即韓思彥。韓思彥、韓琬父子二人先後在武后朝執憲御史臺，稱譽士林。《新唐書》卷一一二《韓思彥傳》載："韓思彥，字英遠，鄧州南陽人。游太學，事博士谷那律。律為匪人所辱，思彥欲殺之，律不可。萬年令李乾祐異其才，舉下筆成章、志烈秋霜科，擢第。授監察御史，昌言當世得失。高宗夜召，加二階，待詔弘文館，伏內供奉。巡察劍南，益州高貲兄弟相訟，累年不決，思彥救廚宰飲以乳。二人寤，齧肩相泣曰：'吾乃夷獠，不識孝義，公將

以兄弟共乳而生邪！'乃請輟訟。……復召為御史。……俄出為江都主簿，又徙蘇州錄事參軍。罷，客汴州。"可以看出韓思彥不但善斷疑獄、明察秋毫，而且慎于用刑、決獄仁恕、深思察微、明察如神，具有仁者惻隱仁愛之心。

［八］勸：王勃之弟，《新唐書》卷二○一《文藝上·王勃傳》："福畤少子勸，亦有文。"

［九］信：的確，確實。李白《夢遊天姥吟留別》："海客談瀛洲，煙濤微茫信難求。"

【按語】

本條材料見《廣記》卷二四九引《御史臺記》。王勃祖父"通，隋秀才高第，蜀郡司戶，書佐蜀王侍讀。大業末，退講藝于龍門。其卒也，門人諡曰文中子。"當時文人如京兆杜淹、扶風竇威、河東薛收、清河房玄齡、鉅鹿魏徵、太原溫大雅等均師從王通習經。王通曾著《續詩》三百六十篇、《元經》五十篇、《禮論》二十五篇、《易贊》七十篇、《續書》一百五十篇，為隋末大儒。王勃叔祖王績山水詩在唐初詩壇卓然成家，其《野望》詩，尤為世所傳頌。王福畤"綜六藝以成能，兼百行而為德"，今《全唐文》卷一六一存文五篇。王勔、王勮、王勃、王助、王劼（早卒）、王勸弟兄六人，楊炯《王勃集序》云"兄勔及勮，磊落辭韻，鏗鏘風骨，皆九變之雄律也。弟助及勸，總括前藻，網羅群思，亦一時之健筆焉。"

【匯評】

唐·楊炯《王勃集序》："嘗以龍朔初載，文場變體，爭構纖微，競為雕刻。糅之金玉龍鳳，亂之朱紫青黃。影帶以徇其功，假對以稱其美。骨氣都盡，剛健不聞；思革其弊，用光志業。"（《全唐文》卷一九一）

唐·杜甫《戲為六絕句》其二："王楊盧駱當時體，輕薄為文哂未休。爾曹身與名俱滅，不廢江河萬古流。"

明·胡應麟《詩藪》內編卷四："王勃詩……興象宛然，氣骨蒼然，實首啟盛、中妙境，五言絕亦抒寫悲涼，洗盡流調，究其才力，自是唐人開山祖。"

汲　師

　　汲師[一]，滑州[二]人也。自溧水[三]尉拜監察御史。時大夫李乾祐[四]為萬年令①。師按[五]縣獄，乾祐差池[六]而出晚，師怒，不顧而出。衘[七]之。乾祐尋[八]巡察。韋務靜[九]與師鄉里，充乾祐判官。會[一〇]制書[一一]拜乾祐中丞，乾祐顧謂務靜曰：“邑子可出矣，足下可入矣。”遂左授新樂[一二]令。性躁率，時直長[一三]李沖寂[一四]，即高宗從弟也，微有犯。師將彈[一五]而謂之，呼沖寂為弟。沖寂為之曰：“沖寂，主上從弟，公姓汲，于皇家何親，而見[一六]呼為弟？”師慚而止。嘗監享太廟[一七]，責署官，將彈之。署官徼曉[一八]伺其失，汲履赤舄[一九]如廁，共訐[二〇]之，乃止。

【校勘】

①萬年令：《唐會要》卷六二作“長安令”。

【箋注】

　　[一]汲師：滑州人，貞觀朝曾任溧水尉、監察御史，左遷為新樂縣令。事見《唐會要》卷六二“出使”：“（貞觀）十七年，監察御史汲師巡獄至長安，縣令李乾祐不知御史至，巡訖，將上馬，乾祐始來，師顧見，不言而去。乾祐深憾之。二十（二）年四月，乾祐初御史中丞，遂出為新樂令。”可見宋人王溥撰《唐會要》，一些史料亦取材于《御史臺記》。

　　[二]滑州：今河南省濮陽一帶。《元和郡縣圖志》卷八《河南道四》：“戰

國時,其地屬魏。始皇五年,拔魏二十城,初置東郡。漢因之。後漢末,袁紹以曹公為東郡太守。東晉時,慕容德自鄴南徙滑臺,僭號南燕,都於胙城,至超徙都廣固,為宋所滅。宋武帝既平慕容之後,盡得河南之地,於此置袞州,仍置東郡。……隋開皇九年,又於今州理置杞州,十六年改杞州為滑州,取滑臺為名。大業三年又改為東郡。武德元年罷郡置滑州,二年陷寇,四年討平王世充,依舊置滑州。"

[三]溧水:今江蘇省南京市溧水區。《元和郡縣圖志》卷二八《江南道四》:"溧水縣,……本漢溧陽縣地,隋開皇十一年宇文述割溧陽之西、丹陽之東置。"

[四]李乾祐:即李爽(593—668年),字乾祐,隴西成紀(今甘肅秦安縣)人,貞觀年間,歷任殿中侍御史,遷侍御史,貞觀二十二年至永徽(650—655年)中,任御史大夫,為褚遂良所惡,出為刑魏二州刺史。乾封二年,起為桂州都督,授銀青光祿大夫、守司刑太常伯,以罪免官,總章元年卒。事見《舊唐書》卷八七本傳。《唐代墓誌彙編》總章〇二〇《大唐故銀青光祿大夫守司刑太常伯李公墓誌銘》:"君明練憲章,善談得失,籲謨之際,光價頓華,詔授御史大夫。"《會要》卷六〇"殿中侍御史":"貞觀二十二年十二月九日,大夫李乾祐奏增(殿中侍御史,筆者注)兩員,以李文禮、張敬一為之。"據《會要》卷六二、《舊唐書》卷七六《蜀王愔傳》,李乾祐於貞觀二十二年、永徽元年在御史大夫任。

[五]按:即按察、巡察。唐代監察御史有巡察州縣的職能,《新唐書》卷四八《百官志三》對監察御史巡按州縣有明確規定:"監察御史掌分察百僚,巡按州縣。……凡十道巡按,以判官二人為佐,務繁則有支使。其一,察官人善惡;其二,察戶口流散,籍賬隱沒,賦役不均;其三,察農桑不勤,倉庫耗減;其四,察妖猾盜賊,不事生業,為私蠹害;其五,查德行孝悌,茂才異等,藏器晦跡,應時用者;其六,查點吏豪宗兼併縱暴,貧弱冤苦不能自伸者。"

[六]差池:猶差錯、意外之事。唐·李端《古別離》其一:"與君桂陽別,令君岳陽待。後事忽差池,前期日空在。"

[七]銜:此處是懷恨在心之意。

[八]尋:不久。

[九]韋務靜:《唐會要》卷六〇《御史臺上》:"監察御史,武德初,因隋舊制,置八員。貞觀(二十)二年(十)二月九日,御史大夫李乾祐奏加兩員,以李義琛、韋務靜為之。"

[一〇]會:恰好、適逢。

[一一]制書:朝廷任命官員的制誥。

[一二]新樂:今河北省新樂縣。《元和郡縣圖志》卷一八《河北道三》:"新樂縣,……本春秋鮮虞國。漢為新市縣之地。隋開皇十六年置新樂縣。屬定州,取新樂故城為名也。新樂者,漢成帝時中山孝王母馮昭儀隨王就國,王為建宮于樂里,在西鄉,呼為西樂城,時人語訛,呼'西'為'新',故為新樂。"

[一三]直長:唐代殿中省所轄各供奉機構,均設此官,為奉御等主官的輔佐。

[一四]李沖寂(?—682 年):唐宗室,字廣德,累遷至太府、鴻臚二少卿,丁艱去職。後歷青、德、齊、徐、宣、陝六州刺史,檢校司理常伯。高宗麟德間,為營州都督,預征高麗之役,以功遷蒲州刺史,後坐事貶歸州司馬,遷兗州長史。

[一五]彈:即彈劾。唐代御史彈劾的儀式莊重、嚴肅。《舊唐書》卷四四《職官志三》載:御史彈劾,"大事則冠法冠,衣朱衣纁裳,白紗中單以彈之。小事常服而已。"《唐會要》卷六一亦云:"大事則豸冠、朱衣、纁裳、白紗中單以彈之。小事常服而已。"御史彈劾時專服獬豸冠,著衣也有專門規定,須穿白紗中單裡服,上衣著紅色、下衣著淺絳色專用彈劾服裝。可見唐王朝一度在朝會的外廊置有供彈劾用的轉服,遇到違法亂紀之事,御史服之彈劾,正表明其肩負的神聖崇高的使命。

[一六]見:古漢語中常為指代性副詞,有稱代動詞受事者的作用,如"見笑""見贈"等。

[一七]監享太廟:唐代監察御史具有監察國家重大儀式的職能。《新唐書·百官志三》曰:"監察御史掌分察百僚,巡按州縣,獄訟、軍戎、祭祀、營作、太府出納皆蒞焉。"《唐六典》卷一三亦規定:"凡冬至祀圜丘,夏至祭方丘,孟

春祈穀,秋季祀明堂,孟冬祭神州,五郊迎氣及享太廟,則二人共監之。若朝日、夕月及祭社稷、孔宣父、齊太公,蠟百神,則一人率其官屬,閱其牲牢,省其器服,辨其輕重,有不修不敬則劾之。"

[一八]徹曉:即通宵達旦。唐·王建《夜看揚州市》:"夜市千燈照碧雲,高樓紅袖客紛紛。如今不似時平日,猶自笙歌徹曉聞。"

[一九]赤舄:古代天子、諸侯所穿的鞋,呈赤色、重底。《詩經·豳風》:"狼跋其胡,載疐其尾。公孫碩膚,赤舄幾幾。"《毛傳》:"赤舄,人君之盛屨也。"《後漢書·輿服志下》:"顯宗遂就大業,初服旒冕,衣裳文章,赤舄絇屨,以祠天地。"

[二〇]訐:斥責、揭發別人的過失。《說文》:"訐,面相斥罪相告訐也。"

【按語】

本條材料見《廣記》卷二六五,注云:"出《御史臺記》,原缺,據談氏初印本附錄。"唐代"安史之亂"前,御史巡察州縣,有皇帝的支持,堪稱"欽差大臣",可以左右地方官員的仕途,故各級地方官無不畏懼。正如韋思謙所云:"御史出都,若不動搖山嶽,震懾州縣,誠曠職耳。"(《舊唐書》卷八八《韋思謙傳》)以至於開元年間出現"御史出使,……州縣抵迎,相望道路;牧宰抵侯,僮僕不若"的現象。此期御史等巡按州縣,能有力地震懾貪官污吏,對於加強中央對地方的控制,澄清吏治、改善地方社會秩序是有重大作用的。然憲職特點煩劇、苛刻,難免遭到權幸報復,如景雲年間侍御史楊孚遭到權貴詆毀,元稹在敷水驛受到宦官仇士良的毆打等。唐睿宗所云"鷹搏狡兔,須急救之,不爾須反為所噬,御史繩姦佞亦然。苟非人主保衛之,則亦為姦佞所噬矣"(《資治通鑒》卷二一〇"唐紀二六")道盡了憲職高風險、高壓力的職業特點。

張 玄 靖

　　唐張玄靖[一]，陝人也，自左衛倉曹[二]拜監察，性非敦厚。因附會[三]慕容寶節[四]而遷。時有兩張監察，號玄靖為"小張"。初入臺，呼同列長年為兄，及選殿中，則不復兄矣。寶節既誅[五]，頗不自安，復呼舊列為兄，監察杜文範[六]，因使還，會鄭仁恭[七]方出使，問臺中事意，恭答曰："寶節敗後，'小張'複呼我曹[八]為兄矣。"時人以為談笑。

【箋注】

　　[一]張玄靖：陝州人，高宗時期曾任左衛倉曹參軍、監察御史等職。

　　[二]左衛倉曹：左衛是隋、唐時期十六衛府中之一，倉曹參軍事各二人，正八品下。掌五府文官勳考、假使、祿俸、公廨、田園、食料、醫藥、過所等。

　　[三]附會：此處是攀附之意。

　　[四]慕容寶節：傳世文獻中關於慕容寶節及其父祖名諱、出身、官歷等相當簡略。2012年出版的《洛陽新獲七朝墓誌》中有一方《慕容燕國墓誌》，志主慕容燕國為高宗朝右衛大將軍慕容寶節之女。《慕容燕國墓誌》載："夫人諱燕國，昌黎人也。……父寶節，皇朝右衛大將軍、漁陽公，贈戶部尚書，質性剛烈，執心忠鯁。朱輪蒼佩，早參北闕之榮；身沒名楊，始曳南宮之履。"據墓誌可知，慕容寶節家族本為吐谷渾貴族，約周、隋時寶節父祖慕容驤內附，舉家遷居太原。慕容寶節之父慕容羅睺是唐高祖太原起兵的元從功臣，慕容寶節頗受太宗委任，先後出使突厥、吐谷渾等國。寶節累世受高祖、太宗恩顧，屬於唐初關隴勳貴集團的重要成員。參見黃樓《新出〈唐故曹州刺史尉公夫人慕

容燕國墓誌〉考釋》(《魏晉南北朝隋唐史資料》第三十四輯)

[五]寶節既誅:指唐顯慶五年(660年),高宗及武則天出幸並州,扈從的右衛大將軍慕容寶節鴆殺右屯衛將軍楊思訓案件。此案轟動一時,投毒者慕容寶節初配流嶺表,楊思訓妻詣闕稱冤,高宗遣使追斬寶節,此案兩《唐書》皆有記載。《舊唐書》卷四《高宗紀》:"(顯慶)五年春正月甲子,幸並州。二月辛巳,至並州。"《舊唐書》卷六二《楊思訓傳》:"顯慶中,歷右屯衛將軍。時右衛大將軍慕容寶節有愛妾,置於別宅,嘗邀思訓就之宴樂。思訓深責寶節與其妻隔絕,妾等怒,密以毒藥置酒中,思訓飲盡便死。寶節坐是配流嶺表。思訓妻又詣闕稱冤,制遣使就斬之。仍改《賊盜律》,以毒藥殺人之科更從重法。"《新唐書》卷一〇〇《楊思訓傳》:"子思訓襲爵。顯慶中,歷右屯衛將軍,從高宗幸並州。右衛大將軍慕容寶節夜邀思訓與謀亂,思訓不敢對。寶節懼,毒酒以進,思訓死。妻訴之,流寶節嶺表,至龍門,追斬之。乃詔以置毒人者重其法。"

[六]杜文範:襄陽人,高宗時期歷任長安尉、監察御史、殿中侍御史、刑部員外郎、中書舍人、御史中丞等職,見本書"杜文範"條。

[七]鄭仁恭:高宗時期曾任監察御史、刑部郎中、刑部侍郎,見本書《鄭仁恭》條。

[八]我曹:即我輩。唐李頎《送陳章甫》:"東門酤酒飲我曹,心輕萬事如鴻毛。醉臥不知白日暮,有時空望孤雲高。"

【按語】

本條材料見《廣記》卷二五九引《御史臺記》。"彰善嫉惡,激濁揚清,御史之職也,政之理亂,實由此也。"(《令御史錄奏內外官職事詔》)唐代御史主要職責是"正朝廷綱紀,舉百司紊失",御史多以剛直敢言著稱,正色立朝、彰善嫉惡,激濁揚清。唐代御史中亦有一些人品拙劣、趨炎附勢之徒,韓琬《御史臺記》載性非敦厚、人品污下的張玄靖,其"敘御史正邪得失、進擢誅滅之狀,……以為世戒"的意義是明顯的。

杜　文　範

　　唐杜文範[一]，襄陽人也。自長安尉應舉，擢第，拜監察御史，選殿中，授刑部員外，以承務郎特授西臺舍人[二]。先時與高上智俱任殿中，為侍御史張由古[三]、宋之順所排擯，與上智遷員外。既五旬，由古、之順方入省。文範眾中謂之曰："張、宋二侍御，俱是俊才。"由古問之，答曰："若非俊才，那得五十日騎土牛，趁及殿中？"舉眾歡笑。

【箋注】

　　[一]杜文範：襄陽人，唐高宗時期歷任長安尉、監察御史、殿中侍御史、刑部員外郎、中書舍人等職，高宗上元二年（675 年），升任御史中丞。《冊府元龜》卷八四《赦宥第三》："上元……三年二月丁亥，帝幸汝州之溫湯，令御史中丞杜文範慮汝州囚徒罪輕者皆免之。"

　　[二]西臺舍人：唐初，因隋制置內史省，中書舍人定名內史舍人。武德三年（621 年），改內史省為中書省，內史舍人改為中書舍人。龍朔二年（662 年），中書省改稱西臺，中書舍人改為西臺舍人。咸亨元年（670 年），復稱中書舍人。光宅元年（684 年），中書省又改稱鳳閣，中書舍人改稱鳳閣舍人，神龍元年復舊。開元元年（713 年），中書省改稱紫薇省，中書舍人又改稱紫薇舍人，開元五年復舊。自後至唐末，中書舍人名稱未變。

　　[三]張由古：唐代官吏，曾任監察御史、侍御史、司計員外郎等職。《廣記》卷二五八："唐張由古有吏才而無學術，累歷臺省。嘗于眾中，歎班固有大才，而文章不入《文選》。或謂之曰：'《兩都賦》《燕山銘》《典引》等，併入《文

選》,何為言無?'由古曰:'此並班孟堅文章,何關班固事?'聞者掩口而笑。又謂同官曰:'昨買得《王僧穤集》,大有道理。'杜文範知其誤,應聲曰:'文範亦買得《張佛袍集》,倍勝《僧穤集》。'由古竟不知覺。累遷司計員外。以罪放於庭州。時中書令許敬宗綜理詔獄。帖召之。由古喜,至則為所責,懼而手戰,笏墜於地,口不能言。初為殿中正班,以尚書郎有錯立者,謂引駕曰:'員外郎小兒難共語,可鼻沖上打。'朝士鄙之。"

【按語】

本條材料見《廣記》卷二五四引《御史臺記》。唐代御史臺是"紀綱之司""憲司重地",擁有某種長期積澱、傳承而來的、又具有時代特色的文化氛圍,史家稱御史臺"風采尤峻","望風氣懾",這典型地概括出御史臺特色獨具的文化氣氛。張由古"有吏才而無學術",難免被人取笑了。

婁　師　德

　　則天禁屠殺頗切,吏人弊於蔬菜。師德^[一]為御史大夫,因使至於陝。廚人進肉,師德曰:"敕禁屠殺,何為有此?"廚人曰:"豺咬殺羊。"師德曰:"大解事^[二]豺。"乃食之。又進鱠,復問何為有此?廚人復曰:"豺咬殺魚。"師德因大叱之:"智短漢,何不道是獺①?"廚人即云是獺,師德亦為薦之。

【校勘】

①獺:《唐宋白孔六帖》卷二四獺字後有"祭不食"三字。

【箋注】

　　[一]婁師德(630—699 年),字宗仁,鄭州原武(今河南原陽)人,唐朝宰相、名將。《舊唐書》卷九三《婁師德傳》:"上元初,累補監察御史。……從軍西討,頻有戰功,遷殿中侍御史。……萬歲登封元年,轉左肅政御史大夫,仍並依舊知政事。……萬歲通天二年,入為鳳閣侍郎、同鳳閣鸞臺平章事。是歲,兼檢校右肅政御史大夫,仍知左肅政臺事。"《大唐新語》卷七《容恕》:"上元初,吐蕃強盛,招募猛士以討之,師德以監察御史應募。"今《全唐文》卷一八七存文《鎮軍大將軍行左鷹揚衛大將軍兼賀蘭州都督上柱國涼國公契苾府君碑銘並序》一篇。

　　[二]解事:通曉事理。《南齊書·茹法亮》:"法亮便辟解事,善於奉承。"宋·陸游《雷》詩:"惟嗟婦女不解事,深屋掩耳藏嬰孩。"

【按語】

本條《廣記》卷四九三引《御史臺記》,記載婁師德在御史大夫任上之事。

＊婁　師　德

婁師德遷殿中侍御史，充河源軍司馬①[一]。（《考異》云："《御史臺記》：'充河源軍使。'今從《舊傳》。"）

【校勘】

①司馬：《御史臺記》作"使"。《新唐書》卷一〇八本傳云婁師德任殿中侍御史，充河源軍司馬。河源軍使一般有本州刺史兼任，為唐王朝高級官吏。婁師德為殿中侍御史，不可能充河源軍使。軍使幕府中的司馬，常由殿中侍御史兼任。《御史臺記》似誤。

【箋注】

[一]河源軍司馬：唐代邊防建制名，隴右節度使所轄諸軍之一。《唐會要》卷七八《節度使》："河源軍，置在鄯州西南，又云本趙充國亭侯也。"《通典》："河源軍，在鄯州西百二十里。"清人顧祖禹《讀史方輿紀要》卷六四"陝西"："河源城在鎮西南。隋大業四年，伐吐谷渾，置河源郡，治於赤水城。唐儀鳳二年，復置河源軍，蓋與積石山相近。永隆初，軍使黑齒常之敗吐蕃贊婆於良非川。常之以河源衝要，欲加兵戍之，而轉輸險遠。乃廣置烽戍七十餘所，屯田五千餘頃，繇是戰守有備。乾元初，沒於吐蕃。大中三年，吐蕃叛將論恐熱謀並鄯州，引兵軍於河州。鄯州將尚婢婢軍河源以拒之。諸將欲進戰，婢婢不可。諸將不從，乃據河橋以待之。諸將果敗。婢婢收餘眾，焚橋，奔歸鄯州。城蓋與河州接界。"高宗儀鳳二年（677 年）始置河源軍使，駐所在鄯城縣（治今青海省西寧市東郊）。河源軍使為屏障西北之軍事重鎮，黑齒常之、婁

69

師德、哥舒翰等曾出任河源軍經略大使。中唐呂溫出使吐蕃途中有《經河源軍漢村作》詩:"行行忽到舊河源,城外千家作漢村。樵采未侵征虜墓,耕耘猶就破羌屯。金湯天險長全設,伏臘華風亦暗存。暫駐單車空下淚,有心無力復何言。"(《全唐詩》卷三七一)

【按語】

本條材料見《考異》卷一〇引《御史臺記》。《新唐書》卷一〇八本傳:"婁師德字宗仁,鄭州原武人。第進士,調江都尉。……上元初,為監察御史。會吐蕃盜邊,劉審禮戰沒。師德奉使收敗亡於洮河。……後招募猛士討吐蕃,乃自奮,戴紅抹額來應詔,高宗假朝散大夫,使從軍。有功,遷殿中侍御史,兼河源軍司馬,並知營田事。"《資治通鑒》卷二〇二載:"儀鳳三年……九月……丙寅,……李敬玄之西征也,監察御史原武婁師德應猛士詔從軍,……師德遷殿中侍御史,充河源軍司馬,兼知營田事。"可知,婁師德任殿中侍御史在儀鳳三年戊寅(678年)九月至十二月。《考異》載此事亦在儀鳳三年。

陸　餘　慶

　　陸餘慶[一]，吳郡[二]人，進士擢第。累授長城[三]①尉，拜員外監察。久視中，遷鳳閣舍人[四]，歷陝州[五]刺史、洛州[六]長史、大理卿[七]、少府監[八]。主睿宗輼車不精，出授沂州[九]刺史[一〇]。餘慶少時，嘗冬日于徐[一一]、亳[一二]間夜行，左右以囊橐[一三]前行，餘慶緩轡[一四]躡之，寒甚。會群鬼環火而坐，慶以為人，馳而遽下就火。訝火焰熾而不暖，慶謂之曰：“火何冷？為我脫靴。”群鬼但俯而笑，不應。慶顧視之，郡鬼悉有面衣[一五]。慶驚，策馬避之，竟無患。其旁居人謂慶曰：“此處有鬼為崇[一六]，遭之者多斃。郎君竟無所驚懼，必福助也。當富貴矣！”

【校勘】

①長城：《舊唐書》卷一一六《陸餘慶傳》作“陽城”。

【箋注】

　　[一]陸餘慶：為陸元方從叔，歷任監察御史、鳳閣舍人、陝州刺史、洛州長史、大理寺卿等職。《舊唐書》卷八八《陸餘慶傳》：“元方從叔餘慶，少與知名之士陳子昂、宋之問、盧藏用、道士司馬承禎、道人法成等交遊，雖才學不逮，而風流強辯過之。”《新唐書》卷一一六《陸餘慶傳》：“舉制策甲科，補蕭尉。累遷陽城尉。武后封嵩山，以辦具勞，擢監察御史。聖曆初，靈、勝二州黨項誘北胡寇邊，詔餘慶招慰，喻以恩信，蕃酋率眾內附。遷殿中侍御史、鳳閣舍人。”

《全唐詩》卷九六沈佺期《送陸侍御餘慶北使》:"古人貴將命,之子出輴
軒。……安得回白日,留歡盡綠樽。"《全唐文》卷二一五陳子昂《昭夷子趙氏
碣頌》:"昭夷子諱元亮,字貞固,汲人也。……蒼龍甲甲,在大樑遭命不造,發
痰疾而卒,時四十九。……君故人云居沙門釋法成嵩山道士司馬子微,終南山
范陽盧藏用,御史中丞巨鹿魏元忠,監察御史吳郡陸餘慶,秦州長史平昌孟
詵……咸痛君中夭。"

[二]吳郡:即今江蘇省蘇州市一帶。據《元和郡縣圖志》卷二五《江南道
一》,隋大業元年(605年),改蘇州為吳州。大業三年(607年),又改吳州為吳
郡。唐武德四年(621年)平定江南,改吳郡為蘇州。唐貞觀元年(627年),全
國分為十道(道為監察區),蘇州為江南道治所。唐天寶元年(742年),蘇州
復改為吳郡。為江南東道治所。

[三]長城:即今浙江省湖州市長興縣,古稱長城縣。春秋時期,吳越爭
霸,吳王闔閭派弟夫概在今雉城東南築城,作為夫概王邑。因城狹長,故名長
城。《元和郡縣圖志》卷二五《江南道一》:"湖州……長城縣,……本漢烏程縣
地,晉武帝太康三年分其地置長城縣,昔闔閭使弟夫囎居此,築城狹而長,因以
為名。"

[四]鳳閣舍人:即中書舍人。光宅二年(685年)中書省改稱鳳閣,中書
舍人成為鳳閣舍人。神龍元年(705年)復舊。《新唐書》卷四六《百官志一》
載:"唐制,乘輿所在,必有文詞,經學之士,下至蔔、醫、伎術之流,皆直於別
院,以備宴見。而文書詔令,則中書舍人掌之。自太宗時,名儒學士,時時詔以
草制。"

[五]陝州:今河南省三門峽市陝州區。《元和郡縣圖志》卷六《河南道
二》:"陝州……今為陝虢觀察使理所。……《禹貢》豫州之域,周為二伯分陝
之地。……戰國時為魏地,後屬韓。秦並天下,屬三川郡。漢為弘農郡之陝
縣,自漢至宋不改。……隋大業三年復罷,以其地屬河南郡。義寧元年,改置
弘農郡,武德元年改為陝州,廣德元年改為大都督府。"

[六]洛州:今河南洛陽市一帶。據《元和郡縣圖志》卷五《河南道一》,唐
武德四年(621年),置洛州總管府,轄洛州、鄭州、熊州、穀州、嵩州、管州、伊

州、汝州、魯州等九州。洛州轄洛陽、河南、偃師、緱氏、鞏、陽城、嵩陽、陸渾、伊闕等九縣。唐代自高宗始仍以洛陽為都,稱東都。

[七]大理卿:《新唐書》卷四六《百官志一》:"大理寺,卿一人,從三品下。……掌折獄、詳刑。凡罪抵流、死,皆上刑部,覆於中書、門下。系者五日一慮。"

[八]少府監:古代官名。唐初廢少府監,以諸署隸太府寺。貞觀元年(672年)復置,設監、少監,總百工技巧之政,負責供給天子器御、后妃服飾及郊廟圭玉、百官儀物等。《新唐書》卷四八《百官志三》:"少府監一人,從三品,……掌百工技巧之政。總中尚、左尚、右尚、織染、掌冶五署以及諸冶、鑄錢、互市等監。供天子器御、后妃服飾及郊廟圭玉、百官儀物。"

[九]沂州:今山東省臨沂市一帶。《元和郡縣圖志》卷一一《河南道七》:"沂州,……《禹貢》徐州之域。春秋時為齊地。秦並天下,置琅邪郡,因琅邪山以為名也。漢因之,……文帝元年徙澤為燕王,以琅邪為郡。晉武帝咸寧二年,改封東海王睿為王,王即帝位于江東,是為東晉元帝。……至宋武帝得河南,尋又沒于後魏、莊帝置北徐州,琅邪郡屬焉。周武帝改北徐州置沂州,以州城東臨沂水,因以名之。大業十三年亂離,郡為徐圓朗所破,武德四年討平圓朗,復置沂州。"

[一〇]刺史:古代官名。隋朝統一,文帝撤銷郡,州長官除雍州牧外,均為刺名。唐武德元年(618年)改郡為州,州之長官稱為刺史。天寶元年(742年),復州為郡,復刺史為太守。至德二載(757年),肅宗又改郡為州,長官復稱刺史。

[一一]徐:即徐州,今江蘇省徐州市。《元和郡縣圖志》卷一九《河南道五》:"徐州,……今為徐泗節度使理所。……管州四:徐州,宿州,泗州,濠州。……本《禹貢》徐州之域。……六國時屬楚。秦並天下,為泗水郡。楚、漢之際,楚懷王自盱眙徙都之。後項羽遷懷王于郴,自立為西楚霸王,又都於此。漢改泗水郡為沛郡,又分沛郡立楚國。……宋永初二年,加淮南徐州曰南徐州,而改北徐州曰徐州。……隋開皇二年,于此置總管,罷郡,其所領縣,並屬徐州。……武德四年討平王世充,改置徐州總管府,七年改為都督,貞觀十

七年罷都督。"

[一二]亳:即亳州,今安徽省亳州。《元和郡縣圖志》卷七《河南道三》:"亳州,……《禹貢》豫州之域,至周不改。春秋時為陳國之焦邑,六國時屬楚,在秦為碭郡地。漢為譙縣,屬沛郡。……魏文帝即位。黃初元年,以先人舊郡,又立為譙國,與長安、許昌、鄴、洛陽,號為'五都'。後魏復置南袞州,周武帝改為亳州。隋亂陷賊,武德四年討平王世充,復為亳州。"

[一三]囊橐:猶聚集。唐·鄭棨《開天傳信記》:"夫音者始于宮,散于商,成於角征羽,莫不根柢囊橐于宮商也。"

[一四]轡:轡,馬籠頭,此處代指馬。

[一五]面衣:用來蔽面的巾帕。《舊唐書·輿服志》:"武德、貞觀之時,宮人騎馬者,依齊、隋舊制,多著冪䍦。雖發自戎夷,而全身障蔽,不欲途路窺之。"迷信之人通認為鬼蜮精魅常以巾帕蔽面。

[一六]祟:迷信之人認為鬼怪或鬼怪害人為祟。

【按語】

本條材料見《廣記》卷三二八引《御史臺記》。《新唐書》卷一一六《陸餘慶傳》:"(餘慶)雅善趙貞固、盧藏用、陳子昂、杜審言、宋之問、畢構、郭襲微、司馬承禎、釋懷一,時號'方外十友'。餘慶才不逮子昂等,而風流敏辨過之。"《全唐文》卷二八二存文一篇。

*狄　仁　傑

狄仁傑以司農①[一]發太原運,勾②會[二]欠米萬余斛,高宗怒曰:
"仁傑偷我米!"命殺之。吏部侍郎魏玄同[三]曰:"仁傑健而疏,只是勾
當失所,臣委知不偷,請以官爵保明。"久之,高宗意懈[四],仁傑不坐。

【校勘】

①司農:《考異》卷一〇:"按《狄仁傑傳》未嘗為司農,今不取。"《御史臺
記》本條及下條《狄仁傑》均載狄仁傑任職司農寺,且韓琬距狄仁傑未遠,疑狄
仁傑確任職司農寺,兩《唐書》未載。

②勾:《廣記》作"句",據文意,當作"勾",據文意改。

【箋注】

[一]司農:即司農寺,唐代九寺之一。據《舊唐書》卷四四《職官志三》,
唐代司農寺掌倉儲委積,供給京師百官祿廩及朝會、祭祀所需。

[二]勾會:核算之意。唐·柳宗元《館驛使壁記》:"列其田租,布其貨利,
權其入而用其積,於是有出納奇贏之數,勾會考校之政。"

[三]魏玄同:定州鼓城縣(今河北晉州市)人,武后時期歷任岐州長史、累
遷至吏部侍郎。弘道(683年)初,轉文昌左丞,兼地官尚書、同中書門下三品。
見《舊唐書》卷八七本傳。

[四]懈:鬆懈。《戰國策觸龍說趙太后》:"左師觸龍言,願見太后。太后
盛氣而揖之。入而徐趨,至而自謝曰……太后之色少解。"

【按語】

　　本條材料見胡注引《考異》卷一〇："狄仁傑又奏王本立"條引《御史臺記》。《考異》卷一〇載此事在調露元年（679 年）。

狄 仁 傑

　　唐狄仁傑[一]倜儻不羈,嘗授司農[二]員外卿①,每判事,多為正員卿②同異。仁傑不平之,乃判曰:"員外郎有同側室,正員卿位擅嫡妻。此難曲事女君,終是不蒙顏色。"正員頗亦慚悚。時王及善[三]、豆盧欽望[四],拜左、右相。仁傑以才望,時議歸之,頗冀此命。每戲王、豆盧,略無屈色。王、豆盧俱善長行,既拜,謂時宰曰:"某無材行,濫有此授。"狄謂曰:"公二人並能長行,何謂無材行?"或曰左相事,云適已白右相。狄謂曰:"不審喚為右相,合呼為有相。"王、豆盧問故,狄曰:"公不聞,聰明兒不如有相子,公二人可謂有相子也。"二公強笑,意亦悒悒。

【校勘】

　　①卿:《廣記》作"郎",按唐代司農寺無員外郎、員外卿之職,蓋後人誤記。
　　②正員卿:《廣記》作"正充卿",按唐代無正充卿之說,據文意改。

【箋注】

　　[一]狄仁傑(630—700 年):字懷英,並州太原(今山西太原市)人。唐朝武周時期政治家。早年以明經及第,歷任汴州判佐、並州法曹、大理寺丞、侍御史、度支郎中、寧州刺史、冬官侍郎、江南巡撫使、文昌右丞、豫州刺史、復州刺史、洛州司馬等職,以不畏權貴著稱。狄仁傑在地方為官,深受百姓愛戴,《舊書》卷八九《狄仁傑傳》:"御史郭翰巡察隴右,所至多所按劾,及入寧州境內,耆老歌刺史(狄仁傑)德美者盈路。"在朝則正色立朝,多次拒不奉詔,《通鑒》

卷二〇二：“儀鳳元年……九月壬申，大理奏左威衛大將軍權善才、左監門中郎將範懷義誤斫昭陵柏，罪當除名。……仁傑曰：‘……今陛下以昭陵一株柏殺一將軍，千載之後，謂陛下為何主？此臣所以不敢奉制殺善才，陷陛下于不道。’……後數日，擢仁傑為侍御史。”深受朝野尊重。天授二年（691年）九月，升任宰相，擔任地官侍郎、同平章事。四個月後，為酷吏來俊臣誣以謀反，奪職下獄，貶為彭澤縣令。營州之亂時，得到起復。神功元年（697年），再度拜相，擔任鸞臺侍郎、同平章事，遷納言。勇於犯顏直諫，力勸武則天復立盧陵王李顯為太子，培植舉薦忠於唐朝的勢力，成為大唐社稷得以延續的重要支柱。久視元年（700年），拜內史令。同年九月，病逝，追贈文昌右相，諡號文惠。今《全唐詩》存詩三首，《全唐文》存文兩篇，《補編》存文兩篇。

[二]司農：即司農寺，唐九卿之一。《唐會要》卷六六《司農寺》：“龍朔二年，改為司稼寺，卿為正卿。咸亨元年，改為司農寺。”《唐六典·司農寺》：“司農卿之職，掌邦國倉儲委積之政令，總上林、太倉、鉤盾、導官四署與諸監之官屬，謹其出納而修其職務；少卿為之貳。凡京、都百司官吏祿，皆仰給焉。朝會、祭祀、供御所須，及百官常料，則率署、監所貯之物以供其事。凡孟春吉亥，皇帝親籍田之禮，有事于先農，則奉進耒耜。”

[三]王及善（618—699年）：洺州邯鄲（今河北邯鄲）人。武則天時文昌左相（宰相）。他擔任內史時，人稱為“鳩集鳳池”。唐高宗時，累官至禮部尚書。他規定官員不准騎驢上班，又派人終日驅逐，人稱“驅驢宰相”。死後，贈同鳳閣鸞臺三品、益州大都督，諡“貞”。

[四]豆盧欽望：（629—709年），字思齊，昌黎徒何（今遼寧錦州市）。唐朝時期大臣，代州都督豆盧仁業之子。初以門蔭，補任太子（李忠）左千牛備身，遷遂州司兵參軍，入為尚食直長、主爵郎中。輔導太子李弘，累官越州都督、司賓卿。長壽二年，拜內史。唐中宗復位，擢尚書左僕射、平章軍國重事，拜開府儀同三司、檢校安國相王府長史。景龍元年卒，享年八十，贈司空、並州大都督，諡號為“元”。

【按語】

本條材料見《廣記》卷二五四引《御史臺記》。狄仁傑在當時即取得了崇高的政治聲譽,如唐人張鷟《朝野僉載》評狄仁傑"粗覽經史,薄閑文華,箴規切諫有古人之風,剪伐淫祠有烈士之操。心神耿直,涅而不淄。膽氣堅剛,明而能斷。"

【匯評】

《全唐文》卷九五《授狄仁傑內史制》:"地華簪組,材標棟幹。城府凝深,宮牆峻邈。有八龍之藝術,兼三冬之文史。雅達政方,早膺朝寄。出移節傳,播良守之風;入踐臺閣,得名臣之體。豈惟懷道佐明,見期於管樂;故以謁誠匡主,思致於堯舜。九重肅侍,則深陳可否;百辟在庭,則顯言得失。雖從容顧問,禮被於皇闈,而基酌輕重,事隆於紫誥。"

杜甫《狄明府》詩:"狄公執政在末年,濁河終不汙清濟。國嗣初將付諸武,公獨廷靜守丹陛。禁中決冊請房陵,前朝長老皆流涕。太宗社稷一朝正,漢官威儀重昭洗。"

後晉·劉昫《舊唐書·狄仁傑傳》:"天子有諍臣七人,雖無道不失其天下。致廬陵復位,唐祚中興,諍由狄公,一人以蔽。或曰:'許之太甚。'答曰:'當革命之時,朋邪甚眾,非推誠竭力,致身忘家者,孰能與於此乎!'狄仁傑流死不避,骨鯁有彰,雖逢好殺無辜,能使終畏大義。竟存天下,豈不然乎!"

宋·徐積《書狄梁公傳》:"李氏山河勢若終,手提長劍截長虹。請將唐室中興事,可比汾陽再造功。直道不為邪黨敗,逆鱗深得諍臣風。儒生若有逢時幸,未必勳勞盡在公。"

元·陳應潤《周易爻變易》:"婁師德、狄仁傑立于惡人之朝,外視若柔,內實剛介,故能免禍,能復中宗之辟,志行也。"

明·王夫之《讀通鑒論》:"若夫社稷臣者,以死衛主,而從容以處,期不自喪其臣節,如謝安之於桓溫,狄仁傑之于武氏,亦豈矯矯自矜以要權姦之知遇乎?"

陸 元 方

陸元方[一]為鸞臺鳳閣侍郎[二]，居相國。則天將有遷除[三]，必先訪之。元方密以進，不露其恩，人莫之知者。先所奏進狀[四]①章，緘[五]於函中，子弟未嘗見。臨終，命焚之。曰："吾陰德於人多矣，其後福必不衰也。吾本當壽，但以領選曹[六]②，銓擇流品[七]，吾傷心神耳。"言畢而終。

【校勘】

①進狀：《新唐書》卷一一六作"奏稿"。
②領選曹：《新唐書》卷一一六作"領選久"。

【箋注】

[一]陸元方(639年—701年)：唐武后時期良吏，曾任監察御史、殿中侍御史、鳳閣舍人、天官侍郎、鸞臺侍郎同鳳閣鸞臺平章事等。《舊唐書》卷八八本傳："陸元方，蘇州吳縣人。……累轉監察御史。則天革命，使元方安輯嶺外，……使還稱旨，除殿中侍御史。"《新唐書》卷一一六本傳："陸元方字希仲，蘇州吳人。陳給事黃門侍郎琛之曾孫。伯父柬之，善書名家，官太子司議郎。元方初明經，後舉八科皆中，累轉監察御史。……除殿中侍御史，擢鳳閣舍人。……遷鸞臺侍郎，同鳳閣鸞臺平章事。"

[二]鸞臺鳳閣侍郎：光宅元年(684年)武則天改中書侍郎為鳳閣侍郎，改門下侍郎為鸞臺侍郎。神龍元年(705年)復舊稱。

［三］遷除：此處指朝廷官員之升遷除授。

［四］進狀：唐代官員將奏章呈送中書、門下聽候進止，許則奏之，不許則止，稱為“進狀”。首先注意“進狀”和“關白”問題的是日本學者八重津洋平，八重津《唐代御史制度》一文認為“進狀”始于中宗景龍三年（709 年），“關白”始于玄宗開元二十二年（709 年）。此後，胡寶華《唐代“進狀”“關白”考》對“進狀”和“關白”作了進一步考證，認為從中宗景龍三年（709 年）始，“御史彈劾之前，必須要把彈劾狀呈送中書門下長官審查，許可後方可實施彈劾。開元後期隨著宰相權力的極度膨脹，終於導致限制御史的彈劾權力的關白制度形成。”（參見胡寶華《唐代“進狀”、“關白”考》，《中國史研究》2003 年第 1 期）

［五］緘：本意為書信封口，引申作動詞，密封之意。李商隱《春雨》：“玉璫緘劄何由達，萬里雲羅一雁飛。”

［六］選曹：主持官員銓選吏事。南朝·宋·劉義慶《世說新語·棲逸》：“山公將去選曹，欲舉嵇康，康與書告絕。”

［七］流品：本指官階，此處指官員考核的等級優劣。

【按語】

本條材料見《廣記》卷四九三引《御史臺記》。陸元方從叔餘慶，少與知名之士陳子昂、宋之問、盧藏用、道士司馬承禎、道人法成等交遊。陸元方“初明經，後舉八科皆中，”是武則天朝以“清慎”著稱的良史。其“諸子皆美才，而象先、景倩、景融尤知名。”史載，陸景初，睿宗賜名象先，“器識沉邃，舉制科高第，……景雲中，進同中書門下平章事，監修國史。”《全唐詩》存詩一首，蘇頲有《授陸景初大理少卿制》。景倩河南按察使畢構奉敕覆核州縣吏治，務求實情，屬吏稱唯其為官“真清”，終監察御史。景融“博學，工筆劄。”陸氏家族一門家風於斯可見矣。

*鄭　仁　恭

　　鄭仁恭[一]，本滎陽[二]人也，自監察累遷刑部郎中[三]。儀鳳中，明崇儼[四]以奇術承恩寵，夜遇刺客[五]，敕三司[六]亟推鞫，妄承引[七]、連坐者甚眾。高宗怒，促有司①行刑。仁恭奏曰："此輩必死之囚，願假其數日之命②。"高宗曰："卿以為枉邪？"仁恭曰："臣識慮淺短，非的[八]以為枉。恐萬一非實，則怨氣生。"遂緩之。旬餘，果獲賊矣。朝廷稱之③。

【校勘】

①有司：《大唐新語》卷四作"法司"。

②願假其數日之命：《大唐新語》卷四作"願假數日之命"。

③朝廷稱之：《大唐新語》卷四作"高宗善之，遷刑部侍郎"。

【箋注】

　　[一]鄭仁恭：武后時期曾任監察御史、刑部郎中、刑部侍郎等職，《唐尚書省郎官石柱題名考》卷一二《戶部員外郎》有載。

　　[二]滎陽：即今河南省滎陽縣。《元和郡縣圖志》卷八《河南道四》："滎陽縣，……本漢舊縣。晉屬滎陽郡，高齊改郡名成皋，以縣屬焉。隋開皇三年罷郡，以縣屬鄭州。萬歲通天元年改為武泰縣，仍隸河南府。"

　　[三]刑部郎中：刑部其屬有四：一曰刑部，二曰都官，三曰比部，四曰司門。《新唐書》卷四六《百官志一》："刑部郎中，掌律法，按覆大理及天下奏讞，

為尚書、侍郎之貳。凡刑法之書有四：一曰律，二曰令，三曰格，四曰式。凡鞠大獄，以尚書侍郎與御史中丞、大理卿為三司使。凡國有大赦，集囚徒于闕下以聽。”

[四]明崇儼：洛州偃師（今河南省洛陽市）人，唐高宗時期政治人物，累遷至正諫大夫，相傳通巫術、法術，調露元年（679年）為盜所刺於東都。《資治通鑒》卷二〇四：“偃師人明崇儼，以符咒幻術為上及天后所重，官至正諫大夫。五月，壬午，崇儼為盜所殺，求賊，竟不得，贈崇儼侍中。”

[五]“明崇儼”句：明崇儼被刺事，《新唐書》卷二〇四《方技傳》有載：“儀鳳四年，（明崇儼）為盜所刺於東都，……太后疑太子使客殺之，……命御史中丞崔謐等雜治，誣服者甚眾。”

[六]三司：之刑部、大理寺、御史臺。唐代“三司受事”有大、小之分。《唐六典》卷一三“御史臺”載：“凡先下之人有稱冤而無告者，與三司詰之。三司：御史大夫、中書、門下。大事奏裁，事專達。”此為“大三司”。由御史臺、刑部、大理寺組成的則為“小三司”。“三司受事”制的形成，主要是為了審判一些重案、要案或疑難復雜之案件。重案、要案一般牽涉人員很廣，社會影響廣泛。非刑部、大理等單獨所能勝任，需要有“三司受事”制以聯席辦公的形式來解決。

[七]承引：招認罪行。《魏書·刑罰志》：“或拷不承引，依證而科；或有私嫌，強逼成罪。”

[八]的：唐代俗語，張相《詩詞曲語詞匯釋》：“的，猶准或確也，定也，究也。”趙氏《杜羔不第，將至家寄》：“良人的的有奇才，何事年年被放回。如今妾面羞君面，君若來時近夜來。”

【按語】

本條材料見《考異》卷一〇引《御史臺記》，又見《大唐新語》卷四“持法”。《考異》卷一〇載此事在調露元年（679年）。唐代御史群體在監察實踐中一般表現出不畏權貴、直言敢諫、嫉惡如仇的人格特徵。御史崗位上復雜的工作環境、職業風險；唐王朝御史選任中注重剛直骨鯁因素；唐代御史臺濃烈的法學氣息以及唐代御史制度的紀律規範等,都有利於御史群體剛正人格的形成。當然,我們不能說只有唐代御史具有剛直骨鯁的人格特質,亦不能說唐代御史皆為剛直骨鯁之士。但是,唐代御史的剛直骨鯁人格,自有其獨特的文化語境和文化背景。無論唐人還是後人概括唐代御史"直道正言、不曲不許","持憲孤立、直而不撓","孤標傑出、壁立千仞","骨鯁千秋"等,都是對其人格的一種特別強調。

＊薛 仲 璋

　　薛仲璋①[一]矯[二]使楊府，與徐敬業等謀反，夜與江都令韋知止子茂道[三]計議，倉曹參軍閻識微[四]發之。長史陳敬之[五]不察，抑[六]識微，令遜謝[七]，仲璋佯[八]事竟②。還出郭門，群官畢從。其黨韋超[九]遮道[一〇]告密，復留系問，遂斬敬之。

【校勘】

①薛仲璋：《舊唐書》卷六七《李績傳》作“薛璋”。

②竟：《考異》卷一一原作“意”，據文意改。

【箋注】

　　[一]薛仲璋：武后時期任監察御史。光宅元年（684 年）與李敬業、駱賓王等在揚州發動兵變，討伐武則天。《資治通鑒》卷二〇三：“光宅元年九月，……思溫為之謀主，使其党監察御史薛仲璋求奉使江都。”《新唐書》卷九三《李績傳》：“武后既廢中宗，又立睿宗，實亦囚之。諸武擅命，唐子孫誅戮，天下憤之。敬業等乘人怨，謀起兵，先諭其党監察御史薛璋，求使江都。”《舊唐書》卷六七《李績傳》：“嗣聖元年七月，敬業遣其党監察御史薛璋先求使江都。”

　　[二]矯：假託，詐稱。

　　[三]徐敬業：唐朝開國功臣李績（本姓徐，有功，賜姓李）之長孫，因又名李敬業。曾任太僕少卿、眉州刺史，後因事謫柳州司馬。光宅元年（684 年）七

月,他以揚州為根據地,起兵討伐武則天,自任匡復府上將、揚州大都督,任駱賓王為藝文令。《舊唐書》卷六七有傳。

　　[四]閻識微:據 2002 年西安市出土的《唐故朝議大夫行太州司馬閻君墓誌》,閻識微,河南人,生於貞觀十六年(642 年),弱冠明經及第,歷任申州司功,懷州、陝州司倉。光宅元年七月,任揚州大都督府倉曹參軍。"徐敬業作逆江都,恣行驅逼,君故折其臂,抗節凶徒,貞氣凜然,忠情無撓。賊寧,明制褒賞,擢授婺州蘭溪縣令,尋加朝散大夫。"遷雍州美原、洛州陽城縣令,加朝請大夫,又加朝議大夫,行太州司馬。卒於聖曆二年(699 年),春秋五十八。見楊軍凱《唐閻識微及夫人裴氏墓誌考釋》。(《文博》2014 年第 10 期)

　　[五]陳敬之:光宅元年(684 年),李敬業起兵時,任揚州大都督府長史,後被李敬業所殺。

　　[六]抑;壓抑、壓制、阻撓。如"抑強扶弱"。

　　[七]遜謝:道歉、謝罪。唐·牛僧孺《玄怪錄·張佐》:"佐遜謝曰:'向慕先生高躅,願從事左右耳。何賜深責。'"

　　[八]佯:假裝,假託。

　　[九]韋超:雍州人,李敬業手下僚屬。《舊唐書》卷六七《李敬業傳》:"敬業遣其黨監察御史薛璋先求使江都,又令雍州人韋超詣璋告變。"

　　[一〇]遮道:猶攔路。《史記·陳涉世家》:"其故人嘗與庸耕者聞之,之陳……陳王出,遮道而呼涉。"

【按語】

　　本條材料見《考異》卷一一引《御史臺記》。李敬業據揚州起兵討伐武則天事,史料有載。《舊唐書》卷六七《李敬業傳》載:"時給事中唐之奇貶授括蒼令,長安主簿駱賓王貶授臨海丞,詹事司直杜求仁黝縣丞,敬業坐事左授柳州司馬,其弟盩厔令敬猷亦坐累左遷,俱在揚州。敬業用前盩厔尉魏思溫謀,據揚州。嗣聖元年七月,敬業遣其黨監察御史薛璋先求使江都,又令雍州人韋超詣璋告變,云'揚州長史陳敬之與唐之奇謀逆',璋乃收敬之系獄。居數日,敬業矯制殺敬之,自稱揚州司馬,……令士曹參軍李宗臣解系囚及丁役、工匠,得數百人,皆授之以甲。錄事參軍孫處行拒命,敬業斬之以徇。遂據揚州,鳩聚民眾,以匡復廬陵為辭。……敬業自稱匡復府上將,領揚州大都督,以杜求仁、唐之奇、駱賓王為府屬,……旬日之間,勝兵有十余萬。"

裴 明 禮

　　唐裴明禮[一]，河東[二]人。善於理生，收人間所棄物，積而鬻[三]之，以此家產巨萬。又于金光門外，市不毛地。多瓦礫，非善價者。乃於地際豎標，懸以筐，中者輒酬以錢，十百僅一二中。未洽浹[四]，地中瓦礫盡矣。乃舍諸牧羊者，糞即積。預聚雜果核，具黎牛以耕之。歲余滋茂，連車而鬻，所收復致巨萬。乃繕[五]甲第，周院置蜂房，以營蜜。廣栽蜀葵雜花果，蜂採花逸而蜜豐矣。營生之妙，觸類多奇，不可勝數。貞觀中，自右臺①主簿，拜殿中侍御史，轉兵、吏員外[六]，中書舍人，累遷太常卿[七]。

【校勘】

　　①右臺：據《全唐文》卷九六《改元光宅敕文》，九月甲寅，改元光宅元年，大赦天下，制曰："……司隸之官，監郡之職，所以巡省風俗，刺舉愆違。……可制右肅政御史臺一司，其職員一準御史臺，專知諸州按察。其舊御史臺改左肅政御史臺，專知在京有司及監諸軍旅並出使。其諸州縣事參軍宜依舊。"光宅元年（684 年）改御史臺為左、右肅政臺，此處言"貞觀中"，誤。

【箋注】

　　[一]裴明禮：唐高宗時期官員，曾任殿中侍御史、兵吏員外，中書舍人、太常卿等。《舊唐書·禮儀志一》："儀鳳二年，又詔顯慶新修禮多有事不師古，其五禮並依周禮行事。自是禮司益無憑准，每有大事，皆參會古今禮文，臨時

撰定。……時有太常卿裴明禮、太常少卿韋萬石相次參掌其事。"

　　[二]河東:古代地名,今山西省運城市永濟一帶。隋開皇十六年(596年)別置河東縣,屬蒲州。大業二年(606年)省蒲阪縣入河東縣,次年改州為郡,屬河東郡。唐武德三年(620年),改郡為州。開元八年(720年)置中都,屬河中府,同年,複屬蒲州。天寶元年(742年)改州為郡,屬河東郡。乾元二年(759年)復屬河中府。寶應元年(762年)復為中都。元和二年(807年)罷中都,復河中府治。

　　[三]鬻:賣,出售。《國語·齊語》:"市賤鬻貴。"

　　[四]洽浹:廣博,周遍。《漢書·穀永傳》:"永于經書,泛為疏達,與杜欽、杜鄴略等,不能洽浹如劉向父子及揚雄也。"

　　[五]繕:修補。《說文》:"繕,補也。"《左傳·襄公三十一年》:"繕完葺牆,以待賓客。"

　　[六]兵、吏員外:《唐尚書省郎官石柱題名考》卷三《吏部郎中》有裴明禮,不載裴明禮任吏部員外之事。

　　[七]太常卿:唐九寺包括太常、光祿、衛尉、宗正、太僕、大理、鴻臚、司農、太府。太常卿之職,《舊唐書》卷四四《職官志三》載"掌邦國禮樂、郊廟、社稷之事",總郊社、太廟、諸陵、太樂、鼓吹、太醫、太僕、廩犧等署。

【按語】

　　該條材料見《廣記》卷二四三引《御史臺記》。裴明禮官至太常卿,然不以吏能著稱,諸家史籍記載無多,而以善理生聞名一時。其中可見唐代御史人格特質的另一個維度,具有一定認識價值。

盧 廙

　　唐殿中内供奉盧廙[一]，持法細密，雖親故貴勢，無所回避。舉止閒雅，必翔而後集。嘗于景龍觀[二]監官[三]行香，右臺[四]諸御史亦預焉。臺中先號右臺為"高麗僧"。時有一胡僧徙倚於前庭，右臺侍御史黃守禮[五]指之曰："何胡僧而至此?"廙徐謂之曰："亦有高麗僧，何獨怪胡僧為?"一時歡笑。廙與李畬[六]俱非善射者。嘗三元禮射[七]，廙、畬雖引滿，射①俱不及垛而墜。互言其②工拙，畬戲曰："畬與盧箭俱三十步。"左右不曉。畬曰："畬箭去垛三十步，盧箭去身③三十步也。"歡笑久之。

【校勘】

①射:《唐會要》卷二六《大射》無"射"字。

②其:《唐會要》卷二六《大射》無"其"字。

③身:《南部新書》"甲"作"畬"。

【注釋】

　　[一]盧廙:《唐御史臺精舍題名考》:"盧廙見郎官金外。《御史臺記》:'唐殿中内供奉盧廙持法細密，雖親故貴勢，無所回避，舉止閒雅，必翔而後集。'《廣記》二百四十九。"

　　[二]景龍觀:據《長安志》載，景龍觀在唐長安城崇仁坊西南。神龍元年（705 年），將尚書左僕射、申國公高士廉宅和左金吾衛合併，作為中宗與韋后

女長寧公主第宅。韋后被誅,公主隨夫楊慎交為外官,遂奏請改第宅為景龍觀,仍以中宗年號為名。故《景龍觀鐘銘》曰:"景龍觀者,中宗孝和皇帝之所造也。"

　　[三]監官:唐代御史有監察禮儀的職能。對於國家重大儀式,御史有監控權。《唐六典》卷一三載:"御史大夫,……凡國有大禮,則乘輅車以為之導。駕幸京都,大夫從行,責令中丞一人留臺,並殿中侍御史一人。"遇到國家重大儀式,御史大夫則乘專用的大車在前導引,監察百僚。殿中侍御史除知班外,其職責之一,是"若郊祀、巡幸,則與鹵簿中糾察非違,具服從於旌門,視文物所有虧闕,則糾之。"即殿中侍御史遇到皇帝郊祀、巡幸大禮,須拿賬本,詳細檢查宮廷文物是否有所虧缺。

　　[四]右臺:見本卷"裴明禮"條注釋。

　　[五]黃守禮:武后時期曾任右臺侍御史,其餘生平事蹟不詳。

　　[六]李畬:初唐時期監察御史,以清正嚴明著稱當時。張鷟《朝野僉載》卷三:"監察御史李畬母,清素貞潔,畬請祿米,送至宅,母遣量之,剩三石。問其故,令史曰:'御史例不槩。'又問:'車腳幾錢?'又曰:'御史例不還腳錢。'母怒,令送所剩米及腳錢以責畬。畬乃追倉官科罪,諸御史皆有慚色。"

　　[七]三元禮射:上古禮儀之一。在一定的禮節要求下,依循樂聲而射矢。有大射、賓射、燕射、鄉射等。見《禮記·射禮》。

【按語】

　　本條材料見《廣記》卷二四九引《御史臺記》,又見《唐會要》卷二六《大射》《南部新書》卷"甲"。

傅　巖

　　唐傅巖[一]，魏州[二]人，本名佛慶。嘗在左臺，監察中霤[三]，而中霤小祀，無犧牲[四]之禮。比[五]廻，悵望曰："初一為大祠，乃全踈薄[六]。"殿中梁載言[七]詠之曰："聞道監中霤，初言是大祠。狼傍[八]索傳馬，悤動[九]出安徽。衛司無帝幕，供膳乏鮮肥。形容[一〇]消瘦盡，空①往復空歸。"

【校勘】

　　①空：原作"容"，據明鈔本改。

【箋注】

　　[一]傅巖：魏州人，武后時期曾任左肅政臺監察御史。其餘事蹟不詳。

　　[二]魏州：古州名，魏州治在貴鄉縣（今河北邯鄲市大名縣）。《元和郡縣圖志》卷一六《河北道》："魏州，魏郡。大都督府。……管州六：魏州，相州，博州，衛州，貝州，澶州。……戰國時為衛、魏二國地。秦滅魏，置東郡，滅趙，置邯鄲郡。漢高祖使韓信定河北，以秦邯鄲郡之南部東郡之邊縣置魏郡。……後漢封曹操為魏王，理鄴。前燕慕容暐都鄴，其魏郡並理於鄴中也。……周宣帝大象二年，又於貴鄉郡東界置魏州。隋煬帝大業三年，罷州為武陽郡。隋亂陷賊，武德四年討平竇建德，改置魏州。其年又陷劉黑闥，五年平黑闥，置總管府，七年改為都督府，貞觀六年罷都督，復為州。"

　　[三]中霤：古代五祀禮儀所祭祀的物件之一，即後土之神。《禮記·郊特牲》："家主中霤而國主社。"孔穎達疏："中霤謂土神。"漢·班固《白虎

通·五祀》:"六月祭中霤。中霤者,象土在中央也。"祭祀乃國之大禮,也是御史監察職責的重點。《新唐書·百官志三》曰:"監察御史掌分察百僚,巡按州縣,獄訟、軍戎、祭祀、營作、太府出納皆蒞焉。"可知監察祭祀儀式主要由監察御史負責。《唐六典》中對監察御史監察祭祀儀式的職任有更詳細的規定:"凡冬至祀圜丘,夏至祭方丘,孟春祈穀,秋季祀明堂,孟冬祭神州,五郊迎氣及享太廟,則二人共監之。若朝日、夕月及祭社稷、孔宣父、齊太公,蠟百神,則一人率其官屬,閱其牲牢,省其器服,辨其輕重,有不修不敬則劾之。"

　　[四]犧牲:古代祭祀之禮中,泛指用動物所作的祭品。《孟子·盡心下》:"諸侯危社稷,則變置。犧牲既成,粢盛既絜,祭祀以時,然而旱幹水溢,則變置社稷。"

　　[五]比:比及,等到。

　　[六]疎薄:此處是祭品單薄、稀少,不豐富之意。

　　[七]梁載言:武后時期曾任殿中侍御史,其餘生平不詳。《全唐詩》卷八六九載其詩《詠傅巖監祀》,系從《御史臺記》摘出。

　　[八]狼傍:亦作"狼忙",急忙、匆忙之意,為唐代俗語。敦煌文獻(北8300號)《佛說肖順子修佛成佛經》:"其黃門送犢子心肝往至宮裏,二後聞之,皆大歡喜,狼傍皆起。"

　　[九]傯動:指諸事紛繁、迫促。

　　[一〇]形容:指人的身體形狀、容貌、顏色。《楚辭·漁夫》:"屈原既放,游于江潭,行吟澤畔,顏色憔悴,形容枯槁。"

【按語】

　　本條原出《廣記》卷二五五引《御史臺記》。作為典章制度,禮儀是社會政治制度的體現,是維護上層建築以及與之相適應的人與人交往中的禮節儀式。禮儀文明作為中國傳統文化的一個重要組成部分,對中國社會歷史發展起了廣泛深遠的影響。在古代,禮儀制度被歷代封建統治者所高度重視。監察禮儀,也就成為唐代御史的重要職責之一。唐代御史臺的監察禮儀權主要分為常規的知班、監察國家重大儀式、監察祭祀儀式三方面。按照唐代監察制度規定,監察御史有權對涉及皇帝祭祀、祈穀、祭掃先王陵墓等各種祭祀活動進行監察,監督祭品,監察禮儀,彈劾不修不敬行為。

＊魚　保　家^[一]

上欲作匭^[二]，召工匠，無人作得者，魚保家^①應制為之，甚合規矩，遂用之。

【校勘】

①魚保家：《朝野僉載》作"魚思晅"。

【箋注】

[一]魚保家：武后時期侍御史魚承曄之子，曾上書請置銅匭，以受四方之事，後被武后處死。

[二]上欲作匭：置匭以受四方之書，始於垂拱二年（686 年），由魚保家上書請置。《唐會要》卷五五"省號下"載："垂拱二年六月，置匭四枚，共為一室，列於朝堂。東方木位，立春，其色青，配仁。仁者以亭育為本，宜以青匭置之於東。有能告朕以養人及勸農之事者，可投書於青匭，名之曰延恩匭。南方火位，主夏，其色赤配信。信者風化之本，宜以丹匭置之于南。有能正諫論時政之得失者，可投書於丹匭，名之曰招諫匭。西方金位，主秋，其色白，配義。義者以決斷為本，宜以素匭置之於西。有欲自陳屈抑者，可投書於素匭，名之曰伸冤匭。北方水位，主冬，其色玄，配智。智者謀慮之本，宜以玄匭置之於北。有能告朕以謀智者，可投書以玄匭，名之曰通玄匭。宜會正諫大夫、補闕，拾遺一人充使，於廟堂知匭事。每日所有投書，至暮並進。"《唐六典》卷一三《御史臺》云：侍御史掌"糾舉百僚，推鞫獄訟。其職有六：一曰奏彈；二曰三司；三曰西推；四曰東推；五曰贓贖；六曰理匭。"

【按語】

本條材料見《考異》卷一一："二年三月魚保家作銅匭。……又《朝野僉載》作'魚思咺'。云：'上欲作匭，召工匠，無人作得者，思咺應制為之，甚合規矩，遂用之。'今從《御史臺記》。"又見張鷟《朝野僉載》。

來　俊　臣

　　來俊臣[一]，雍[二]人也。父操，松州長史。俊臣少詭譎無賴，反覆險詖，殘忍荒愍，舉世無比。則天朝，羅告諸王貴臣，授朝散大夫，拜侍御史。按制獄，少不會意[三]者，必牽引之。前後坐族①滅千餘家，朝廷累息，無敢言者，道路以目[四]。與侍御史王弘義、侯思止[五]腹心，羅告衣冠，無間春夏，誅斬人不絕。時于麗景門內置制獄，亦號為新開門，但入新開門，百不全一。弘義戲謂麗景門為"例竟門"，言入此門例竟也。俊臣與其党朱南山[六]等十餘輩，造《告密羅織經》數千言，皆有條貫支節張本，佈置事狀由緒，令其黨告之，或投匭[七]以聞，則天多委俊臣按問。俊臣別造枷，號為"突地吼"，遭其枷者，輪轉於地，斯須悶絕矣。又作枷有十，號棒名"見即承"，復有鐵圈籠頭，當訊囚，圈中下楔。其餘名號數十，大略如此也。囚人無貴賤，必②先列枷棒於地，召囚前曰："此是作具。"見之魂膽飛越，無不自誣[八]者。則天重其爵賞以酬之，故更競勸為酷矣！由是告密之徒，紛然道路，名流傿[九]俯，閱日而已。朝士因朝，默遭掩襲，至於族滅，與其家訣曰："不知重相見否？"天授③中，春官尚書④狄仁傑、天官侍郎⑤任令暉、文昌右丞⑥盧獻等⑦五人，並為其羅告[一〇]。俊臣既以族人家為功，欲引人承反，乃奏請降敕，一問既承，同首例得減死，及脇仁傑等，令承反。傑歎曰："大周革命，萬物惟新，唐室舊臣，甘從誅戮，反是實。"俊臣乃少寬之。其判官王德壽[一一]謂傑曰："尚書事已爾，且得減死。壽今業已受驅策，意欲求少階級，憑⑧尚書牽楊執柔，可乎？"傑曰："若之何？"壽曰："尚書昔在春

97

官，執柔任某司員外，引之可也。"傑曰："皇天后土，遣狄仁傑行此事耶！"以頭觸柱，血流被面，德壽懼而謝[一二]焉。仁傑既承反，所司待日行刑，不復嚴防，得憑首⑨者求筆硯。折被頭帛書之，敘冤苦，置於綿衣中。遣謂德壽曰："時方熱。請赴⑩家人去其綿。"德壽不復疑也。家人得衣中書，傑子光遠持之稱變，得召見。則天覽之惘然，召問俊臣曰："卿言仁傑等承反，今其子弟訟冤，何也？"俊臣曰："此等何能自伏其罪？臣寢處之甚安，亦不去其巾帶，則天令通事舍人周琳往視之。俊臣遂命獄人，令假傑等巾帶，行立於西，命綝視之。懼俊臣，莫敢西顧，但視東唯諾而已。俊臣令綝少留，附進狀。乃令判官妄為傑等作《謝死表》，代署而進之。鳳閣侍郎樂思誨男，年八九歲，其家已族，且隸于司農，上變得召見，言俊臣等苛毒，願陛下假條反狀以付之，無大小皆如狀矣。則天意少解[一三]，乃召見傑等曰："卿承反，何也？"傑等曰："向不承，已死於枷棒矣！"則天曰："何為作《謝死表》？"傑等曰："無"。因以表示之，乃知其代署，因釋此五家。俊臣復奏⑪大將軍張虔⑫勗，大將軍給使范雲仙，於洛陽⑬牧院。虔勗等⑭不堪苦，自訟于國有功，言辭頗屬，俊臣命衛士亂刀斫殺之。雲仙亦言歷事先朝，稱使司冤苦，俊臣命截去其舌。士庶破膽，無敢言者。俊臣累坐贓，出同州參軍，逼奪同列參軍妻，仍辱其母，莫敢言者。尋授河南尉，累遷太僕卿[一四]。則天賜其奴婢十人，當授于司農。時西番酋長大將軍斛瑟羅[一五]，家有細婢[一六]，善歌舞。俊臣且止司農賜，令其黨羅告斛瑟羅反，將圖其婢。諸酋長詣闕，割耳劓面，訟冤者數十人，乃得不族。時綦連耀與劉思禮等有議，長安尉⑮吉頊知之，以語俊臣。俊臣發之，連坐族者數十。俊臣恃⑯擅其功，復羅遘⑰頊。頊得召見庭訴，僅而免。俊臣先逼取⑱太原王慶詵⑲女。俊臣素與河東衛遂忠有舊，忠名行雖不著，然好學，有詞辨，酒酣詣俊臣。俊臣方與妻族宴集，應門者妄云已出矣。遂忠知妄，入其家，慢[一七]罵辱之。俊臣恥其親族，命毆擊反接，既而免之，自此構隙。俊臣將羅告武氏諸偽王及太平公主、張易之等,遂忠發之。則天屢保持,而諸武及公主可㉑懼,共毀之,乃棄市。國人無少長皆怨恨,競剮其肉,斯須而盡。則天覺悟,降敕曰:"來俊臣,閭巷小人,輕險有素,以其頗申糺謫,當謂微効欵誠。諸王等磐石宗枝,必期毀敗;南北衙文武將相,咸擬傾危。宜加赤族之誅,以雪蒼生之憤。"既族之,無問士庶男女,相慶于道路。咸曰:"自此後臥,乃背得著牀,不爾,朝不謀夕矣!"

【校勘】

①族:"族"字原缺,據明鈔本補。

②必:"必"字原缺,據明鈔本補。

③天授:《舊唐書》卷一八六上《來俊臣傳》作"如意元年"。

④春官尚書:《舊唐書》卷一八六上《來俊臣傳》作"地官尚書"。

⑤天官侍郎:《舊唐書》卷一八六上《來俊臣傳》作"益州長史"。

⑥右丞:《舊唐書》卷一八六上《來俊臣傳》作"左丞"。

⑦等:"等"字原缺,據明鈔本補。

⑧憑:"憑"原作"馮",據明鈔本改。

⑨首:明鈔本作"守",今改為"首"。

⑩赴:《舊唐書》卷一八六上《來俊臣傳》作"付"。

⑪奏:《舊唐書》卷一八六上《來俊臣傳》作"按"。

⑫虔:原作"乾",今據《舊唐書》卷一八六上《來俊臣傳》改作"虔"。

⑬陽:"陽"字原空缺,據明鈔本補。

⑭虔勖等:"虔勖等"三字原空缺,據《舊唐書·來俊臣傳》補。

⑮長安尉:《舊唐書》卷一八六上《來俊臣傳》作"明堂尉"。

⑯恃:《舊唐書》卷一八六上《來俊臣傳》作"將"。

⑰遘:《舊唐書》卷一八六上《來俊臣傳》作"告"。

⑱逼取:原作"遭安",據明鈔本改。

⑲訛：原作"說"，據明鈔本改。

⑳可：《舊唐書》卷一八六上《來俊臣傳》作"恐"。

【箋注】

[一]來俊臣：武則天時期酷吏，見《舊唐書》卷一八六上《酷吏傳上·來俊臣傳》。

[二]雍：即雍州，古九州之一，今寧夏全境及青海、甘肅、陝西、新疆部分、內蒙部分。《禹貢》："黑水西河惟雍州。"

[三]會意：如意、會心。

[四]道路以目：在路上遇到不敢交談，只是以目示意。形容人民對殘暴統治的憎恨和恐懼。《國語·周語上》："厲王虐，國人謗王，邵公告曰：'民不堪命矣。'王怒，得衛巫，使監謗者，以告，則殺之。國人莫敢言，道路以目。"

[五]王弘義、侯思止：均為武則天統治時期酷吏，見《舊唐書》卷一八六上《酷吏傳上》。

[六]朱南山：為酷吏來俊臣的打手之一。

[七]匭：武則天為了加強統治，建立了匭檢制度。置匭以受四方之書，始於垂拱二年(686 年)，由魚保家上書請置。

[八]自誣：屈打成招，自行承認妄加於己的不實之詞。《資治通鑒·秦二世皇帝二年》："趙高治斯，榜掠千餘，不勝痛，自誣服。"

[九]俄：須臾，短暫。

[一○]"天授中"句：據《舊唐書》卷一八六上《酷吏傳上·來俊臣傳》，指地官尚書狄仁傑，益州長史任令暉、秋官尚書袁智宏、司賓卿崔神基、文昌左丞陸獻等六人，當時並為來俊臣羅織陷害。

[一一]王德壽：唐代酷吏之一，武后時期任司刑評事。《新唐書》卷七六《后妃上》："有上封事言嶺南流人謀反者，……太后遣右衛翊府兵曹參軍劉光業、司刑評事王德壽、苑南面監丞鮑思恭、尚輦直長王大貞、右武衛兵曹參軍屈貞筠，皆攝監察御史，分往劍南、黔中、安南等六道訊鞫，而擢國俊左臺侍御史。光業等亦希功於上，惟恐殺人之少。光業殺者九百人，德壽殺七百人，其餘亦

不減五百人。"又見《通鑒》卷二〇五"長壽二年"。

　　[一二]謝:謝罪。《唐雎不辱使命》:"長跪而謝之曰……"

　　[一三]解:通"懈"。

　　[一四]太僕卿:唐太僕寺長官曰太僕卿。《唐會要》卷六六"太僕寺":"龍朔二年,改(太僕寺)為司馭寺,卿為正卿。咸亨元年,復為太僕寺。光宅元年,改為司僕寺,神龍元年,復為太僕寺。"太僕卿之職,"掌邦國廄牧車輿之政令,總乘黃、典廄、典牧、車府四署,及諸監牧之官屬。"

　　[一五]斛瑟羅:武則天為了加強對西域的控制,垂拱元年(685年),冊封為蒙池都護、繼往絕可汗兼右衛大將軍,統轄弩失畢五部。載初元年(690年),由於後突厥和吐蕃的攻擊,阿史那斛瑟羅率所部投靠內地,拜右屯衛大將軍,改號竭忠事主可汗。聖曆三年(700年)臘月,武則天再次任命司禮卿兼蒙池州都護、竭忠事主可汗阿史那斛瑟羅為左屯衛將軍,仍立平西軍大總管,還鎮碎葉。

　　[一六]細婢:容貌出眾、有一定才華修養的婢女。宋·孫光憲《北夢瑣言》卷四:"某雖賤人,曾為柳家細婢,死則死矣,安能事賣絹牙郎乎?"

　　[一七]慢:通"謾"。

【按語】

　　該條材料見《廣記》卷二六七引《御史臺記》。武則天從高宗永徽六年(655年)開始,掌權前後近半個世紀。《舊唐書·酷吏傳》云:"逮則天以女主臨朝,大臣未附,委政獄吏,剪除宗枝。於是來俊臣……周興、丘神績、侯思止、郭霸、王弘義之屬,紛紛而出。然後起告密之刑,制羅織之獄,生人屏息,莫能自固。"武則天執政時期,唐代御史臺的職能發生了重大變異,監察制度呈現出新的特點:設置左、右肅政臺,御史員額擴大,品階提升,而監察範圍縮小,監察力度空前增強;四方告密者蜂起,御史享有"風聞奏事"的特權;御史臺為酷吏所把持,由監察機關淪為特務機關。御史臺的監察職能喪失殆盡,一度成為武則天打擊異己勢力的工具,來俊臣即是唐代酷吏之代表,其間教訓是深刻的。

胡　元　禮

　　唐胡元禮[一]①，定城[二]人也。進士擢第，累授洛陽尉。則天朝，右臺員外監察，尋即真，加朝請大夫。丁憂免，起復，尋檢校秋官郎中[三]。累遷司刑少卿[四]、滑州[五]刺史、廣州都督。性殘忍深刻，不可以情祈。時李日知[六]任司刑丞[七]，每按獄，務從寬。元禮屢折之，日知終不易。嘗出一死囚，元禮異，判殺之。與日知往復，至於再三。元禮怒，命府吏謂曰：“元禮不離刑曹，此囚無活法。”日知命報曰：“日知不離刑曹，此囚無死法。”竟[八]以兩狀申，日知果直[九]。時人忌元禮之苛刻，嘗于宣仁門外，為冤家羅辱於泥中，幸金吾[一〇]救助。敕榜仇者百。臺中罰元禮五千，以其辱臺也。

【校勘】

①胡元禮：《舊唐書》卷一八六上《酷吏傳》作“索元禮”。

【箋注】

　　[一]胡元禮：武后時期酷吏。《舊唐書》卷一八六上《酷吏傳上·索元禮》：“索元禮，胡人也。光宅初，……擢授遊擊將軍。……元禮性殘忍，推一人，廣令引數十百人，衣冠震懼，甚於狼虎。則天數召見賞賜，張其權勢，凡為殺戮者數千人。於是周興、來俊臣之徒，效之而起矣。”

　　[二]定城：《元和郡縣圖志》卷九《河南道五》：“定城縣，……本漢弋陽縣，屬汝南郡。自漢至蕭齊，常為戈陽城。武德三年置弦州，領定城一縣，貞觀

元年省,定城屬光州。”

[三]秋官郎中:即刑部郎中。武則天光宅元年(684 年),改刑部為秋官,神龍元年(705 年)復原名。見本書“鄭仁恭”條【箋注三】。

[四]司刑少卿:即大理寺少卿。武后光宅元年(684 年),改大理寺為司刑寺。《新唐書》卷四六《百官志一》:“少卿二人,從五品下。掌折獄、詳刑。凡罪抵流、死,皆上刑部,覆於中書、門下。系者五日一慮。”《唐九卿考》考胡元禮天授元年(690 年)任司刑少卿。

[五]滑州:今河南省濮陽市一帶。《元和郡縣圖志》卷八《河南道四》:“隋開皇九年,又於今州理置杞州,十六年改杞州為滑州,取滑臺為名。大業三年又改為東郡。武德元年罷郡置滑州,二年陷寇,四年討平王世充,依舊置滑州。”

[六]李日知:唐武后時期宰相,以孝友、寬平、中正、清廉而名垂青史。《舊唐書》卷一八八《孝友傳·李日知傳》:“李日知,鄭州滎陽人也。舉進士。天授中,累遷司刑丞。……神龍初,為給事中。……景雲元年,同中書門下平章事,轉御史大夫,知政事如故。明年,進拜侍中。先天元年,轉刑部尚書,罷知政事。……開元三年卒。”《新唐書》卷一一六《李日知傳》:“天授中,歷司刑丞。”《冊府元龜》卷六一九:“胡元禮為司刑少卿,李日知為司刑丞,元禮法嚴急,日知獨寬平,無冤濫。”

[七]司刑丞:即大理寺丞。武后光宅元年(684 年),改大理寺為司刑寺。《新唐書》卷四六《百官志一》:“丞六人,從六品上。掌分判寺事,正刑之輕重。徒以上囚,則呼與家屬告罪,問其服否。”

[八]竟:最終、最後。

[九]果直:此處為“果然正確”之意。

[一〇]金吾:古官名,即左右金吾衛,掌宮中、京城巡警及京畿烽候、道路等事宜。

【按語】

本條材料見《廣記》卷二六九引《御史臺記》,又見《大唐新語》卷四“持法"、《隋唐嘉話》卷下,文字有出入。《舊唐書》卷一八八《孝友傳·李日知傳》:"初,日知將有陳請,而不與妻謀,歸家而使左右飾裝,將出居別業。妻驚曰:'家產屢空,子弟名宦未立,何為遽辭職也?'日知曰:'書生至此,已過本分。人情無厭,若恣其心,是無止足之日。'"本條材料將胡元禮的殘忍苛刻與李日知的持法平恕相比較,異常鮮明地表明《御史臺記》的倫理取向。

誣劉如璿^[一]惡黨

劉如璿事親以孝聞。解褐唐昌尉①，累遷乾封^[二]尉，為侍御史，轉吏部員外。則天朝，自夏官郎中，左授都城^[三]令，轉南鄭^[四]令，遷司僕、司農少卿^[五]、秋官侍郎。時來俊臣黨人與司刑府史^[六]姓樊者②不協，誣以反，誅之。其子訟冤於朝堂，無敢理者，乃援刀自剚^[七]其腹。朝士莫不目而悚惕^[八]，璿不覺唧唧而淚下。俊臣奏云："黨惡，下詔獄。"璿訴曰："年老，因遇秋風③而淚下。"俊臣劾之曰："目下涓涓之淚，乍可因風？口稱唧唧之聲，如何取雪？處以絞刑。"則天特流於瀼州^[九]。子景憲訟冤，得徵還，復秋官侍郎。辭疾，授兗州^[一○]都督。好著述，文集四十卷，行於代。俊臣但苛虐，無文，其劾乃鄭愔^[一一]之詞也。

【校勘】

①唐昌尉：當作"唐隆尉"。《唐代墓誌彙編續集》長安○○七《大周故兗州都督彭城劉府君墓誌銘》："公諱璿，字如璿，……射策甲科，選授益州唐隆縣尉。"

②姓樊者：《大唐新語》作"樊甚"，《資治通鑑》卷二○六作"樊惎"，《新唐書》卷二○九《來俊臣傳》作"樊戩"。

③秋風：《大唐新語》作"風"。

【箋注】

[一]劉如璿（630—701 年）：即劉璿，字如璿，唐代天水上邽人，高宗武后

時期曾任監察御史、殿中侍御史、侍御史、衛州刺史、兗州都督、秋官侍郎等職。事蹟見《唐代墓誌彙編續集》長安〇〇七《大周故兗州都督彭城劉府君墓誌銘》,《全唐文》卷一六五存《不毀化胡經議》一篇。

[二]乾封:唐代縣名,唐乾封元年(666 年)分長安縣置。治所在懷直坊(今陝西西安市)。武周長安三年(703 年)廢入長安縣。《元和郡縣圖志》卷一《關內道》:"長安縣,赤,本秦舊縣。乾封元年,分置乾封縣,理懷直坊,長安三年廢。"

[三]都城:古縣名,南朝宋置,治今廣東省郁南縣都城鎮。唐朝都城縣隸康州。《元和郡縣圖志》卷三四《嶺南道一》:"都城縣,下。東北至州四十五里。本漢端溪縣地,宋於此分置都城縣,屬晉康郡。隋大業二年屬封州,武德五年改屬康州。"

[四]南鄭:古縣名,漢置,唐代南鄭屬山南道興元府。《元和郡縣圖志》卷二二《山南道三》:"南鄭縣,次赤,郭下。本漢舊縣,屬漢中郡。幽王為犬戎所滅,鄭桓公死之,鄭人南奔居此,故曰南鄭。高祖都之。蜀後主以魏延為南鄭侯。後魏改為光義縣,隋開皇元年又為南鄭。"

[五]司僕、司農少卿:唐光宅元年(684 年)改太僕寺為司僕寺,神龍元年(705 年)復之。少卿為司僕少卿。司僕少卿協助司僕正卿處理本司事務,《舊唐書》卷四四《職官志三》載:"凡國有大禮及大駕行幸,則供其五輅屬車之屬。凡監牧羊馬所通籍賬,每歲則受而會之,以上尚書駕部,以議其官吏之考課。"司農少卿協助司農寺正卿處理寺事務,"凡京百司官吏祿給及常料,皆仰給之。孟春藉田祭先農,則進耒耜,季冬藏冰,仲春頒冰,皆祭司寒。"(《舊唐書》卷四四《職官志三》)《大周故兗州都督彭城劉府君墓誌銘》載劉如璿"加朝散大夫,守司僕少卿,十日,轉司農少卿,一月,攝文昌秋官侍郎,尋而正授。"

[六]司刑府史:即刑部的郎官。司刑,唐官署名。龍朔二年(662 年),改六部所屬各司名稱,以刑部所屬刑部為司刑,刑部郎中亦改稱司刑大夫。咸亨元年(670 年)冬,復原名。

[七]刳:剖,剖開。《說文》:"刳,判也。"《易·繫辭下》:"刳木為舟,剡木為楫。"

[八]悚惕:恐懼,惶恐,警惕。北魏·酈道元《水經注·河水四》:"城南依山原,北臨黃河,懸水百餘仞,臨之者感悚惕焉。"

[九]瀼州:古州名,唐貞觀十二年(638年)置,治所在臨江縣(今廣西上思縣西南)。《太平寰宇記》卷一六七"瀼州":"有瀼水以為名。"轄境相當今廣西上思縣及寧明縣部分地。天寶元年(742年)改為臨潭郡,乾元元年(758年)復為瀼州。貞元後廢。

[一〇]兗州:《元和郡縣圖志》卷一〇《河南道六》:"宋武帝平河南,又得其地,置兗州,後又屬魏。……伍德五年,討平圓朗,改魯郡置兗州。貞觀十四年,改置都督府。"

[一一]鄭愔:武后時期曾任殿中侍御史。《資治通鑒》卷二〇八:"神龍元年……五月,先是,殿中侍御史南皮鄭愔諂事二張,二張敗,貶宣州司士參軍,坐贓,亡入東都,私謁武三思。……三思大悅,與之登樓,問自安之策,引為中書舍人,與崔湜皆為三思謀主。"又見《唐御史臺精舍題名考》卷一"侍御史並內供奉"條。

【按語】

本條材料見《廣記》卷二六九引《御史臺記》,《大唐新語》卷一二"酷忍第二十七"亦載。劉如璿是武后時期著名文學家、監察官,然諸史記載極其簡略。《新唐書》卷五九《藝文志·神仙》著錄:"《議〈化胡經〉狀》一卷,萬歲通天元年,僧慧澄上言,乞毀《老子化胡經》,敕秋官侍郎劉如璿議狀。"由《唐代墓誌匯編續集》"長安〇〇七"《大周故兗州都督彭城劉(璿)府君墓誌銘並序》:"公諱璿,字如璿,天水上邽人也……春秋七十二,長安元年十二月十五日終於官舍。"《墓誌》可知,劉如璿乃天水上邽人,曾任監察御史、殿中侍御史、侍御史、吏部員外郎、夏官郎中、司僕少卿、司農少卿、兗州刺史等職,"憲府則見憚直繩,禮闈則彌閑故事",不僅是武后時期資深監察官,而且是初唐時期著名文學家,"五歲誦騷、雅,七歲讀詩書,兼解綴文,每有奇句,……所作彈文詩筆總卅餘卷,並注《金剛經般若》及《老子》,並行於代。"

王 弘 義

王弘義[一]，衡水[二]人也，告變[三]授遊擊將軍[四]。天授中，拜御史①，與俊臣[五]羅告衣冠[六]。俊臣敗，義亦流於嶺南。妄稱敕追，時胡元禮以御史②使[七]嶺南③，次[八]於襄[九]、鄧[一〇]，會而按[一一]之，弘義詞窮，乃謂曰："與公氣類。"元禮曰："足下昔任御史，禮任洛陽尉；禮今任御史，公乃流囚。復何氣類？"乃榜殺之。弘義每暑月擊囚，必于小房中，積蒿而施甑㽉[一二]，遭之者斯須[一三]氣將絕矣，苟自誣[一四]或他引[一五]④，則易於別房。與⑤俊臣常行移牒[一六]，州縣懾懼，自矜[一七]曰："我之文牒，有如狼毒野⑥葛[一八]也。"弘義嘗⑦於鄉里求旁舍瓜，瓜⑧主吝[一九]之。義乃狀言瓜園中有白兔。縣吏會⑨人捕逐，斯須苗盡矣。內史李昭德[二〇]曰："昔聞蒼鷹獄吏，今見白兔御史。"

【校勘】

①御史：《舊唐書》卷一八六上《酷吏傳》作"右臺殿中侍御史"。

②御史：《舊唐書》卷一八六上《酷吏傳》作"侍御史"。

③嶺南：《舊唐書》卷一八六上《酷吏傳》作"嶺南道"。

④自誣或他引：《舊唐書》卷一八六上《酷吏傳》作"自誣引"。

⑤與：《廣記》無"與"字，據《舊唐書》卷一八六《酷吏傳上》補。

⑥野：《廣記》作"冶"，《舊唐書》卷一八六上《酷吏傳》作"野"，據改。

⑦嘗：《舊唐書》卷一八六上《酷吏傳》作"常"。

⑧瓜:《舊唐書》卷一八六上《酷吏傳》無"瓜"字。

⑨會:《舊唐書》卷一八六上《酷吏傳》作"命"。

【箋注】

[一]王弘義:武后時期酷吏,曾任右臺殿中侍御史、左臺侍御史,以羅織陷害為能,後被胡元禮榜殺。《舊唐書》卷一八六《酷吏傳上·王弘義傳》:"王弘義,冀州恒水人也。……天授中,拜右臺殿中侍御史。長壽中,拜左臺侍御史。"

[二]衡水:即今河北省衡水縣,《元和郡縣圖志》卷一七《河北道二》:"衡水縣,……本漢桃縣之地,隋開皇十六年於今縣置衡水縣,縣在長蘆河西,長蘆河則衡漳故瀆也,因以為名。"

[三]告變:此處指羅織告密,陷害他人。

[四]遊擊將軍:魏、晉為禁軍將領,與驍騎將軍分領命中虎賁,掌宿衛之任,四品,隸中將軍,十六國前涼、北燕亦置。唐代為武職散官,唐高祖武德七年(624年)置為從五品下武散官。

[五]俊臣:指武后時期酷吏來俊臣,詳見本書"來俊臣"條。

[六]衣冠:代指縉紳、士大夫。漢·班固《漢書·杜欽傳》:"茂陵杜鄴與欽同姓字,俱以材能稱京師,故衣冠,謂欽為'盲杜子夏'以相別。"顏師古注:"衣冠謂士大夫也。"李白《登金陵鳳凰臺》詩:"吳宮花草埋幽徑,晉代衣冠成古丘。"

[七]使:此處作動詞,出使之意。

[八]次:出外遠行時停留的處所。王灣《次北固山下》:"海日生殘夜,江春入舊年。"

[九]襄:即襄州,今湖北省襄樊市一帶。《元和郡縣圖志》卷二一《山南道二》:"襄州,……今為襄陽節度使理所。……《禹貢》豫、荊二州之域。……春秋時地屬楚。秦兼天下,自漢以北為南陽郡,今鄧州南陽縣是也。漢以南為南郡,今荊州是也。後漢建安十三年,魏武帝平荊州,置襄陽郡。自赤壁之敗,魏失江陵,而荊州都督理無常處。吳將諸葛瑾、陸遜皆數入其境,自羊公鎮襄陽,

吳不復入。永嘉之亂,三輔豪族流于樊、沔,僑于漢水之側,立南雍州。……西魏克江陵,以詧為梁王,都江陵,為西魏藩國。恭帝改雍州為襄州,因州南襄水為名也。……自東晉庾翼為荊州刺史,將事北伐,遂鎮襄陽,北接宛、洛,跨對樊、沔,為荊、郢之北門,代為重鎮。周置總管,隋置行臺,皇家初亦置山南道行臺,武德七年廢行臺,置都督府。貞觀六年廢都督府,改為州。永貞(元)年升為大都督府。”

[一〇]鄧:即鄧州,今河南省鄧縣一帶。《元和郡縣圖志》卷二一《山南道二》:“鄧州,……《禹貢》豫州之域。周為申國。戰國時屬韓。……秦昭襄王取韓地,置南陽郡,以在中國之南,而有陽地,故曰南陽,三十六郡,南陽居其一焉。漢因之,領縣三十六,理宛城。……隋開皇七年,梁王歸入隋,自穰縣移荊州還江陵,於穰縣置鄧州。大業三年,改為南陽郡。武德二年,復為鄧州。”

[一一]按:按察、審問。陳子昂《上蜀川安危事》:“乃命御史一人,專在按察,若有詐妄,即錄奏稱加法以懲其奸,庶可久長安帖。”

[一二]氈褥:氈制的褥墊。

[一三]斯須:須臾,喻時間很短。《宋史・曹彬列傳》:“彬左手持干戈,右手取俎豆,斯須取一印。”

[一四]自誣:自行承認妄加於己的不實之詞,即屈打成招之意。《舊唐書》卷一八六下《酷吏下・姚紹之傳》:“因裂衫以束之,乃自誣反而遇誅。紹之自此神氣自若,朝廷側目。”

[一五]他引:控告別人,提供他人違反犯罪的線索、事實證據。

[一六]行:文中是自行發佈牒狀、公文,任意羅織他人罪名之意。

[一七]自矜:自誇。《史記・項羽本紀》:“自矜功伐,奮其私智而不師古,欲以力征經營天下。”

[一八]狼毒野葛:即狼毒花、葛麻姆,常比喻人的兇狠毒辣。

[一九]吝:憐惜、捨不得。《說文》:“吝,恨惜也。”《方言》:“凡貪而不施或謂之悋。吝,恨也。”

[二〇]李昭德(?—697年):京兆長安(今陝西西安)人,歷任御史中丞、陵水縣尉、夏官侍郎等職。如意元年(691年)任鳳閣侍郎同鳳閣鸞臺平章事,

任相期間,打擊酷吏,見本書"侯思止"條【箋注七】。《舊唐書》卷八七、《新唐書》卷一一七均有傳。

【按語】

本條材料見《廣記》卷二六八引《御史臺記》。《舊唐書》卷一八六上《酷吏傳上》:"逮則天以女主臨朝,大臣未附,委政獄吏,剪除宗枝。於是來俊臣……周興、丘神績、侯思止、郭霸、王弘義之屬,紛紛而出。然後起告密之刑,制羅織之獄,生人屏息,莫能自固。"王弘義與來俊臣等一幫酷吏同惡相濟,御史臺已由原來的監察機關淪為特務機關,監察職能喪失殆盡,完全成為武則天打擊異己勢力的工具。

來 子 珣

　　唐来子珣[一],則天委之按制獄[二],多希旨[三]。賜姓武氏,字家臣。丁父憂起復,累加遊擊將軍右①羽林軍中郎將。常衣錦半臂,言笑自若。朝士誚之,諭德[四]張元一[五]好譏謔,曰:"豈有武家兒,為你来家老翁制服耶?"

【校勘】

①右:《資治通鑒》卷二〇五作"左"。

【箋注】

　　[一]來子珣:曾任監察御史、侍御史等,以希旨迫害為能事,作惡多端,為武后時期酷吏。《舊唐書》卷一八六《酷吏傳上·來子珣傳》:"永昌元年四月,以上書陳事,除左臺監察御史。……天授中,丁父憂,起復朝散大夫、侍御史。"

　　[二]制獄:皇帝特命監禁罪人的獄所。《新唐書·狄仁傑傳》:"會為來俊臣所構,捕送制獄。"

　　[三]希旨:無原則地迎合在上者的意旨。

　　[四]諭德:即左、右諭德,官名。唐高宗龍朔三年(663年)始置太子左、右諭德各一人,正四品下,隸太子左、右春坊。《舊唐書》卷四四《職官志三》:"左諭德一人,正四品下,……掌諷喻規諫。……右諭德一人,正四品下,……諭德、贊善,掌事如左。"

〔五〕張元一：則天朝曾任左司郎中，太子諭德等職，善滑稽，見本書“侍御史”條【箋注四】。

【按語】

本條材料見《廣記》卷二五八引《御史臺記》。酷吏在中國歷史上由來已久，《舊唐書》卷一八六上《酷吏傳上》認為酷吏“持法任術，尊君卑臣，奮其策而鞭撻宇宙”，是為苛法；“持其苛，肆其猛，”是為酷吏。唐代酷吏皆是“庸流賤職，姦吏險夫。以粗暴為能官，以兇殘為奉法。往從按察，害虐在心。倏忽加刑，呼吸就戮。暴骨流血，其數甚多。冤濫之聲，盈於海內。”酷吏不僅人格污點甚多，為吏也極為尖刻而品德拙劣。

侯　思　止①

　　唐侯思止出自皂隸，言音不正，以告變[一]授侍書御史②。按制獄[二]，苛酷日甚。嘗按中丞魏元忠曰："急承白司馬，不然即吃孟青。"白司馬者，洛陽有阪，號曰白司馬阪。孟青者，將軍姓孟名青③，曾杖殺琅玡王沖者也。思止閭巷庸人，常以此言逼諸囚。元忠辭氣不屈，思止怒而倒曳之。元忠徐起曰："我薄命，如乘惡驢而墜，腳為鐙④所掛，遂被賊曳耳。"思止大怒，又曳之曰："汝拒捍制使，奏斬之。"元忠曰："侯思止，汝今為國家御史，須識禮儀輕重。如此⑤須魏元忠頭，何不以鋸截去？無為抑我⑥反。奈何佩服朱紱[三]，親銜天命，不能行正道之事。乃言白司馬孟青，是何言也？若非魏元忠，無人仰教。"思止驚起，悚怍⑦曰："思止死罪，實不解，幸蒙中丞見教。"乃引上階，禮坐而問之。元忠徐就坐自若。又思止言音不正，時斷屠殺，思止曰："今斷屠殺，雞（古梨反）魚（愚）豬（計）驢（蔞），俱居不得吃（苦豉反），謂⑧空吃米（弭）麨（滅之去聲），如（橋）齊何得飽？"侍御史霍⑨獻可[四]笑之。思止訴於則天。則天怒，謂獻可曰："我知思止不識字，我已用之，卿笑何也？"獻可具言雞豬之事，則天亦大笑。思止嘗命作籠餅，謂⑩膳者曰："與我作籠餅，可縮蔥作。比[五]市籠餅，蔥多而肉少。故令縮蔥加肉也。"時人號為"縮蔥侍御史"。時來俊臣[六]棄故妻，奏逼娶太原王慶詵女，思止亦奏請娶趙郡李自挹女，敕政事商量。鳳閣侍郎李昭德[七]撫掌謂諸相曰："大可笑，大可笑。"諸相問之，昭德曰："往年來俊臣賊劫王慶⑪詵女，已大辱國。今日此奴又請娶⑫李自挹女，無乃復辱國耶？"事遂寢。竟為李昭德榜殺之。

【校勘】

①侯思止:《廣記》作"侯思正",《舊唐書》卷一八六上、《新唐書》卷一一七、劉肅《大唐新語》卷一二、《資治通鑒》均作"侯思止",今據諸書改。

②侍書御史:《舊唐書》卷一八六上《侯思止傳》作"侍御史"。

③青:《舊唐書》卷一八六上《侯思止傳》作"青棒"。

④鐙:《太平廣記》"鐙"字原缺,據明鈔本補。

⑤此:《舊唐書》卷一八六上《侯思止傳》作"必"。

⑥我:舊唐書》卷一八六上《侯思止傳》"我"下有"承"字。

⑦怍:《太平廣記》"怍"字原缺,據明鈔本補。

⑧謂:《太平廣記》"謂"字原缺,據明鈔本補。

⑨霍:《大唐新語》卷一三作"崔",唐代實有御史霍獻可。

⑩謂:《太平廣記》"謂"字原缺,據明鈔本補。

⑪慶:《太平廣記》"慶"字原缺,據明鈔本補。

⑫娶:《舊唐書》卷一八六上《侯思止傳》作"索"。

【箋注】

[一]告變:此處指告密。《資治通鑒》卷二〇三載:"太后自徐敬業反,疑天下人多圖己,又自以久專國事,且内行不正,知宗室大臣怨望,心不服,欲大誅殺以威之。乃盛開告密之門,有告密者,臣下不得問,皆給驛馬。供五品食,使詣行在。雖農夫樵人,亦得召見,倉廩於客館,所言或稱旨,則不次除官,無實者不問。於是四方告密者蜂起,人皆重足屏息。"

[二]制獄:見本卷"來子珣"條【箋注二】。

[三]朱紱:古代禮服上的紅色蔽膝。後多借指官服。杜甫《獨坐》:"滄溟服衰謝,朱紱負平生。"

[四]霍獻可:武后時期曾任殿中侍御史、侍御史、御史中丞,以希旨為忠,為時人所不恥。《唐會要》卷六七"試及斜濫官":"天壽二年二月十五日,……

懷州錄事參軍霍獻可等二十四人，並授侍御史。……故當時諺曰：'補闕連車載，拾遺平鬥量。把椎侍御史，腕脫校書郎。'"又《新唐書》卷一〇二《姚璹傳》："大食使者獻獅子，璹曰：'是獸非肉不食，自碎葉至都，所費廣矣。陛下鷹犬且不蓄，而厚資養猛獸哉！'（姚璹）下遷益州長史。始，蜀吏貪暴，璹擿發之，無所容貸。……新都丞朱待辟坐贓應死，待辟所厚浮屠理中謀殺璹，據劍南。有密告後者，詔璹窮按。璹深探其獄，跡疑似皆捕逮，株黨牽聊數千人。獄具，後遣洛州長史宋玄爽、御史中丞霍獻可覆視，無所翻，坐沒入五十餘族，知反流徙者什八以上，道路冤噪。監察御史袁恕已劾奏璹獄不平，有詔勿治。召拜地官、冬官二尚書。"據《資治通鑒》記載，此事發生于萬歲通天元年。

　　[五]比：近來，臨近。

　　[六]來俊臣（651—697年）：，雍州萬年（今陝西西安市）人，則天朝酷吏，因告密獲得武則天信任，先後任侍御史、左臺御史中丞、司僕少卿，組織數百名無賴專事告密，又設推事院，大興刑獄，製造各種殘酷刑具迫害正直人士，後被處死。《舊唐書》卷一八六上《酷吏傳》有傳。

　　[七]李昭德（？—697年）：京兆長安（今陝西西安）人，唐朝宰相，刑部尚書李乾佑之子。昭德強幹，有乃父風範，早年明經及第，歷任御史中丞、陵水縣尉、夏官侍郎等職。如意元年（692年）拜鳳閣侍郎、同鳳閣鸞臺平章事。任相期間，打擊酷吏，反對立武氏為太子，後被貶為南賓縣尉。萬歲通天二年（697年），李昭德被召任為監察御史，被酷吏來俊臣與皇甫文備誣告謀反，斬於洛陽鬧市。唐朝復辟後，追贈左御史大夫。李顯《贈李昭德左御史大夫制》贊其"勤恪在公，強直自達。立朝正色，不吐剛以茹柔；當軸勵詞，必抗情以歷詆。墉隍府寺，樹績良多，變更規模，歿而不朽。"《舊唐書》卷八七、《新唐書》卷一一七均有傳。

【按語】

　　本條材料見《廣記》卷二五八引《御史臺記》，又見《大唐新語》卷一二"酷忍"、卷一三"諧謔"，《舊唐書》卷八七、《新唐書》卷一一七等，文字大體相同。可知兩《唐書》《大唐新語》編纂過程中均採用了《御史臺記》之材料。封建國家的監察制度是為君主服務的,它一方面具有監察百僚、維護吏治的作用;另一方面,御史臺本身也具有強化專制統治的工具品格。在某些特殊歷史條件下,御史臺的工具品格相應會膨脹。酷吏是武后朝監察制度畸形發展、御史權力惡性膨脹的產物。貞觀之治,省刑慎法,天下有良吏而無酷吏。武則天欲挾制群臣,威權獨任,"於是索元禮、來俊臣之徒,揣後密旨,紛紛並興,澤吻磨牙,噬紳緌若狗豚然,至叛胔臭達道路,冤血流離刀鋸,忠鯁貴強之臣,朝不保昏。"(《新唐書》卷二〇九《酷吏傳序》)史家感慨"非吏之敢酷,時誘之為酷",可謂深中肯綮。

* 騫 味 道

騫味道^[一]陷周興^[二]獄。

【箋注】

[一]騫味道:光宅元年(684年)—垂拱四年(688年)曾任左肅政臺御史大夫,為殿中侍御史周矩所劾。《舊唐書》卷八七《裴炎傳》:"文明元年,……御史崔詧聞而上言,曰:'裴炎伏事先朝,二十餘載,受遺顧托,大權在己,若無異圖,何故請太后歸政?'及命御史大夫騫味道、御史魚承曄鞫之。"《新唐書》卷六一《宰相表上》:"光宅元年十月丁亥,……左肅政臺御史大夫騫味道檢校內史、同鳳閣鸞臺三品。"按:光宅元年,舊御史臺改左肅政御史臺,騫味道復為左肅政臺御史大夫。《新唐書》卷六一《宰相表上》:"……垂拱四年九月丁卯,左肅政臺御史大夫騫味道、夏官侍郎王本立並同鳳閣鸞臺平章事。"

[二]周興:武則天時期酷吏,見《舊唐書》卷一八六上《酷吏傳上》。《舊唐書》卷五〇《刑法志》:"時周興、來俊臣等,相次受制,推究大獄。……俊臣又與侍御史侯思止、王弘義、郭霸、李敬仁……等,招集告事數百人,共為羅織,以陷良善。前後枉遭殺害者,不可勝數。又造《告密羅織經》一卷,其意旨皆網羅前人,織成反狀。"《舊唐書》卷一八六上《酷吏上》:"周興者,雍州長安人也。少以明習法律,為尚書省都事。累遷司刑少卿、秋官侍郎。自垂拱已來,屢受制獄,被其陷害者數千人。天授元年九月革命,除尚書左丞,上疏除李家宗正屬籍。二年十一月,與丘神勣同下獄。當誅,則天特免之,徙於嶺表。在道為仇人所殺。"

【按語】

本條材料見《考異》卷一一引《御史臺記》："周矩按鶱味道伏誅。《御史臺記》：'味道陷周興獄，今從《矩傳》。'"《資治通鑒》卷二〇四載："垂拱四年，左蕭政大夫、同平章事鶱味道素不禮于殿中侍御史周矩，屢言其不能了事。會有羅告味道者，敕矩按之。矩謂味道曰：'公常責矩不了事，今日為公了之。'"一語道盡了酷吏的殘忍本性。

*魏 元 忠[一]

元忠將刑,至於市,神色自若,則天以楊楚功,免死流放。復敘授御史中丞,復陷來俊臣獄,復至市,將刑,神色如初。其傍諸王子戮者三十余屍,重迭委積。元忠顧視曰:"大丈夫少選居此積矣。"曾不介懷[二]。會鳳閣舍人王隱客[三]馳騎傳呼,勑罷刑,復放嶺南。……前後坐棄市流放者四。

【箋注】

[一]魏元忠:宋州宋城(今河南省商丘市一帶)人,武后時期官員,歷仕高宗、武后、中宗三朝,歷任洛陽令、監察御史、殿中侍御史、御史中丞等,聖曆二年,任鳳閣侍郎、同鳳閣鸞臺平章事,兩次出任宰相。《舊唐書》卷九二《魏元忠傳》:"儀鳳中,吐蕃頻犯塞,元忠赴洛陽上封事,言命將用兵之工拙,曰……帝甚歎異之,授秘書省正字,令直中書省,仗內供奉。尋除監察御史。……文明年,遷殿中侍御史。……永昌元年,遷御史中丞。"

[二]介懷:介意、在意。《魏書·盧淵傳》:"及朝臣集議,執意如前。馮誕有盛寵,深以為恨,淵不以介懷。"

[三]王隱客:時任鳳閣舍人,《資治通鑒》卷二〇四有載。

【按語】

該條材料見《考異》卷一一引《御史臺記》。《考異》卷一一:"(永昌元年)八月甲辰,張楚金、郭正一、魏元忠流嶺南。《御史臺記》云'元忠將刑,至於市……'又云'前後坐棄市流放者四。'《舊傳》云'前後三被流放',今從《舊傳》。"永昌元年即689年。

120

張　楚　金

唐則天朝，刑部尚書張楚金[一]為酷吏周興[二]構陷。將刑，乃仰歎曰：“皇天后土，豈不察忠孝①乎？奈何以無辜獲罪！”因泣下數行，市人皆為覷欷[三]。須臾，陰雲四塞，若有所感。旋降敕，釋罪。宣示②訖[四]，天地③開朗，慶雲紛糾④。時議言其忠正所致也。

【校勘】

①孝：《大唐新語》卷六作“臣”。
②示：《大唐新語》卷六作“未”。
③地：《大唐新語》卷六無“地”字。
④糾：《大唐新語》卷六作“鬱”。

【箋注】

[一]張楚金：唐代有兩官員均名張楚金，一為高宗、武后時人，《舊唐書》卷一八七上《忠義上·張道源傳》載：“（張道源）族子楚金，少有志行，事親以孝聞。……高宗時累遷刑部侍郎。儀鳳年，有妖星見，楚金上疏，極言得失。高宗優納，賜帛二百段。則天臨朝，歷任吏部侍郎、秋官尚書，賜爵南陽侯。為酷吏周興所陷，配流嶺表，竟卒於徙所。著《翰苑》三十卷、《紳誡》三卷，並傳于時。”今甘肅省臨夏回族自治州永靖縣炳靈寺石窟存《張楚金摩崖》，《摩崖》載“儀鳳三年十月，刑部侍郎張楚金撰。”另一為玄宗、肅宗、代宗時人。開元二十四年在京城長安，二十九年任右威衛倉曹參軍。肅、代之際任司封郎中，

一生仕宦、文學活動不少,惜作品散佚殆盡,今《全唐文》卷二三四存《樓下觀繩伎賦》《透撞童兒賦》兩篇,《全唐詩》卷一〇〇存《逸人歌贈李山人》詩一首。詳見趙望秦《唐文學家張楚金考》(《文學遺產》2001 年第 5 期)。

[二]周興:武后時期酷吏,見本書《騫味道》【箋注二】。

[三]覷歙:感歎詞。杜甫《羌村三首》其一:"鄰人滿牆頭,感歎亦歔欷。夜闌更秉燭,相對如夢寐。"

[四]訖:完畢。

【按語】

本條原出《廣記》卷一六二引《御史臺記》,又見《大唐新宇》卷六"舉賢"。周興武后時期任司刑少卿;張楚金則天朝歷吏部侍郎、秋官尚書等職。兩人均未在御史臺任職,故當在"雜說、著論"中。對照《御史臺記》《大唐新語》,可見兩書前後淵源關係,在《新唐書》編撰中,對兩書"張楚金"材料曾有參考是無疑的。由此亦可見《御史臺記》的後世影響。《考異》卷一一載永昌元年八月,"張楚金、郭正一、魏元忠流嶺南",故系於此。

【相關補錄】

張思溫《積石錄》:"《張楚金摩崖》載'儀鳳三年十月,刑部侍郎張楚金撰。'文敘'張楚金於戊寅(儀鳳三年)九月二十七日在積石山靈岩寺齋戒禮佛之事。並描寫溪水萬轉,綠樹障天,觸景生情,蕭焉起敬,塵慮一清,……乃解吟禪院,焚香飲漿,與道士談禪證理。……歸途回望,風煙阻障,晨曦光隱曜,遙想梵歌競發,佛殿氤氳佇饗,讚頌供奉之盛,堪稱妙境。文內所敘道路、建築、山勢、地形,皆合實際,熟於炳靈寺環境及故事者,不難度而得之。'"

＊王　本　立

王本立^[一]為周興^[二]所誅。

【箋注】

[一]王本立：武后時期曾任監察御史裏行。《舊唐書》卷四四《職官志三》："龍朔元年，以王本立為監察裏行也。"《唐會要》卷六〇"御史臺上"："龍朔元年八月，忻州定襄縣尉王本立為監察御史，裏行之名始於此。《唐六典》又云，裏行始于馬周，未知孰是。"

[二]周興：武后時期酷吏，見本書《騫味道》【箋注二】。

【按語】

本條材料見《考異》卷一一引《御史臺記》。《考異》卷一一曰："天授元年二月王本立薨。《新紀》'丁卯，殺王本立。'《御史臺記》'王本立為周興所誅'，今從《實錄》。"天授元年即 690 年。

彭　先　覺

　　唐彭先覺[一]叔祖博通，膂力[二]絕倫。嘗於長安與壯士魏弘哲、宋令文、馮師本角力。博通堅[三]臥，命三人奪其枕。三人力極，牀腳盡折，而枕不動。觀者逾主人垣牆[四]，屋宇盡壞，名動京師。嘗與家君①[五]同飲，會暝[六]，獨持兩牀[七]降級，就月於庭。酒俎之類，略無傾泄矣。

【校勘】

①君：明人陳耀文《天中記》作"客"。

【箋注】

　　[一]彭先覺：唐長壽元年（692年）任監察御史。詳見《唐御史臺職官編年匯考》"天授三年"條。《朝野僉載》卷五："則天時，調貓兒與鸚鵡同器食，命御史彭先覺監，遍示百官及天下考使。傳看未遍，貓饑，遂咬殺鸚鵡以餐之，則天甚愧。武者國姓，殆不祥之徵也。"此事又見《資治通鑑》卷二〇五"長壽元年"："秋，八月，……太后習貓，使與鸚鵡共處。出示百官，傳觀未遍，貓饑，搏鸚鵡食之，太后甚慚。"

　　[二]膂力：泛指人的體力、力氣。《後漢書·董卓傳》："卓膂力過人，雙帶兩鞬，左右馳射。"

　　[三]堅：《說文》："堅，剛也。"

　　[四]垣牆：院牆、圍牆。唐·韓愈《守戒》："宅於都者，知穿窬之為盜，則

必峻其垣牆,而內固扃鐍以防之。"

[五]家君:指韓琬之父韓思彥,高宗時任御史,見《新唐書》卷一一二《韓思彥傳》。《全唐詩》卷四四小傳:"韓思彥,與賀遂亮同官御史,高宗時,待詔弘文館,上元中卒。"《全唐詩》卷四四有韓思彥《酬賀遂亮》詩。

[六]會暝:適逢天快要變暗了。會:恰逢、適逢。暝:昏暗、黃昏。

[七]床:此處指餐桌,與"床腳盡折"之"床"的含義不同。

【按語】

本條材料見《廣記》卷一九二引《御史臺記》,敘述唐代大力士彭博通之逸事。此種唐代社會中之傳奇故事與唐傳奇之形成有一定推動作用,可見,唐代御史亦是唐傳奇繁榮的因素之一。

張 文 成

唐司門員外郎[一]張文成[二]工①為俳諧詩賦[三]，行於代。時大將軍黑齒常之[四]將出征。或人勉之曰："公官卑，何不從行？"文成曰："寧可且將朱脣飲酒，誰能逐你黑齒常之？"

【校勘】

①工：明鈔本作"好"。

【箋注】

[一]司門員外郎：官名，隋唐時期刑部司門司次官。隋文帝開皇六年（586 年）尚書省刑部始置，為司門司次官，司共曹之籍賬，侍郎缺則厘其曹事。煬帝大業三年（607 年）廢，改置承務郎。唐高祖武德三年（620 年）復置，一員，從六品上，仍為司門司次官。高宗龍朔二年（662 年）改為司關員外郎，咸亨元年（670 年）復舊，一直稱司門員外郎。

[二]張文成：張鷟，字文成，深州陸澤人，調露初中進士，先後任岐王府參軍、長安縣尉、洛陽縣尉、監察御史。張鷟為唐代著名文學家，號"青錢學士"，著有《朝野僉載》六卷、《龍筋鳳髓判》《遊仙窟》等，尤以判文卓絕當時，其文名甚至流傳至新羅、日本，以至"新羅、日本東夷諸蕃，尤重其文，每遣使入朝，必重出金貝以購其文。"《舊唐書》卷一四九《張薦傳》："張薦，字孝舉，深州陸澤人。祖鷟，字文成，聰警絕倫，書無不覽。為兒童時，夢紫色大鳥，五彩成文，降於家庭。其祖謂之曰：'五色赤文，鳳也；紫文，鷟鷟也，為鳳之佐，吾兒當以文章瑞於明廷'，因以為名字。初登進士第，對策尤工，考功員外郎騫味道賞

之曰：‘如此生，天下無雙矣。’調授岐王府參軍。又應下筆成章及才高位下、詞標文苑等科。鷟凡應八舉，皆登甲科。再授長安尉，遷鴻臚丞。凡四參選，判策為銓府之最。員外郎員半千謂人曰：‘張子之文如青錢，萬簡萬中，未聞退時。’時流重之，目為‘青錢學士’。然性褊躁，不持士行，尤為端士所惡，姚崇甚薄之。開元初，澄正風俗，鷟為御史李全交所糾，言鷟語多譏刺時，坐貶嶺南。刑部尚書李日知奏論，乃追敕移於近處。開元中人為司門員外郎，卒。鷟下筆敏速，著述尤多，言頗詼諧。是時天下知名，無賢不肖，皆記誦其文。……新羅、日本東夷諸蕃，尤重其文，每遣使入朝，必重出金貝以購其文，其才名遠播如此。”（詳見馬雪芹《張鷟生平經歷及生卒年考釋》，《河北師範大學學報》2007年第3期）《唐會要》卷七五《選部下》：“證聖元年，劉奇為吏部侍郎，注張文成、司馬鍠為監察御史，二人因申屠瑒以謝之。奇正色曰：‘舉賢自無私，二君何為見謝？’”《新唐書》卷九〇《劉弘基傳》：“劉次子奇，長壽中，為天官侍郎，薦張鷟、司馬鍠為監察御史，二人因申屠瑒以謝，奇正色曰：舉賢本無私，何見謝？ 聞者皆竦。後為酷吏陷，被誅。”

　　[三]俳諧詩賦：又稱俳體詩賦、諧趣詩賦、詼諧詩賦等，此類詩賦內容以詼諧幽默、或諷刺嘲謔為主。俳諧詩之淵源，一是先秦兩漢俳優的說唱、吟誦而又帶有詼戲謔有關係；二是自《詩經》以來，就存在著詼諧幽默風格的詩有關聯。明人徐師曾《文體明辨序說·詼諧詩》說：“按《詩·衛風·淇奧篇》：‘善戲謔兮，不為虐兮。’此謂言語之間耳。後人因此演而為詩，故有俳諧體、風人體、諸言體、諸語體、諸意體、字謎體、禽言體。雖含諷喻，實則詼諧，蓋皆以文滑稽爾，不足取也。”其實俳諧詩賦仍有其價值，對後世影響久遠，如唐代敦煌寫本P.2491《燕子賦》等。

　　[四]黑齒常之（630—689年），唐朝著名軍事將領，朝鮮半島百濟人，黑齒氏。唐顯慶五年（660年），唐軍攻克百濟，黑齒常之率領部下歸順唐朝，以後屢立戰功，數破突厥，威震天下，進爵燕國公。永昌元年（689年），受酷吏周興誣陷，黑齒常之含冤自縊而死。事見《舊唐書》卷一〇九《黑齒常之傳》、《新唐書》卷一一〇《黑齒常之傳》。

【按語】

本條材料見《廣記》卷二五〇引《御史臺記》。《舊唐書》卷一九四《張薦傳》載張鷟因"語多譏刺時,坐貶嶺南",從此條材料中亦可窺一斑而知豹。

＊王　慶　之

（天授）二年九月，王慶之等千餘人上表，請立武承嗣[一]為皇太子。

【箋注】

[一]武承嗣（649—698 年）：武則天之侄，起家尚書奉御，遷秘書監，襲封周國公。光宅元年（684 年），授禮部尚書、同中書門下三品。垂拱元年（685年），加同平章事，成為宰相，月余罷免。載初元年（689 年），授納言。天授元年（690 年），進文昌左相。長壽元年（698 年），罷為特進，憂鬱而死。

【按語】

《考異》卷一〇載：“《御史臺記》作‘千餘人’，今從《舊傳》。”《資治通鑒》卷二〇四：“先是，鳳閣舍人修武張嘉福使洛陽人王慶之等數百人上表，請立武承嗣為皇太子。”胡注引《考異》内容。可知“王慶之上表請立武承嗣為皇太子”之事是無疑的，故輯佚《御史臺記》内容如上。天授二年即 691 年。

*李　昭　德

李昭德[一]自中丞轉鳳閣侍郎，杖殺王慶之。

【箋注】

[一]李昭德：京兆長安（今陝西西安）人，如意元年（691年）任鳳閣侍郎同鳳閣鸞臺平章事，見本書“侯思止”條【箋注七】。

【按語】

《資治通鑒》卷二〇四天授二年（691年）冬十月“太后頗怒之，命鳳閣侍郎李昭德賜慶之杖。……耳目皆血出，然後杖殺之。”《考異》卷一一曰：“按《御史臺記》：‘昭德自中丞轉鳳閣侍郎。’蓋暫貶淩水，尋召還為鳳閣侍郎也。‘杖殺慶之’，據《御史臺記》，乃是為鳳閣侍郎時，非為相後也。《舊傳》或誤以載初為延載。慶之上表或在載初年。《實錄》因岑長倩、格輔元之死，說及耳。今參取《實錄》《御史臺記》及《舊傳》之語。”《考異》考辨，重點一是李昭德任鳳閣侍郎時間，二是杖殺王慶之，故輯佚《御史臺記》內容如上。

溱州筮者

杜景儉①[一]，信都[二]人也。本名元方，垂拱中，更為景儉。剛直嚴正。進士擢第，後為鸞臺侍郎[三]平章事。時內史李昭德[四]以剛直下獄，景儉庭稱其公清正直。則天怒，以為面欺，左授溱②州刺史。初任溱州，會善筮[五]者于路，言其當重入相，得三品而不著紫袍。至是夏，終服紫衫而終。

【校勘】

①儉：《廣記》卷二一六、《新唐書》卷一一六均作"杜景佺"，《舊唐書》卷九○作"儉"。《考異》卷一一："《實錄》及《新·紀表傳》皆作景佺，蓋《實錄》以草書致誤，《新書》因承之耳，今從《舊·紀傳》。"今從《考異》。

②溱：《廣記》作"湊"，注云："明朝本湊作溱"。《舊唐書》卷九○作"秦"，《新唐書》卷一一六、《朝野僉載》均作"溱"，據改。

【箋注】

[一]杜景儉（？—700年）：冀州武邑（今河北省武邑縣）人。唐武后時期宰相，曾任殿中侍御史、益州錄事參軍、相州刺史、鳳閣侍郎、同鳳閣鸞臺平章事。《新唐書》卷一一六本傳："冀州武邑人，性嚴正，舉明經中第，累遷殿中侍御史。……後以為守法，擢鳳閣舍人，遷洛州司馬。……延載元年，檢校鳳閣侍郎、同鳳閣鸞臺平章事。"《舊唐書》卷九○本傳略同。

[二]信都：今河北省冀州區一帶地方。隋煬帝大業三年（607年），改冀

州為信都郡。唐玄宗天寶元年(742年)復改冀州為信都郡。領信都、南宮、武邑等六縣。

[三]鸞臺侍郎：即門下侍郎。《新唐書·百官志二》："龍朔二年改黃門侍郎曰東臺侍郎，武后垂拱元年曰鸞臺侍郎，天寶元年曰門下侍郎。"

[四]李昭德(？—697年)：京兆長安(今陝西西安)人，唐朝宰相，刑部尚書李乾祐之子，《舊唐書》卷八七、《新唐書》卷一一七均有傳。李昭德在武后朝抑制酷吏政治是其長，然"志大器小，氣高智薄，假權制物，扼險淩人，剛愎有餘，恭寬不足"，是其短。《新唐書》云："昭德、項進不以道，君子恥之。雖然，一情區區，抑武興唐，其助有端，則賢炎遠矣。"可謂的評。

[五]筮：《說文》："筮，易卦用蓍也。"

【按語】

本條材料見《廣記》卷二一六引《御史臺記》，張鷟《朝野僉載》等。杜景儉是武后時期以剛直嚴正而著稱的宰相。《新唐書》卷一一六《杜景儉傳》評其"性嚴正，入司刑丞，與徐有功、來俊臣、侯思止專治詔獄，時稱'遇徐、杜者生，來、侯者死'。"則天嘗以季秋內出梨花示宰臣，諸臣皆曰祥，景儉獨曰："'陰陽不相奪倫，瀆之即為災。故曰冬無愆陽，夏無伏陰，春無淒風，秋無苦雨。今草木黃落，而木復華，瀆陰陽也。竊恐陛下布教施令，有所虧紊。臣為宰臣，助天治物，治而不和，臣之咎也。'頓首請罪，則天曰：'真宰相！'"其剛直個性於斯可見一斑。

楊　茂　直

　　唐楊茂直[一]任拾遺[二]。有補闕[三]姓王，精九經[四]，不練[五]時事。每自言明三教。時有僧名道儒，妖訛，則天捕逐甚急。所在題云："訪僧道儒。"茂直與薛兼光①戲謂曰："敕捕僧道儒，足下何以安閒？"云："何關吾事？"茂直曰："足下明三教，僧則佛教，道則老教，何不關吾事？"乃驚懼，興寢不安，遂不敢歸，寓於曹局數宿。祈左右偵②其事意，復共誑[六]之，憂懼不已，遇人但云："實不明三教事。"茂直等方寬慰云："別訪人，非三教也。"乃敢出。

【校勘】

　　①薛謙光：《廣記》作"薛兼金"，據《唐會要》卷五六《左右補闕拾遺》："天授三年，左補闕薛謙光上疏曰……"，應作"薛謙光"，據改。

　　②偵：原作"慎"，據明鈔改。

【箋注】

　　[一]楊茂直：武后時期曾任拾遺，其餘生平不詳。

　　[二]拾遺：古代諫官名，武則天垂拱元年（685 年）二月創設，初置時左右拾遺各二人系從八品上，天授二年（691 年）又增至五人，並增加流外的內供奉等職。白居易《初授拾遺獻書》："臣按《六典》：左右拾遺掌供奉諷諫，凡發令舉事有不便於時、不合於道者，小則上封，大則廷諍。其選甚重，其秩甚卑，所以然者，抑有由也。……夫位不足惜，恩不忍負，然後能有闕必規，有違必諫，

朝廷得失無不察,天下利病無不言,此國朝實拾遺之本意也。"

[三]補闕:古代諫官名,武則天垂拱元年(685 年)二月創設,初置時左右補闕各二人,天授二年(691 年)亦增至五人。拾遺補闕雖然品節不高,然諫諍皇帝,所任非輕。《新唐書·官志二》:"左補闕六人,從七品上;左拾遺六人,從八品上。掌供奉諷諫,大事廷議,小則上封事。武后垂拱元年,置補闕、拾遺,左右各二員。"《唐會要》卷五六《左右補闕拾遺》:"垂拱元年二月二十九日敕:記言書事,每切於旁求;補闕拾遺。未宏於注選。瞻言共理,必藉眾才;寄以登賢,期之進善。可置左右補闕各二員,從七品;左右拾遺各二人,從八品上。掌供奉諷諫,行列次於左右史之下。……至天授二年二月五日,各加置三員,通前五員。大曆四年十二月一日,補闕拾遺各置內供奉兩員;又七年五月十一日敕:補闕拾遺,宜各加置兩員。"

[四]九經:隋唐稱《易經》《詩經》《尚書》《周禮》《儀禮》《禮記》《左傳》《公羊》《谷梁》為九經。

[五]練:此處即練達之意,指閱歷豐富,通曉世故人情。

[六]誑:用言語或行動逗引人以取樂。《史記·高祖本紀》:"將軍紀信乃乘王駕,詐為漢王,誑楚,楚皆呼萬歲。"

【按語】

本條材料見《廣記》卷二五四引《御史臺記》。古代稱不練時事之儒有愚儒、樸儒、腐儒、豎儒之說。學人既須忠信孝友,恭儉正直,語未嘗妄,好學如饑之嗜食;又須練達世事,堅明勁峭,有用於世,方不負稱為儒。韓琬《御史臺記》以此告誡世人之意,甚明矣。

* 郭　霸

盧江[一]郭霸[二]。

【箋注】

［一］盧江：即今江西省九江市一帶。《元和郡縣圖志》卷二八《江南道四》：“春秋時為吳之西境，吳為趙滅，後復為楚地。秦屬盧江郡，漢屬淮南國。晉太康十年，……分豫章、鄱陽、盧江等郡之地置江州。……武德四年，復置江州。”

［二］郭霸：武后時酷吏，天授二年（691年）拜左臺監察御史，如意元年（692年）為右臺殿中侍御史，長壽二年（693年）右臺侍御史。

【按語】

該條材料見《考異》卷一一引《御史臺記》，又見《大唐新語》卷九“諛佞”。《資治通鑒》卷二〇五：“寧陵丞盧江郭霸以諂諛干太后，拜監察御史。中丞魏元忠病，霸往問之，因嘗其糞，喜曰：‘大夫糞甘則可憂，今苦，無傷也。’元忠大惡之，遇人輒告之。”《考異》卷一一曰：“《新傳》曰‘弘霸’，《舊傳》、《御史臺記》皆單名霸。唯《統紀》延載元年曰弘霸。《僉載》云‘應革命舉’，蓋止謂此事也，今從《臺記》。”《考異》記郭霸在長壽元年（692年）一月。

＊周　　矩

　　七月[一]，左臺御史周矩[二]上疏諫曰："秦者小人攻訏[三]，習以為常，內外諸司，人懷苟免，姑息臺吏，承接強梁，非故欲，規避誣構耳。又推劾之吏，皆以深刻為功，鑿空爭能，相矜以虐。泥耳籠頭，枷研楔轂，折脅籤爪，懸發熏耳，臥鄰穢溺，曾不聊生，號為'獄持'。或累日節食，連宵緩問，晝夜搖撼，使不得眠，號曰'宿囚'。此等既非木石，且救目前，苟求賒死。臣竊聽輿議，皆稱天下太平，何苦須反。豈被告者盡是英雄，以求帝王耶？只是不勝楚毒[四]自誣[五]耳。何以核之？陛下試取所告狀酌其虛實者，付令推，微訊動以探其情，所推者必上下其手，希聖旨也。願陛下察之。今滿朝側息不安，皆以為陛下朝與之密，夕與之仇，不可保也。聞有追攝，與妻子即為死訣。故為國者以仁為宗，以刑為助。周用仁而昌，秦用刑而亡，此之謂也。願陛下緩刑用仁，天下幸甚！"書奏，遂授洺州[六]司功[七]。……時天官選曹無緒，敕矩監之。侍郎李景諶為矩所制，乃引為員外，不閑[八]於吏道，自此左出矣。

【箋注】

　　[一]七月：《考異》卷一一載周矩上疏言制獄事在長壽元年（692年）七月。

　　[二]周矩：武后時期曾任左臺監察御史、侍御史。事見《資治通鑑》卷二〇五。

　　[三]攻訏：引派系之爭而揭發、攻擊別人的隱私缺點等。《論語·陽貨》：

136

“惡不孫以爲勇者，惡訐以爲直者。”

［四］楚毒：古代炮硌之刑，亦泛指酷刑。《三國志·吳志·陸胤傳》：“胤坐收下獄，楚毒備至，終無他辭。”

［五］自誣：屈打成招，自行承認妄加於己的不實之詞。《資治通鑒》卷八《秦紀三》：“趙高治斯，榜掠千餘，不勝痛，自誣服。”

［六］洺州：治所在今河北省永年縣廣府鎮，轄域今分屬邯鄲，邢臺二市。《元和郡縣圖志》卷一五：“禹貢冀州之域，……秦兼天下，是爲邯鄲郡地。……自漢至晋，或爲國，或爲郡。……周武帝建德六年，於郡置洺州，以水爲名。隋大業三年罷州爲永安郡，武德……六年罷總管，復爲洺州。”

［七］司功：即司功參軍，州郡長官之僚佐。《唐六典》卷三〇《三府督護縣官吏》：“司功參軍事，掌官吏考課、假使、選舉、祭祀、禎祥、道佛、學校、表疏、書啟、醫藥、陳設之事。”

［八］閑：通“嫻”，嫻熟。深諳之意。

【按語】

該條材料見《考異》卷一一：“周矩上疏言制獄。《御史臺記》云：‘書奏，遂授洺州司功。’”《御史臺記》既云“書奏”，則載周上疏諫諍武后是無疑的。周矩上疏言制獄事，《舊唐書》卷一八六上《酷吏傳上》，《資治通鑒》卷二〇五均有載，今從《舊唐書》析出。

霍獻可

　　唐霍獻可，貴鄉^[一]人也。父毓，岐州司法^[二]。獻可有文學，好詼諧，累遷至侍御史^①、左司員外^[三]。則天法峻，多不自保，競希旨以為忠。獻可頭觸玉階，請殺狄仁傑、裴行本，裴宣禮。宣禮^{②[四]}，即獻可堂舅也。既損額，以綠帛裹於巾下，常令露出，冀則天以為忠。時人比之李子慎，子慎，則天朝誣告其舅，加遊擊將軍。母見其著緋衫^[五]，以面覆牀^③，涕淚不勝曰："此是汝舅血染者耶！"

【校勘】

①侍御史：《資治通鑒》卷二〇五作"殿中侍御史"。

②宣禮：《廣記》卷二五九"裴"下無"宣禮宣禮"四字。據《冊府元龜》卷三〇七補。

③以面覆牀：明鈔本作"以被覆面"。

【箋注】

　　[一]貴鄉：今河北邯鄲市大名縣。《元和郡縣圖志》卷一六："魏州……管縣八：貴鄉、元城、魏、館陶、冠氏、朝城、莘、昌樂。貴鄉縣，本漢元城縣地，後魏孝文帝分置貴鄉縣，屬昌樂郡。隋開皇三年罷郡，縣屬魏州。大業三年，改屬武陽郡。皇朝因之，武德初割屬魏州。"

　　[二]岐州司法：即岐州司法參軍，主管一地之監察、刑法等，是唐代基層監察制度的重要組成部分，詳見胡寶華《唐代監察制度研究》商務印書館2005

年版。

　　［三］左司員外：官名。唐武則天永昌元年（689 年）始置，隸尚書都省，員一人，從六品上，與左司郎中同為尚書左丞副貳，監管吏、戶、禮部諸司政務，舉稽違、署符目、知宿直，位在諸司員外郎上；中宗神龍元年（705 年）省，次年復置。

　　［四］裴宣禮：唐代官員，武則天執政時期任司農卿。《舊唐書》卷九四《李嶠傳》：“李嶠，趙州贊皇人，……累遷給事中，時酷吏來俊臣構陷狄仁傑、李嗣真、裴宣禮等三家，奏請誅之，則天使嶠與大理少卿張德裕、侍御史劉憲覆其獄。”據《資治通鑒》卷二〇五記載，來俊臣構陷狄仁傑、李嗣真、裴宣禮等三家事在天授三年正月。又《冊府元龜》卷三〇七：“天壽三年一月，御史中丞來俊臣奏言：……司農卿裴宣禮，……並謀逆，請誅之。制不許，……左授宣禮夷陵令。”

　　［五］緋衫：紅色衣服。《舊唐書·職官志》：“緋衫，是唐代五品官的朝服。唐官員按品階著紫、緋、綠、青四色官服。”

【按語】

　　本條見《廣記》卷二五九引《御史臺記》，又見《大唐新語》卷一二“酷忍”。霍獻可，天授二年至三年（691—692 年）任侍御史，故系於此。《資治通鑒》卷二〇五：“天授三年……正月……，殿中侍御史貴鄉霍獻可，宣禮之甥也。言于太后曰：‘陛下不殺崔宣禮，臣請殉命於前。’以頭觸殿階，血流沾地，以示為人臣者不私其親。……獻可常以綠帛裹其傷，微露之於襆頭下，冀太后見之以為忠。”《廣記》引《報應記》：“唐裴宣禮，天后朝為地官侍郎，常持《金剛經》。坐事被系，宣禮憂迫，唯至心念經，枷鎖一旦自脫。推官親訪之，遂得雪免。御史任植同禁，亦念經獲免。”可見《大唐新語》《資治通鑒》當時即採用了《御史臺記》之材料。

*徐 有 功

徐有功[一]自秋官員外郎[二]，坐龐氏，除名為流人，月餘，授御史①。

【校勘】

①御史:《新唐書》卷一一三《徐有功傳》作"侍御史"。按徐有功曾任殿中侍御史。

【箋注】

[一]徐有功(640—702年)名宏敏，字有功，唐洛州偃師(今河南省偃師市)人，國子監博士徐文遠之孫，明經及第，歷蒲州司法參軍、司刑(大理)寺丞、秋官(刑部)郎中、侍御史、司刑寺少卿等。當武后重用酷吏、剪除異己之際，徐有功持法公正，獨抗流俗，雖千載未見其比。徐有功坐龐氏事，諸史有載。《資治通鑑》卷二〇五:"長壽二年……正月……德妃父孝諶為潤州刺史，有奴妄為妖異以恐德妃母龐氏，龐氏懼，奴請夜祠禱解，因發其事。下監察御史龍門薛季昶按之，季昶誣奏，以為與德妃同祝詛，……龐氏當斬，其子希瑊詣侍御史徐有功訟冤，有功牒所司停刑，上奏論之，以為無罪。……法司處有功罪當絞。令史以白有功，有功歎曰:'豈我獨死，諸人永不死邪!'既食，掩扇而寢。人以為有功苟自強，必內憂懼，密伺之，方熟寢。太后召有功，迎謂曰……太后默然。由是龐氏得減死，……有功亦除名。"《新唐書》卷一一三《徐有功傳》:"徐有功，名弘敏，……國子博士文遠孫也。舉明經，累轉蒲州司法參軍，紹封東莞男。為政寬仁，不行杖罰。……累轉秋官郎中，鳳閣侍郎任知古、冬

140

官尚書裴行本等七人被誣當死。……俄起為左肅政臺侍御史。"據《資治通鑑》卷二〇五載,鳳閣侍郎任知古、冬官尚書裴行本等七人被誣事在長壽元年(692年),徐有功任侍御史在長壽二年(693年),《新唐書》載"俄起為左肅政臺侍御史",正與《資治通鑑》合。

[二]秋官員外郎:光宅元年(684年),改刑部為秋官,刑部尚書為秋官尚書,刑部員外郎為秋官員外郎。神龍元年(705年)復原名。《舊唐書》卷四三《職官志二》:刑部郎中、員外郎之職,"掌貳尚書、侍郎,舉其典憲,而辨其輕重。凡文法之名有四:一曰律,二曰令,三曰格,四曰式。"

【按語】

本條材料見《考異》卷一一:"龐氏減死,徐有功除名。……《御史臺記》云云。"《資治通鑑》卷二〇五載此事在長壽二年(693年)。

【匯評】

《新唐書》卷一一三《徐有功傳》:"徐有功不以唐、周貳其心,惟一於法,身蹈死以救人之死,故能處猜后、酷吏之間,以恕自將,內挫虐焰,不使天下殘於燎,可謂仁人也哉!議者謂過漢于、張,渠不信夫!"

宋·王十朋《徐有功》:"獄興羅織陷忠良,公亦幾遭虎口傷。蹈死救人人免死,論功何止漢於張?"

清·陳鏡伊《法曹圭臬》:"唐徐有功,轉司刑少卿,與皇甫文備同按獄,文備誣有功縱逆黨。後文備坐事下獄,有功出之,或曰:'彼嘗陷君於死。'有功曰:'爾所言者,私忿;我所守者,公法。不可以私害公。'潘好禮稱有功蹈道依仁、固守誠節,不以貴、賤、死、生,易其操履。"

*紀　履　忠

　　紀履忠[一]與來俊臣不協,具衣冠[二]彈[三]之。不果,黜授顏城[四]尉。俊臣誅,授右領軍衛冑曹。

【箋注】

　　[一]紀履忠:武后時期曾任監察御史。紀履忠彈劾來俊臣之事,史籍有載,《唐會要》卷六一"彈劾":"萬歲通天五年五月,監察御史紀履忠劾奏御史中丞來俊臣犯狀有五焉:一、專擅國權;二、謀害良善;三、貪贓賄貪濁;四、失義背禮;五、淫昏狠戾。論茲五罪,合至萬死,請下獄治罪。"萬歲通天無五年,應是元年或二年(696—697 年)之誤。

　　[二]衣冠:指唐代御史彈劾時的專用服飾。唐代御史彈劾的儀式莊重嚴肅,《舊唐書》卷四四《職官志三》:御史彈劾,"大事則冠法冠,衣朱衣纁裳,白紗中單以彈之。小事常服而已。"《唐會要》卷六一亦載:"大事則豸冠、朱衣、纁裳、白紗中單以彈之。小事常服而已。"《舊唐書》卷四五《輿服志》:"法冠,一名獬豸冠,以鐵為柱,其上施珠兩枚,為獬豸之形,左右御史臺流內九品以上服之。"唐代御史彈劾時須頭戴獬豸冠,穿白紗中單裡服,上衣著紅色、下衣著淺絳色專用彈劾服裝。

　　[三]彈:彈劾,唐代御史·臺的主要職責是監察百僚、彈劾官吏瀆職犯罪。《舊唐書》卷《職官志三》載:"凡中外百僚之事,應彈劾者,御史言于大夫。大事則方幅奏彈之,小事署名而已。"

　　[四]顏城:古縣名,隋置,治所在今海南省海口市瓊山區。唐武德四年(621 年)改顏盧縣為顏城縣,屬崖州。

* 紀 履 忠

【按語】

本條材料見《考異》卷一一引《御史臺記》。《後漢書·輿服志下》云："獬豸，神羊，能辨別曲直，楚王嘗獲之，故以為冠。"獬豸本是傳說中的上古神獸，產生於蒙昧時代的"以神判法"，是中華法文化中公正執法者的象徵。上古傳說中，獬豸為帝堯的刑官皋陶餵養，遇疑難之事，獬豸悉裁之，均準確無誤。獬豸能辨是非曲直、識善惡忠奸、遇奸邪則觸之，令犯法者不寒而慄。秦漢以降，伴隨中央集權的強化，時代精神、審美思潮的變化，獬豸形象亦發生重大變異，主要表現為：一是獬豸形體變得厚重高大，充滿力的剛性美；二是獬豸造型嚴酷兇悍，極具威懾力；三是獬豸製作融整體宏大與局部精細為一體，更加精緻嚴謹。獬豸驅邪、鎮邪的功能，使它成為鄉土社會鄉民健康的保護神，並在民俗活動、古代建築中多有體現。獬豸形象蘊含著中華法律文化之"根"，折射出中國古代社會的制度觀念和深層次的民族心理。

＊論　欽　陵

論欽陵^[一]必欲得四鎮^[二]及益州^[三]通市乃和親^[四]，朝廷不許。制書至河源^[五]，納言^[六]婁師德^[七]患之，曰："制書到，彼必入寇，奈何？"監察御史南陽張彥先^[八]時按河源、積石^[九]諸軍，謂師德曰："但稽制書，虜必狐疑，吾乃先為之備，虜至必不捷矣。"師德從之。欽陵入寇，果無功，由是得罪於其國。

【箋注】

[一]論欽陵：藏名噶爾·欽陵贊卓，吐蕃大臣、名將。藏族歷史上傑出的政治家、軍事家。吐蕃語稱宰相為論，而欽陵實為吐蕃宰相，故史稱為論欽陵。

[二]四鎮：唐貞觀二十二年（648年），唐軍將安西都護府移至龜茲國（今新疆庫車），並在龜茲（今新疆庫車）、焉耆（今新疆焉耆西南）、于闐（今新疆和田）、疏勒（今新疆喀什）等築城設鎮，史稱"安西四鎮"。唐與吐蕃之間圍繞安西四鎮屢有攻奪。垂拱二年（686年），武則天為籠絡人心，下令放棄安西四鎮。永昌元年（689年），吐蕃趁機進佔安西四鎮。武后長壽元年（692年），唐武威軍總管王孝傑等率軍擊破吐蕃，重新收復四鎮。唐王朝吸取前次教訓，遣軍兩萬餘人常駐四鎮，控制了西域地區。

[三]益州：今四川省成都一帶。據《元和郡縣圖志》卷三一《劍南道上》，唐武德元年（618年）稱為益州，州置刺史。貞觀元年（627年），廢除州、郡制，改益州等州為劍南道。垂拱二年（686年），析益州地置蜀州。開元七年（719年）劍南道設劍南節度使，益州屬之。

　　[四]"和親"句：吐蕃與唐王朝此次戰役，見《舊唐書》卷九三《婁師德傳》："征聖元年，吐蕃寇洮州，令師德與夏官尚書王孝傑討之，與吐蕃大將論欽陵、贊婆戰于素羅漢山，官軍敗績，師德貶授原州員外司馬。"

　　[五]河源：即河源軍使，隴右節度使所轄諸軍之一。高宗儀鳳二年（677年）始置河源軍使，駐所在鄯城縣（治今西寧市東郊）。見本書《婁師德》（儀鳳三年）【箋注一】。

　　[六]納言：古官名，出納王命。《尚書·舜典》："命汝作納言，夙夜出納朕命，惟允。"孔傳："納言，喉舌之官，聽下言納於上，受上言宣於下，必以信。"隋避文帝父楊忠諱，改侍中為納言，大業十二年（616年）又改納言為侍內。唐武德四年（621年）改納言為侍中。此處言婁師德為納言，是韓琬後來所記。

　　[七]婁師德（630—699年）：字宗仁，鄭州原武（今河南原陽）人，唐朝宰相、名將。《舊唐書》卷九三有傳。

　　[八]張彥先：南陽人，萬歲通天元年（696年）任監察御史，巡視河源、積石諸軍，其餘生平事蹟不詳。

　　[九]積石：古縣名，今甘肅省積石山保安族東鄉族撒拉族自治縣，唐屬於河源節度使。

【按語】

　　本條材料見《考異》卷一一引《御史臺記》："（萬歲通天二年九月）吐蕃請和親。《御史臺記》：'論欽陵必欲得四鎮……罪于其國。'按師德延載元年一月自同平章事充河源、積石、懷遠等軍營田大使。萬歲通天元年一月為肅邊道行軍總管，與王孝傑同擊吐蕃，敗于素羅漢山，尋貶原州司馬。是歲，吐蕃復求和，欽陵請割四鎮之地。神功元年正月，師德復平章事，九月乃守納言，《臺記》誤也。"

石　抱　忠

石抱忠^[一]檢校天官郎中^[二]，與侍郎劉奇^[三]、張詢古^[四]同知選^[五]。抱忠素非靜慎、劉奇久著清平、詢古通婚名族。將分鈐^[六]，時人語曰："有錢石下好，無錢劉下好，士大夫張下好。"斯言果徵。復與許子儒^[七]同知選，劉奇獨以公清稱^[八]。抱忠·師範·子儒，頗任令史^[九]勾直①^[一〇]，每注官^[一一]，呼曰："勾直乎？"時人又為之語曰："碩學師劉子，儒生用典②言。"抱忠後與奇同棄市^[一二]。選人或為擯抑^[一三]者，復為語曰："今年柿子並遭霜，為語石榴須早摘。"抱忠在始平^[一四]，嘗為諧詩曰："平明發始平，薄暮至何城。庫塔朝雲上，晃池夜月明。略彴^[一五]橋頭逢長史，欃星^[一六]門外揖司兵。一群縣尉驢騾聚，數個參軍鵝鴨行。"

【校勘】

①勾直：《新唐書》卷一九八《儒學上·許子儒傳》作"句直"。
②典：原作"與"，據明鈔本改。

【箋注】

[一]石抱忠：唐代官員，曾任右肅政臺殿中侍御史，檢校天官郎中，證聖元年（695年）以檢校天官郎中知侍郎選事。（嚴耕望《唐僕尚丞郎表》卷三，第101頁）《新唐書》卷一一二《石抱忠傳》："抱忠，長安人，名屬文。初置右臺，自清道率府長史為殿中侍御史，進檢校天官郎中，與侍郎劉奇、張詢古共領

選。寡廉潔,而奇號清平。"嚴耕望《唐僕尚丞郎表》卷三考有載。今《全唐詩》卷八六九存詩一首,即從《御史臺記》錄入。

[二]天官郎中:《周禮》載:"廷分設六官,以天官塚宰居首,總御百官。"唐武后光宅元年(684年)改吏部為天官,旋復舊,故後世亦稱吏部為天官。天官郎中即吏部郎中。唐代郎官作為宿衛近臣,具有接近君主的天然優勢,是士人從地方到中央、從低級到高秩地位遷轉過程中一個十分重要的臺階。

[三]劉奇:則天朝曾任天官侍郎,被酷吏迫害致死。事見《新唐書》卷九〇:《劉政會傳附奇傳》。《新唐書》卷一一二《員半千傳·附石抱忠傳》:"石抱忠,……與侍郎劉奇、張詢古共領選。寡廉潔,而奇號'清平'。"據嚴耕望《唐僕尚丞郎表》卷三,劉奇長壽三年(694年)至天冊萬歲二年(696年)任天官侍郎。

[四]張詢古:兩《唐書》無傳,據《新唐書》卷七十二下《宰相世系表二下》,張詢古乃清河人,曾任吏部侍郎。其父張文收善音律,太宗時官協律郎,與祖孝孫參定雅。咸亨元年(670年),遷太子率更令,卒官。撰有《新樂書》十二卷等,生平事蹟見《舊唐書》卷八十五《張文收傳》、《新唐書》卷一一三《張文收傳》等。張詢古著有《五代新說》,為初唐時期的一部軼事小說,此"五代"指梁、陳、北齊、周、隋,並非唐後之五代。此書原為二卷,分三十門,現存有節錄本。

[五]知選:主持官員銓選、考課之政。《新唐書》卷四六《百官志一》:"尚書一人,正三品;侍郎二人,正四品上;郎中二人,正五品上。……掌文選、勳封、考課之政。以三銓之法官天下之材,以身、言、書、判、德行、才用、勞效較其優劣而定其留放,為之注擬。……吏部郎中,掌文官階品、朝集、祿賜、給其告身、假使,一人掌選補流外官。"

[六]分銓:銓,本為官印,引申為審查、考銓。分銓,即將官員分組進行審查考核。

[七]許子儒:《新唐書》卷一一二《員半千傳·附石抱忠傳》載石抱忠"檢校天官郎中,與侍郎劉奇、張詢古共領選,寡廉潔。"據嚴耕望《唐僕尚丞郎表》卷三,許子儒長壽二年(693年)至證聖元年(695年)任天官侍郎。

[八]"劉奇獨以公清稱"句:《新唐書》卷九〇:"劉政會次子奇,長壽中,為天官侍郎,推薦張鷟、司馬鍠為監察御史,二人因申屠瑒以謝之。奇正色曰:'舉賢自無私,何見謝?'聞者皆竦,後為酷吏陷,被誅。"從其推薦張鷟、司馬鍠二人中可見一斑。

[九]令史:隋唐時期的各省、臺、府、寺等部門,因職務設吏,有令史、書令史、書吏等,皆為低級辦事吏員。

[一〇]勾直:即考核檢查。

[一一]注官:銓敘官職。《新唐書·裴遵慶傳》:裴遵慶"以尚書右僕射復知選事,朝廷優其老,聽就第注官,時以為榮。"

[一二]"抱忠後與奇同棄市"句:見《新唐書》卷一一二《員半千傳·附石抱忠傳》載石抱忠與"侍郎劉奇、張詢古共領選,……二人坐綦連耀伏誅。"綦連耀本洛州錄事參軍,與箕州刺史劉思禮密謀造反。武后萬歲通天二年(697年)為吉頊告發,武后命武懿宗按獄,當時被殺者三十六家,連坐者千餘人。《舊唐書》卷一三六上《酷吏上·吉頊傳》、《新唐書》卷四《則天皇后紀》、《資治通鑒》卷二〇六等均載此事。

[一三]擯抑:即擯斥,排斥抑制。宋·趙汝騰《贈張強赴曲江教》:"彼元忠輩,初志激昂。一遇擯抑,盡斂鋒鋩。"

[一四]始平:古郡名,三國魏黃初元年(220年)改平陵縣置,屬扶風郡。治所在今陝西咸陽市西北一帶。隋大業九年(613年)始移治今興平市,唐景龍二年(708年)改名金城縣。

[一五]略彴:小木橋。《舊五代史·周德威傳》:"去賊咫尺,限此一渠水,彼若早夜以略彴渡之,吾族其為俘矣。"陸遊《閉門》詩:"獨木架成新略彴,一峰買得小嶙峋。"

[一六]櫺星:舊時學宮孔廟的外門,原名靈星門,後改為櫺星門。

【按語】

本條材料見《廣記》卷二五五引《御史臺記》。石抱忠與侍郎劉奇、張詢古、許子儒等同知選事,在兩《唐書》中均有記載,《御史臺記》為材料來源之一。如《新唐書》卷一九八《儒學傳·許子儒傳》:"子儒,長壽中歷天官侍郎,弘文館學士,封潁川縣男,以選事委令史勾直,日偃臥不下筆,時人語曰'勾直平配'。"《御史臺記》所記為當時選人所傳歌謠,可與正史互證。

*張　昌　宗

則天置控鶴府[一]，(吉)頊[二]與易之、昌宗[三]同於府供奉，與昌宗親狎[四]。昌宗自以貴寵逾分，懼不全，請計於頊。頊曰："公兄弟承恩深矣。非有大功於天下，自古罕有全者。唯有一策，苟能行之，豈止全家？亦當享茅土之封[五]耳。除此之外，非頊所謀。"易之兄弟涕泣請之，頊曰："天下思唐德久矣，主上春秋高①，武氏諸王[六]殊非所屬意，公何不從容請立廬陵[七]②，以系生人之望③？"易之乃乘間屢言之，則天意乃易。既④知頊首謀⑤，乃召問頊。頊曰："廬陵、相王[八]，皆陛下子。高宗初托于陛下，唯陛下裁之。"則天意乃定。

【校勘】

①高：《唐會要》卷五一"識量上"作"已高"。

②廬陵：《唐會要》卷五一"識量上"作"廬陵相王"，《大唐新語》卷一作"相王廬陵"。按據下文"廬陵、相王，皆陛下子"之句，《唐會要》及《大唐新語》顯誤。

③以系生人之望：《唐會要》卷五一"識量上"作"以副生民之望"。

④既：《唐會要》卷五一"識量上"作"既而"。

⑤首謀：《唐會要》卷五一"識量上"作"之謀"。

【箋注】

[一]控鶴府：《舊唐書》卷七八《張行成傳易之昌宗附傳》："聖曆二年，置

150

控鶴府官員，以易之為控鶴監、內供奉，餘官如故。久視元年，改控鶴府為奉宸府，又以易之為奉宸令，引辭人閻朝隱、薛稷、員半千並為奉宸供奉。”

〔二〕吉頊：洛州河南（今河南洛陽）人，武周時期歷任明堂尉、右肅政臺御史中丞等。《資治通鑒》卷二〇六：“聖曆元年九月，……戊寅，以狄仁傑為河北道行軍副元帥，右丞宋玄爽為長史，右臺中丞崔獻為司馬，左臺中丞吉頊為監軍使。時太子不行，命仁傑知元帥事，太后親送之。”聖曆二年（699 年）任天官侍郎，同鳳閣鸞臺平章事，諫殺來俊臣、抑武擁唐。事見《舊唐書》卷一八六上《酷吏傳·吉頊傳》。

〔三〕易之、昌宗：《舊唐書》卷七八《張行成傳易之昌宗附傳》：“則天臨朝，通天二年，……兄弟俱侍宮中，皆傅粉施朱，衣錦繡服，俱承辟陽之寵。俄以昌宗為雲麾將軍，行左千牛中郎將；易之為司衛少卿。……神龍元年正月，則天病甚。……宰臣崔玄暐、張柬之等起羽林兵迎太子，至玄武門，斬關而入，誅易之、昌宗於迎仙院，並梟首于天津橋南。”

〔四〕親狎：親近而不莊重。《朱柏廬治家格言》：“狎昵惡少，久必受其累；屈志老成，急則可相依。”

〔五〕茅土之封：指王侯的封爵。古代天子分封王侯時，用代表方位的五色土築壇，按封地所在方向取一色土，包以白茅而授之，作為受封者得以有國建社的表徵。後遂以“茅土之封”代指王侯之封爵。李陵《答蘇武書》：“陵謂足下當享茅土之薦，受千乘之賞。”

〔六〕武氏諸王：指武則天之侄武承嗣，光宅元年（684 年）被授禮部尚書、同中書門下三品。武三思，天授元年（690 年）受封為梁王，遷司空、同平章事。武懿宗，天授元年（690 年）被封為河內郡王。唯武攸緒隱居嵩山，“以琴書藥餌為務，冬居茅椒，夏居石室，一如山林之士”，故得全終。

〔七〕廬陵：即唐中宗李顯（656—710 年），唐高宗李治第七子。弘道元年（683 年）即皇帝位，皇太后武則天臨朝稱制。光宅元年（684 年）被廢為廬陵王先後遷於均州、房州等地。聖曆元年（698 年）召還洛陽，復立為皇太子。神龍元年（705 年）復位。

〔八〕相王：此處指武三思。

【按語】

本條材料見《考異》卷一一引《御史臺記》,又見《大唐新語》卷一"匡贊"、《談賓錄》、《唐會要》卷五一"識量上"等,文字略有不同,疑《大唐新語》、《唐會要》皆本于《御史臺記》。聖曆二年(699年)吉頊任天官侍郎、同鳳閣鸞臺平章事,其同張昌宗謀事應在此前後。"請計於頊"以下,《考異》引《御史臺記》無此一百四十五字,李德輝輯《御史臺記》載之,甚是,今從之。

*吉　項

吉項^[一]貶安固^[二]尉。

【箋注】

[一]吉項:《舊唐書》卷一八六上《酷吏傳·吉項傳》:"吉項,洛州河南人,……聖曆二年臘月,遷天官侍郎、同鳳閣鸞臺平章事。……其年十月,以弟作僞官,貶琰川尉,後改安固尉,尋卒。"

[二]安固:古縣名,今浙江里安市。《元和郡縣圖志》卷二六《江南道二》:"安固縣,……本漢回浦縣地,後漢改回浦為章安,吳分章安于此立羅陽縣,少帝改曰安陽。晉太康元年更名安固,前上元二年自處州割入溫州。"

【按語】

本條材料見《考異》卷一一引《御史臺記》。《考異》載久視元年正月,"吉項貶安固尉。《朝野僉載》《新書》皆云貶琰川尉,今從《御史臺記》。"知《御史臺記》有此文,故録於此。《舊唐書·吉項傳》載"貶琰川尉,後改安固尉",當為確論。

姚　貞　操

　　唐姚貞操[一]云："自余以評事[二]入臺,侯承訓[三]繼入。此後相繼不絕,故知拔茅連茹[四]也。"韓琬以為不然,自則天好法,刑曹望居九寺之首[五]。以此評事多入臺[六],訖今為雅例,豈評事之望,起於貞操耶? 俗議①戲云："畿尉[七]有六道,入御史為佛道②,入評事為仙道,入京尉為人道,入畿丞為苦海道,入縣令為畜生道,入判司[八]③為餓鬼道。"故評事之望[九],起于時君[一〇]好法也,非貞操所能升降之。

【校勘】

　　①俗議:《廣記》作"須議",當為"俗議"之誤,據改。《唐語林校證》卷五作"議者"。

　　②佛道:《南部新書》"辛"部作"天道"。

　　③判司:《南部新書》"辛"部作"判司馬"。

【箋注】

　　[一]姚貞操:唐代有關御史文獻均不載姚貞操,據本條知其武后時期曾任大理寺評事、監察御史。

　　[二]評事:即大理寺評事,屬大理寺屬員,秩正九品,掌同司直,出使推按,參決疑獄等。《新唐書・百官志三》:"大理寺……司直六人,從六品上;評事八人,從八品下。掌出使推按。凡承制推訊長史,當停務禁錮者,請魚書以往。錄事二人。"

[三]侯承訓:唐代有關御史文獻均不載侯承訓,據本條知其武后時期曾任大理寺評事、監察御史。

[四]拔茅連茹:茅:白茅,一種多年生的草;茹:植物根部互相牽連貌;本義指拔起茅草,根相牽連。比喻互相推薦,用一個人就連帶引進許多人。語出《周易·泰》:“拔茅茹以其匯。”王弼注:“茅之為物,拔其根而相牽引者也。茹,相牽引之貌也。”

[五]“刑曹”句:武則天以法理天下,任用酷吏,興告密之風,大理寺的地位空前提高,被認為居九寺之首。

[六]“評事多入臺”:唐代御史臺官員任命有一套完備的制度規定。唐代監察御史的主要來自京畿縣、諫官、幕府等有基層行政經驗的官吏,科舉出身的士子中,亦須相應的基層行政歷練,且堅明勁峭者,才能出任監察御史。因為武則天時期大理寺的地位升高許多,故大理寺評事也是監察御史職務的重要來源之一。

[七]畿尉:畿縣的縣尉。據《元和郡縣圖志》及《新唐書·地理志》載,唐代縣分為十等:赤(京)、次赤、京畿、次京畿、望、緊、上、中、中下、下。實際又簡化為七等:赤(京)、畿、望、緊、上、中、下,據此縣尉亦相應分為七等。赤、畿縣尉或地近京畿、或戶口眾多,地位遠甚于其他縣尉,赤縣尉又高於京畿縣尉。

[八]判司:唐代刺史的主要僚佐有上佐、判司和錄事參軍。判司有司功、司倉、司戶、司兵、司法、司士參軍,對應中央六部,分理地方相應事務。《通典》卷三三《總論郡佐》曰:“自司功以下通謂之判司。”

[九]望:聲望。

[一○]時君:指武則天。

【按語】

本條材料見《廣記》卷二五○引《御史臺記》;《紺珠集》卷七、《類說》卷六《御史臺記》題作“六道”;又見《唐語林》卷五、《南部新書》卷辛。唐代御史為“人君耳目”,掌國家法紀,對整飭吏治、穩定政局有至關重要的作用。而監察官員素質的優劣、才能的高下有直接影響監察職能的發揮。為了保證監察制度的順利運行和監察職能的充分發揮,唐代對御史的選任非常嚴格而慎重,既有對御史基本素質的標準,又有業務素質方面的特殊規定和要求。通過對唐代史料的爬梳,可以發現監察御史的來源主要有下列幾類:

一是赤、畿縣尉。唐代赤縣有六:萬年、長安、洛陽、河南、太原、晉陽,縣令為正五品上;畿縣有八十二個,其中史料中頻繁出現的有藍田、咸陽、渭南、醴泉、盩厔、鄠縣、鄭縣、白水、上蔡、武功、江都等,縣令為正六品上。唐代士子釋褐初次絕少授京、畿縣尉職務,此職是士人數年累遷才能得到的"美職"。赤、京畿縣的令、丞、尉、主簿有著管理大縣的行政經驗,終唐之世一直是監察御史的重要來源之一,不少人通過此職位升為監察御史,如"則天令雍州長史薛季昶擇僚吏堪為御史者,季昶以聞齊卿,薦長安尉盧懷慎、李休光,萬年尉李乂、崔湜,咸陽丞倪若水,盩厔尉田崇辟,新豐尉崔日用,後皆至大官。"(《舊唐書》卷八一《盧承慶傳》)這是明顯的由京、畿縣職升遷監察御史的例子。

二是幕府。唐開元以後,各地方節度威權漸重,"遊宦之士,至以朝廷為閑地,為幕府為要津。"不少士子走"科舉——入幕——監察御史"的入仕途徑。在幕府積累了一定的基層行政經驗後,不少人也由此進入御史臺,特別是開元以後,幕府成為監察御史的重要來源之一。如喬琳"累授興平尉。朔方節度郭子儀辟為掌書記,尋拜監察御史。"(舊唐書》卷一二七《喬琳》)李棲筠"遷安西封常清節度府判官。常清被召,表攝監察御史。"(新唐書》卷一四六《李棲筠傳》)

三是拾遺、補闕。諫官盡職盡忠進諫,"朝廷得失無不言,天下利害無不察",在拾遺、補闕職位上歷練之後,必能洞察朝政得失,具有較好的監察能力,加之諫官直言直諫的剛正性格,無疑是擔任監察御史的理想人選。由諫官升任監察御史者不在少數,如:元稹"稹九歲能屬文。十五兩經擢第。二十四調判入第四等,授秘書省校書郎。二十八應制舉才識兼茂、明於體用科,登第者十八人,稹為第一,元和元年四月也。制下,除右拾遺。……丁母憂,服除,拜監察御史。"(《舊唐書》卷一六六《元稹傳》)柳澤"景雲中為右率府鎧曹參軍,……澤上疏諫曰:'臣聞藥不毒不可以蠲疾,詞不切不可以補過。故習甘旨者,非攝養之方;邇諛佞者,積危怠之本。……'睿宗覽而善之,令中書省重

詳議，擢拜監察御史。"（《舊唐書》卷七七《柳澤傳》）

　　四是法曹官員。明法典是唐代選拔御史時非常重視的一個標準。在包括御史在內的所有官員的考選中，是否明法典一直是銓選的主要内容之一。唐代趙匡制定的《舉選例》對此有明確要求："不習經書史，無以立身；不習法理，無以效職。人出身以後，當宜習法。其判問請皆問以時事疑獄，令約律文斷決。其有既依律文，又約經義，文理宏雅，超然出群，為第一等。其斷以法理，參以經史，無所虧失，粲然可觀，為第二等。判斷依法，頗有文彩，為第三等。頗約法式，直書可否，言雖不文，其理無失，為第四等。外不收，但如曹判及書題，如此則可，不得拘以聲勢文律，翻失其真。故合於理者，數句亦收；乖於理者，詞多亦舍。其倩人暗判，人閑謂之判羅，此最無恥，請榜示以懲之。"（《全唐文》卷三五五）不少刑部、大理寺官員及錄事參軍，也多升遷擔任御史職務。這些法官被提拔至御史職務，一個重要原因就在於他們熟悉刑名，有法律方面的歷練，無疑是任御史的合適人選。本條材料中"御史為佛道、入評事為仙道"等唐代俗語，從一個側面說明唐人心目中的御史地位。

＊王　求　禮

長安元年……三月。是月，大雪。蘇味道[一]以為瑞。帥百官入賀。殿中侍御史王求禮[二]曰：“宰相調燮陰陽，而致雪降暮春，災也，安得為瑞？如三月雪為瑞雪，則臘月雷為瑞雷乎？”既入，求禮獨不賀。進言曰：“今陽和布氣，草木發榮，而寒雪為災，豈得誣以為瑞！賀者皆諂諛之士也。”

【箋注】

[一]蘇味道：武后時期宰相。《新唐書》卷一一四《蘇味道傳》：“蘇味道，趙州欒城人。……延載中，以鳳閣舍人檢校侍郎、同鳳閣鸞臺平章事，歲餘為真。……聖曆初，復以鳳閣侍郎、同鳳閣鸞臺三品。”

[二]王求禮：許州長社人，武后時期曾任左拾遺、監察御史、左臺殿中侍御史，以剛正感言著稱。《舊唐書》卷一〇一《王求禮傳》：“王求禮，許州長社人。則天朝為左拾遺，遷監察御史。性忠謇敢言，每上封彈事，無所畏避。……時三月雪，鳳閣侍郎蘇味道等以為瑞，草表將賀，求禮止之曰：‘宰相調燮陰陽，而致雪降暮春，災也，安得為瑞？如三月雪為瑞雪，則臘月雷亦瑞雷也。’舉朝嗤笑，以為口實。求禮竟以剛正，名位不達而卒。”《新唐書》卷一一二：“王求禮，許州長社人，武后時，為左拾遺、監察御史。”《舊唐書》卷一八七《忠義傳上·王求禮傳》：“求禮累遷左臺殿中侍御史。”《資治通鑒》卷二〇七：“大足元年……三月，是月，大雪，蘇味道以為瑞，帥百官入賀。殿中侍御史王求禮止之曰：‘三月雪為瑞雪，臘月雷為瑞雷乎？’味道不從。既入，求禮

獨不賀，進言曰：‘今陽和布氣，草木發榮，而寒雪為災，豈得誣以為瑞！賀者皆諂諛之士也。’太后為之罷朝。”

【按語】

本條材料見《考異》卷一一引《御史臺記》。《考異》曰：“（長安元年）三月，王求禮不賀雪。《統紀》在延載元年（694 年）；《僉載》在長安元年（701年）。《統紀》云左拾遺；《僉載》云侍御史；《御史臺記》云殿中侍御史。《統紀》云味道無以對；《舊傳》云求禮止之，味道不從。今年從《僉載》，官從《臺記》，事則參取諸書。”今從《通鑒》按《考異》引《統紀》《朝野僉載》《舊傳》《御史臺記》只是時間、官職有異，事並無不同。從中亦可見王求禮是一位性情剛直，忠謇敢言的監察官。

【匯評】

宋·呂陶《王求禮》：“春晚梨花忽盛開，滿朝稱賀不稱災。景佺求禮真奇論，冬月如何有瑞雷？”

*馮　嘉　賓

　　嘉賓[一]為中丞[二]，神龍中起復，持節甘、涼。時郭元振[三]都督涼州，奏中書令宗楚客[四]受娑葛[五]金兩石，請紹封為可汗，楚客憾之。既用事，時議云，委嘉賓與侍御史呂守素[六]按元振。元振竊①知之，乃諷番落害嘉賓于驛中，獲函中敕云："元振父亡，匿不發喪，至是為發之，仍按其不臣之狀，便誅之。"元振以為偽敕，具以聞。

【校勘】

　　①竊：陶敏《全唐五代筆記》作"且"。

【箋注】

　　[一]嘉賓：即馮嘉賓，唐景龍二年（708年）任御史中丞。《舊唐書》卷九七《郭元振傳》："……楚客等既受闕啜之賂，乃建議遣攝御史中丞馮嘉賓持節安撫闕啜，御史呂守素處置四鎮，持璽書便報元振。"

　　[二]中丞：指御史中丞，是御史大夫的副職。唐代御史中丞設二員，其中一名在長安作為御史大夫的副手掌御史臺工作，另一員在東都洛陽主持東都留臺的工作。《唐六典》卷一三《御史臺》載："御史大夫之職，掌邦國刑憲典章之政令，……中丞為之貳。"可見，御史中丞作為御史大夫的副手，其工作職責是輔助御史大夫共同履行其職責。需要指出的是，唐"安史之亂"前，御史中丞主要作為御史大夫的副手，協助御史大夫工作。"安史之亂"後的大部分時間，御史中丞實際上是御史臺的負責人。如穆宗時期著名政治家李德裕、牛僧

儒,敬宗時的王璠、獨孤郎,文宗時的溫造、宇文鼎、丁居晦、高元裕,武宗的李回,宣宗時期的封敖、令狐陶等,都曾做過御史中丞。

[三]郭元振(656—713 年),名震,字元振,魏州貴鄉(今河北省邯鄲市大名縣)人,唐朝名將、宰相。《全唐文》卷二三三張說《郭代公行狀》:"及上即位,宿中書十四日,獨知政事。……尋兼御史大夫天下行軍大元帥。"《全唐文》卷二〇五"小傳":"震,字元振,以字顯,魏州貴鄉人。……以誅太平公主功進封代國公兼御史大夫。"《新唐書》卷一二二《郭元振傳》:"郭震,字元振,魏州貴鄉人,以字顯,長七尺,美須髯,少有大志。……十八舉進士,為通泉尉。任俠使氣……武后知所,召欲詰,既與語,奇之,索所為文章,上《寶劍篇》,后覽嘉歎,詔示學士李嶠等,即授右武衛鎧曹參軍,進奉宸監丞。……楚客等因建遣攝御史中丞馮嘉賓持節安撫闕啜,以御史呂守素處置四鎮,以牛師獎為安西副都護,代元振領甘、涼兵,召吐蕃並力擊娑葛……睿宗立,召為太僕卿。……景雲二年,進同中書門下三品,遷吏部尚書,封館陶縣男。先天元年,為朔方軍大總官,……明年,以兵部尚書復同中書門下三品。玄宗誅太平公主也,睿宗御承天門,諸宰相走伏外省,獨元振總兵扈帝,事定,宿中書者十四昔乃休。進封代國公,實封四百戶,賜一子官,物千段。俄又兼御史大夫,復為朔方大總管,以備突厥。"

[四]宗楚客(? —710 年):字叔敖,蒲州(今山西永濟縣西)人,唐代宰相、詩人。高宗時舉進士,武后時累遷戶部侍郎。後因姦贓罪流放嶺南,歲餘召還。唐中宗時,封郢國公,官至中書令,與紀處訥同為韋后心腹,世號"宗紀"。景龍四年(710 年)六月,李隆基率兵誅韋后,楚客亦伏誅。宗楚客工詩,《全唐詩》錄其詩六首。《舊唐書》卷九二、《新唐書》卷一〇九有傳。

[五]娑葛:唐代西域地區出現了唐、吐蕃、西突厥、後突厥四方爭奪的復雜局面。在此過程中,突騎施部落逐漸興起,並形成了新的突騎施汗國,娑葛即是西突厥別部突騎施汗國的第一任可汗。《舊唐書》卷九七《郭元振傳》載:"楚客又奏請周以悌代元振統眾,徵元振,將陷之。使阿史那獻為十姓可汗,置軍焉者以取娑葛。娑葛遺元振書曰:……元振奏娑葛狀。楚客怒,奏言元振有異圖。……復以元振代以悌,赦娑葛罪,冊為十四姓可汗。"

[六]吕守素:唐景龍二年(708年)任侍御史。《舊唐書》卷九七《郭元振傳》:"……楚客等既受闕啜之賂,乃建議遣攝御史中丞馮嘉賓持節安撫闕啜,御史吕守素處置四鎮,持璽書便報元振。"《資治通鑒》卷二〇九:"景龍二年……十一月,……遣馮嘉賓持節安撫忠節,侍御史吕守素處置四鎮,以將軍牛師獎為安西副都護。"又見《全唐文》卷二三三《郭代公行狀》。

【按語】

本條材料見《考異》卷一二引《御史臺記》。郭元振奏宗楚客事,《舊唐書》卷九七《郭元振傳》,《全唐文》卷二三三張説撰《郭代公行狀》均有記載。《新唐書》卷四《中宗紀》:"景龍二年……十一月庚申,西突厥寇邊,御史中丞馮嘉賓使于突厥,死之。"景龍二年即708年。

李 師 旦

　　唐李師旦[一]①,新豐[二]人也,任會稽[三]尉。國忌日廢務,飲酒唱歌杖人,為吏所訟。御史蘇味道[四]按之,俱不承引[五]。味道屬而謂曰:"公為官,奈何不守法而違犯若是?"將罪之。師旦請更問,乃歎[六]曰:"飲酒法所不禁,況飲藥酒耶? 挽歌[七]乃是哀思。撻人吏事緣急速。侍御何譴[八]為?"味道曰:"此反白為黑漢,不能繩之。"

【校勘】

①李師旦:《舊唐書》卷一八五下《良吏下·李尚隱》作"李師"。

【箋注】

　　[一]李師旦:新豐人,曾任會稽[三]尉、桐廬令等職,曾為睦州刺史馮紹泰所誣,左臺監察御史李尚隱覆按,平反其冤。《新唐書》卷一三〇《李尚隱傳》:"神龍中,……時又有睦州刺史馮昭泰,誣奏桐廬令李師等二百餘家,稱其妖逆,詔御史按覆之。諸御史憚昭泰剛愎,皆稱病不敢往。尚隱歎曰:'豈可使良善陷枉刑而不為申明哉!'遂越次請往,竟推雪李師等,奏免之。"《舊唐書》卷一八五下《良吏下·李尚隱傳》亦載此事,作"李師"。

　　[二]新豐:縣名,漢高祖七年置,唐廢,治所在今陝西省臨潼縣西北。本秦驪邑,漢高祖定都關中,其父太上皇居長安宮中,思鄉心切,鬱鬱不樂。高祖乃依故鄉豐邑街里房舍格局改築驪邑,並遷來豐民,改新豐。南朝·宋·鮑照《數名詩》:"五侯相餞送,高會集新豐。"

[三]會稽:古州郡名,在今浙江紹興一帶。唐武德四年復置越州,領會稽、諸暨、山陰三縣。儀鳳二年(677年),分會稽、諸暨二縣復置永興縣,天寶元年改為蕭山縣。垂拱二年,分會稽縣復置山陰縣,與會稽縣同城而治。天寶元年,改越州為會稽郡,領七縣:會稽、山陰、諸暨、餘姚、剡、蕭山、上虞。乾元元年復為越州。

[四]蘇味道:趙州欒城(今河北石家莊市欒城區)人,唐代著名政治家、文學家。則天延載元年(694年)入朝為鳳閣舍人、檢校侍郎同鳳閣鸞臺平章事。證聖元年(695年)與張錫坐法下獄,后復召為天官侍郎。蘇味道與杜審言、崔融、李嶠並稱為“文章四友”,與李嶠並稱“蘇李”,兩《唐書》有傳。據《全唐文》卷三四三顏真卿《唐開府儀同三司行尚書右丞相上柱國贈太尉廣平文貞公宋公神道碑銘》:“……公諱璟,……相國蘇味道為侍御史出使,精擇判官,奏公為介。公作《長松篇》以自興,《梅花賦》以激時,蘇深賞歎之,……轉合宮尉。長壽三年從調,判入高等。”《新唐書》卷一一四《蘇味道傳》:“蘇味道,趙州欒城人。……延載中,以鳳閣舍人檢校侍郎、同鳳閣鸞臺平章事,歲餘為真。”宋璟長壽三年(694年)由合宮尉從選,其由蘇味道判官轉合宮尉應在天授三年(691年),蘇味道以侍御史身份出使當在本年前後。

[五]承引:招認罪行。《魏書·刑罰志》:“或拷不承引,依證而科;或有私嫌,強逼成罪。”

[六]歎:吟誦,此處作侃侃而談講。《說文》:“歎,吟也。”晉·盧諶《覽古詩》:“智勇蓋當代,弛張使我歎。”

[七]挽歌:中國古代常用的哀祭文體之一,先秦時代即已出現各種挽歌形態,至漢代漸成風氣,為“送終之禮”。晉唐時期,文人多有挽歌創作,挽歌折射出古人的特殊心態與審美風尚。崔豹《古今注》卷中“音樂”載:“《薤露》《蒿里》,並喪歌也,出自田橫門人。橫自殺,門人傷之,為作悲歌。言人命如薤上露,易晞滅也。……至孝武時,李延年乃分二章為二曲,《薤露》送王公貴人,《蒿里》送士大夫、庶人,使挽柩者歌之,世亦呼為挽歌。”

[八]譴:譴責、辱罵。

【按語】

本條材料《廣記》卷二五九引《御史臺記》。御史職位向被視為"清要之職""宰輔先路",但權力和義務是統一的,御史的工作对象是皇帝和文武百官,上要規諫天子,下須彈劾百官,往往是"上逆龍鱗而犯忌諱,下結仇怨而取禍患"。(《陳謹始之道以隆聖業疏》)決定了御史職務高風險、高壓力的職位特點。御史以彈劾為基本職責,其剛正之性格,見姦佞必欲除之。姦佞邪惡之徒,口蜜腹劍、巧舌如簧,視御史為眼中釘,必想方設法打擊報復、設計陷害。這種正、邪之間的尖銳對立和衝突,勢必增加御史彈劾的壓力和御史的職業的風險。事實上,唐代御史因彈劾姦佞而受打擊、報復、迫害之例,不勝枚舉。如《資治通鑒》卷二一〇載,睿宗景雲元年"侍御史楊孚彈糾不避權貴,權貴毀之。上曰:'鷹搏狡兔,須急救之,不爾須反為所噬,御史繩姦佞亦然。苟非人主保衛之,則亦為姦佞所噬矣'"。侍御史楊孚因彈劾權貴,遭到權幸報復。此段材料雖為諧謔文字,然亦從一個側面說明唐代御史的監察職能及日常監察百僚的情況。

韓琬

　　唐韓琬[一]與張昌宗[二]、王本立[三]同遊太學。博士[四]姓張,即昌宗之從叔,精五經[五],懵於時事。畜一雞,呼為"勃公子",愛之不已。每講經①,輒集于學徒中②。或攫破書,比[六]逐之,必被嗔責曰:"此有五德[七],汝何輕之?"昌宗嘗為此雞被杖。本立與琬,頗不平之,曰:"腐儒不解事,為公殺此雞。"張生素取學徒回殘食料,本立以業長,乃見問合否? 本立曰:"明文案即得。"張生喜,每日受之,皆立文案。他日,張生請假,本立舉牒[八],數雞罪,殺而食之。及張生歸學,不見雞,驚曰:"吾勃公子何在?"左右報"本立殺之。"大怒云:"索案來,索案來。"見數雞之罪,曰:"縱如此,亦不合死。"本立曰:"雞不比人,不可加笞杖,正合殺。"張以手再三拍案,曰:"勃公子,有案時,更知何道。"當時長安,以有案,動曰為實。故知耽[九]玩經史者,宜詳時事。不然,何古人號為愚儒、樸儒、腐儒、瞽儒耶? 亦可貽誡子弟。

【校勘】

①經:"經"字原缺,據《廣記》明鈔本補。
②中:原作"巾",據《廣記》明鈔本改。

【箋注】

　　[一]韓琬:據韓思彥、韓琬、王本立生平考察,本條材料應作"韓思彥",詳見本條【按語】。韓琬事蹟不見於《舊唐書》,歐陽修編撰《新唐書》,始為韓琬

立傳。《新唐書》卷一一二《韓琬傳》:"琬字茂貞,喜交酒徒,落魄少崖檢。有姻勸舉茂才,名動里中。刺史行鄉飲餞之,主人揚觶曰:'孝于家,忠於國,今始充賦,請行無算爵。'儒林榮之。擢第,又舉文藝優長、賢良方正,連中。拜監察御史。"據孟二冬《登科記考補正》考證,韓琬於天冊萬歲二年(696年)中文藝優長科,神龍三年(707年)舉賢良方正能直言極諫科,因受監察御史。

[二]張昌宗:據文意,該張昌宗與武則天面首之張昌宗為兩人。

[三]王本立:武后高宗時期官員。《舊唐書》卷四四《職官志三》:龍朔元年(661年)"以王本立為監察裏行也。"《唐會要》卷六〇"御史臺上":龍朔元年(661年)八月"忻州定襄縣尉王本立為監察御史,裏行之名始於此。"《舊唐書》卷六本紀第六《則天皇后》:載初元年(690年)八月"左肅政御史大夫王本立同鳳閣鸞臺三品。"《新唐書》卷六一《宰相表上》:"載初元年三月甲寅,本立守左肅政臺御史大夫。"

[四]博士:唐代學官名。唐代國子監下設國子、太學、四門、律、算、書等六學,各學皆立博士,設祭酒一員,掌監學之政,並為皇太子講經。韓愈《進學解》:"子先生晨入太學,招諸生立館下,誨之曰:'業精於勤荒於嬉,行成于思隳於隨。'……三年博士,冗不見治。命與仇謀,取敗幾時。"

[五]五經:儒家將《詩經》《尚書》《儀禮》《易經》《春秋》稱為"五經",為儒家之經典。

[六]比:相鄰、附近。王勃《送杜少府之任蜀州》:"海內存知己,天涯若比鄰。"。

[七]五德:古代有"雞有五德"之說,見《韓詩外傳》:"頭戴冠者,文也;足傅距者,武也;敵在前敢鬥者,勇也;見食相呼者,仁也;守時不失者,信也。"

[八]牒:古代書寫用的竹木簡牘。《說文》:"版,劄也。"後來指官府的文書。

[九]耽:沉湎。《詩經·氓》:"於嗟女兮,無與士耽。士之耽兮,猶可說也。女之耽兮,不可說也。"

【按語】

本條材料見《廣記》卷二五九引《御史臺記》。韓琬是初盛唐之交時期人物,孟二冬《登科記考補正》考證,韓琬於天冊萬歲二年(696年)中文藝優長科,神龍三年(707年)舉賢良方正能直言極諫科,受監察御史。而在此六年之前的載初元年(690年),王本立已經是"左肅政御史大夫王本立同鳳閣鸞臺三品。"(《舊唐書·則天皇后》)可見,韓琬不可能與王本立"同遊太學"。又《新唐書》卷一一二《韓思彥傳》載:"韓思彥,字英遠,鄧州南陽人。遊太學,事博士谷那律。"疑該文中"韓琬"應為"韓思彥",為韓琬追記其父之舊事。然此文仍有其價值,"韓琬能將博士的迂腐及其暗于現實之事告誡子弟,與他經歷過喜交酒徒的抑鬱的青年時代,從而深刻體驗社會現實、瞭解下情有關。"(池田溫《唐研究論文選集》第359頁)

論

　安危在於政。政以法，暫安焉必危；以德，始不便焉終治。夫法者，智也；德者，道也。智，權宜也；道，可以久大也。故以智治國，國之賊；不以智治國，國之福。貞觀、永徽之間，農不勸而耕者眾，法施而犯者寡；俗不偷薄，器不行窳；吏貪者士恥同列，忠正清白者比肩而立；罰雖輕而不犯，賞雖薄而勸；位尊不倨，家富不奢；學校不勵而勤，道佛不懲而戒；土木質厚，褌販[一]弗蚩。其故奈何？維以皇道也。自茲以來，任巧智，斥謇諤[二]；趨勢者進，守道者退；諧附者無黜剝之憂，正直者有後時之歎；人趨家競，風俗淪替。其故奈何？行以霸道也。貞觀、永徽之天下，亦今日天下，淳薄相反，由治則然。

　夫巧者知忠孝為立身之階，仁義為百行之本，託以求進，口是而心非，言同而意乖，陛下安能盡察哉！貪冒者謂能，清貞者謂孤，浮沉者為黠，剛正者為愚。位下而驕，家貧而奢。歲月漸漬，不救其弊，何由變浮之淳哉？不務省事而務捉搦[三]。夫捉搦者，法也。法設而滋章[四]，滋章則盜賊多矣。法而益國，設之可也。比法令數改，或行未見益，止未知損。譬弈者一棋為善，而復之者愈善，故曰設法不如息事，事息則巧不生。聖人防亂未然，天下何繇不治哉？

　永淳時，雍丘令尹元貞[五]坐婦女治道免官，今婦夫女役常不知怪。調露時，河內尉劉憲[六]父喪，人有請其員者，有司以為名教不取，今謂為見機。太宗朝，司農以市木橦倍價抵罪，大理孫伏伽言：“官木橦貴，故百姓者賤。臣見司農識大體，未聞其過。”太宗曰：“善。”今和市顯刻剝,名為和而實奪之。往者學生、佐史、里正每一員闕,擬者十人,今當選者亡匱以免。往選司從容有禮,今如仇敵賈販。往官將代,儲什物俟其至;今交罷,執符紛競校在亡。往商賈出入萬里,今市井至失業。往家藏鏹積粟相夸,今匱齎示贏以相尚。往夷狄款關,今軍屯積年。往召募,人賈其勇;今差勒,闔宗逃亡。往倉儲盈衍,今所在空虛。

夫流亡之人非愛羈旅、忘桑梓也,斂重役亟,家產已空,鄰伍牽連,遂為遊人。窮詐而犯禁,救死而抵刑。夫亂繩已結,急引之則不可解。今刻薄吏能結者也,舉劾吏能引者也,則解者不見其人。願取奇材卓行者,量能授官。

【箋注】

[一]褲販:小商小販。《新唐書·陸贄傳》:"方且稅侯王之廬,算褲販之緡,貴不見優,近不見異,羣情嚚然而關畿不寧矣。"

[二]謇諤:剛正敢言。《舊唐書》卷八八《韋思謙傳》:"思謙性謇諤,顏色莊重,不可犯。見王公,未嘗屈禮。或以為譏,答曰:'耳目官固當特立,雕鶚鷹鸇,豈眾禽之偶,奈何屈以狎之?'"

[三]捉搦:捉捕、捉拿、通緝。《全唐文》卷蘇頲《禁斷女樂敕》:"睠茲女樂,事切驕淫,傷風害政,莫斯為甚……仍令御史金吾,嚴加捉搦。"

[四]滋章:指法令森嚴,令人生畏。司馬遷《史記·酷吏列傳》:"法令滋章,盜賊多有。"

[五]尹元貞:武后時期官吏,曾任雍丘令、曲阿令,後被李敬業所殺。《舊唐書》卷一八七上《忠義傳上》:"尹元貞,瀛州河間人也。在曲阿,聞敬業攻陷潤州,率兵赴援。及戰敗,被擒。敬業臨以白刃,脅令附己,將加任用。元貞詞色慷慨,竟不之屈,尋遇害。敬業平,贈潤州刺史,諡曰壯。"

[六]劉憲:唐武則天至睿宗時期曾任左臺監察御史、給事中、鳳閣舍人、太僕少卿、崇文館學士等,是初唐著名官吏、文士,有《文集》卅卷。《舊唐書·文苑傳》《新唐書·文藝傳》中均有傳。劉憲父喪事,兩《唐書》無載。據新出

土《劉憲墓誌銘》，劉憲母親去世，服喪期滿後，就任河内武德縣尉。高宗調露年間，在河内武德尉任上，其父劉思立去世，此即文中所說"調露時，河内尉劉憲父喪。"詳見毛陽光《新出土唐劉憲墓誌疏證》（《中原文物》2013 年第 1 期）。

【按語】

本條材料見《新唐書》卷一一二《韓琬傳》。晁公武《郡齋讀書志》卷七曰："《御史臺記》十二卷，右唐韓琬撰。載唐初至開元御史制度故事。以大夫、中丞、侍御史、殿中、監察主簿、錄事，分門載次名氏行事。著《論》一篇，敘御史正邪得失、進擢誅滅之狀，附卷末以為世戒。"《新唐書》編撰過程中，特意為韓琬立傳，也許正是受韓琬《御史臺記》影響之故。《新唐書》卷一一二《韓琬傳》的材料，很大程度上應來源於《御史臺記》，其中韓琬上述論御史臺得失的内容，應即《御史臺記》卷一二之"著論"，故系於此。

蕭　誠

　　唐蕭誠[一]初拜員外，于朝列安閒自若。侍御史王旭[二]曰："蕭子從容省達。"韓琬[三]應聲答曰："蕭任司錄[四]，早已免杖，豈止今日方省撻[五]耶？"聞者歡笑。

【箋注】

　　[一]蕭誠：生平不詳，與武后時期酷吏王旭、監察御史韓琬等同時，知其武后時期曾任司錄參軍。

　　[二]王旭：太原祁縣（今山西省祁縣南）人，武后時期酷吏，曾任"為吏嚴苛，左右無敢支吾，每銜命推劾，一見無不輸款者"，後貶為龍平尉，憤恚而死。《舊唐書·李傑傳》："開元初，護橋陵作，引侍御史王旭為判官。旭貪冒受賜，傑將繩之而不得其實，反為所構。新傳同。"《新唐書·陸南金傳》："開元初，詔侍御史王旭捕按盧崇道獄。"《朝野僉載》："監察御史李嵩、李全交、殿中王旭，京師號為'三豹'。"

　　[三]韓琬：武后至玄宗開元年間任監察御史等職。據孟二冬《登科記考補正》考證，韓琬於天冊萬歲二年（696年）中文藝優長科，神龍三年（707年）舉賢良方正能直言極諫科，因受監察御史。唐景雲（710—712年）年間，韓琬以監察御史身份出監河北軍，兼按察使。先天（712—713年）中，賦絹非時，於是穀賤縑益貴，丁別二縑，人多徙亡。琬曰："御史乃耳目官，知而不言，尚何賴？"開元中遷殿中侍御史，是初盛唐之交時期的資深監察官。《新唐書》卷一一二《韓琬傳》："琬字茂貞，喜交酒徒，落魄少崖檢。有姻勸舉茂才，名動里中。刺史行鄉飲餞之，主人揚觶曰：'孝于家，忠於國，今始充賦，請行無算

爵。'儒林榮之。擢第,又舉文藝優長、賢良方正,連中,拜監察御史。"

[四]司錄:官名,即司錄參軍,唐代地方監察制度由巡察使的監督和錄事參軍的監督兩部分組成。唐各都督府、都護府、羽林、龍武、神武各軍府等,均設錄事參軍,"皆操紀律,糾正諸曹,與尚書省左右丞,綱紀《六典》略同。"京府的錄事參軍則改稱司錄參軍。

[五]省撻:此處"省撻"與"省達"為諧音,故聞者歡笑,為一時笑談之語。

【按語】

本條材料見《廣記》卷二五〇引《御史臺記》。據文意,蕭誠,與武后時期酷吏王旭、監察御史韓琬等同時,故系於此。

嚴　昇　期

　　唐洛州司倉^[一]嚴昇期攝侍御史，于江南巡察，性嗜牛肉，所至州縣，烹宰極多。事無大小，入金則弭^[二]。凡到處，金銀為之湧貴，故江南人呼為"金牛御史"。

【箋注】

　　[一]司倉：即司倉參軍事，隋唐時期官名。隋文帝開皇三年（583 年）于諸衛、太子諸率、諸王府、渚州改倉曹參軍事而置。唐高祖武德（618—626 年）中諸王府、玄宗開元（713—741 年）初諸衛、太子諸率先後復名倉曹參軍事，掌租調、公廨、庖廚、倉庫、市肆等事宜，諸州各置一人，上州從七品下，中州正八品下，下州從八品下。

　　[二]弭：消除、平息。《說文》："弭，弓無緣，可以解轡紛者。"《國語·周語上·召公諫厲王弭謗》："吾能弭謗矣。"

【按語】

　　本條材料《廣記》卷二四三注出《朝野僉載》，明鈔本作出《御史臺記》。蓋兩見於《御史臺記》及《朝野僉載》。

＊鄭 杲

天官侍郎鄭杲[一]①。

【校勘】

①鄭杲:《考異》卷一一曰:"舊、新《傳》皆作'鄭善果'。按善果乃高祖時人,新、舊《傳》皆誤,當從《御史臺記》。"

【箋注】

[一]鄭杲:嚴耕望《唐僕尚丞郎表》卷三考聖曆三年(700 年)、長安三年(703 年)鄭杲任吏部侍郎。又見《唐會要》卷七五"藻鑒":"聖曆二年,吏部侍郎鄭杲注韓復為太常博士。"

【按語】

本條材料見《考異》卷一一:"鄭杲謂宋璟余何卿五郎"注引《御史臺記》,又見《大唐新語》卷二"剛正"。宋璟心性耿直、不畏強權、孤標傑出、峻節無侶之個性特徵亦躍然紙上。

【相關補錄】

《大唐新語》卷二"剛正":"張易之、昌宗方貴寵用事,潛相者言其當王,險薄者多附會之。……時朝列呼易之、昌宗為五郎、六郎,璟獨以官呼之。天官侍郎鄭杲謂璟曰：'中丞奈何喚五郎為卿。' 璟曰：'鄭杲何庸之甚，若以官秩，正當卿號；若以親故，當為張五郎、六郎矣。足下非張氏家僮，號五郎、六郎何也！' 杲大慚而退。"

*宋　　璟

易之、昌宗冀（宋）璟使後[一]①，當列狀誅璟②。

【校勘】

①使後：《大唐新語》卷二"剛正"作"出使"。
②列狀誅璟：《大唐新語》卷二"剛正"作"別以事誅之"。

【箋注】

[一]使後：指武后詔令宋璟"副李嶠使蜀"事，詳見《大唐新語》卷二"剛正"載。

【按語】

本條材料見《考異》卷一一："太后敕璟出使，璟不行。"注曰："《御史臺記》載'易之、昌宗冀（宋）璟使後，當列狀誅璟。'"又見《大唐新語》卷二"剛正"。

【相關補錄】

《大唐新語》卷二"剛正"："宋璟，則天朝以頻論得失，內不能容，而憚其公正，乃敕璟往揚州推按。奏曰：'臣以不才，叨居憲府，按州縣乃監察御史事耳，今非意差臣，不識其所由，請不奉制。'無何，復令按幽州都督屈突仲翔。璟復奏曰：'御史中丞，非軍國大事不當出使。且仲翔所犯，贓汙耳。今高品有侍御史，卑品有監察御史，今敕臣，恐非陛下之意，當有危臣，請不奉制。'月餘,優詔令副李嶠使蜀。嶠喜,召璟曰:‘叨奉渥恩,與公同謝。’璟曰:‘恩制示禮數,不以禮遣璟,璟不當行,謹不謝’。乃上言曰:‘臣以憲司,位居獨坐。今隴蜀無變,不測聖意令臣副嶠何也?恐乖朝廷故事,請不奉制。’”

* 宋　璟

（宋）璟收按易之。……時（宋）璟家婚禮，易之等伺[一]其夕以刺之，有密以告者，璟乘車①舍於他所，乃免。

【校勘】

①乘車：《唐語林》作“乘事”，《新唐書》卷一二四《宋璟傳》作“乘庫車”。

【箋注】

[一]伺：窺察、窺伺。《方言》：“伺，視也”。唐·柳宗元《童區寄傳》：“童微伺其睡，以縛背刃，力上下，得絕。”

【按語】

本條材料見《考異》卷一一：“璟按張昌宗，太后遣使赦之”注曰：“《御史臺記》《唐曆》《舊傳》並載‘收按易之等’。按璟止鞠昌宗占相事耳。無緣及易之。今所不取。……《舊》宋璟、張易之傳自相違，自從《御史臺記》。”又見《大唐新語》卷二“剛正”。《資治通鑒》載宋璟事在長安三年（703 年）。

* 張 柬 之

　　張柬之^[一]勒兵于景運門,將收^①諸武誅^[二]之^②,彦範^[三]既以事竟^③,不欲廣^④誅戮,遽^[四]解其兵^⑤。柬之固爭,不果。

【校勘】

①收:《大唐新語》卷五作"引"。

②誅之:《大唐新語》卷五作"以誅之"。

③既以事竟:《大唐新語》卷五作"以大功既立"。

④廣:《大唐新語》卷五作"多"。

⑤兵:《大唐新語》卷五作"縛"。

【箋注】

　　[一]張柬之(625—706年):字孟將,襄州襄陽(今湖北襄陽市)人。神龍元年(705年)正月,張柬之聯合桓彦範、敬暉等人,發動神龍政變,擁立唐中宗李顯復位,復辟唐朝。拜吏部尚書,封漢陽郡公,為一代唐名相。《舊唐書》卷九一《張柬之傳》:"張柬之,字孟將,襄州襄陽人也。少補太學生,涉獵經史,尤好《三禮》,……進士擢第,累補青城丞。永昌元年,以賢良征試,同時策者千餘人,柬之獨為當時第一,擢拜監察御史。……則天登時召見,尋同鳳閣鸞臺平章事。……及誅張易之兄弟,柬之首謀其事。"《新書》卷一二〇《張柬之傳》:"張柬之字孟將,襄州襄陽人。少涉經史,補太學生。祭酒令狐德棻異其才,便以王佐期之。中進士第,始調清源丞。永昌元年,以賢良召,時年七十餘矣。對策者千餘,柬之為第一。授監察御史,遷鳳閣舍人。……後為鳳閣舍人

同中書門下平章。”

　　[二]誅：殺。《說文》：“誅，討也。”

　　[三]彥範：即桓彥範（653—706年），字士則，歷任監察御史、御史中丞、司刑寺少卿。後與張柬之、敬暉等發動神龍政變，擁立唐中宗復辟，被任命為侍中。《舊唐書》卷九一本傳：“桓彥範，潤州曲阿人也。……聖歷初，累除司衛寺主簿。……尋擢授監察御史。……長安三年，歷遷御史中丞。四年，轉司刑少卿。……神龍元年正月，彥範與敬暉及左羽林將軍李湛……斬易之、昌宗於廊下，……明日，太子即位，彥範以公……為侍中。”《新唐書》卷一二〇《桓彥范傳》：“桓彥范字士則，潤州丹楊人。以門蔭調右翊衛，遷司衛主簿。狄仁傑曰：‘君之才，當自光大，毋恤于初。’厚為禮。尋擢監察御史，遷累中丞。長安中，為司刑少卿。”

　　[四]遽：立即、迅速。

【按語】

　　本條材料見《考異》卷一二“薛季昶勸張柬之誅武三思。”注：“《御史臺記》曰：‘張柬之勒兵于景運門，將收諸武誅之。彥範以事既竟，不欲廣誅戮，遽解其兵。柬之固爭不果。’《狄梁公傳》曰：‘袁謂張公曰，昔有遺言，使先收梁王三思，豈可捨諸？’張公曰：‘但大事畢功，此是機上之物，豈有逃乎！’按《舊唐書·薛季昶傳》《敬暉傳》《唐統紀》《唐曆》《狄梁公傳》皆以為‘張柬之、敬暉不欲誅武三思。’唯《御史臺記》以為‘柬之固爭，而彥範不從。’《新唐書·彥範傳》亦云：‘薛季昶勸誅三思，會日暮，事遽，彥範不欲廣殺，因曰：三思機上肉耳，留為天子藉手。季昶歎曰：吾無死所矣。’按柬之時為宰相，首建此謀，當是與桓、敬等皆不可，不應獨由彥範也。”《資治通鑒》載張柬之事在神龍元年（705年）。

【匯評】

　　宋·徐鈞《詠史》：“八十衰翁氣尚存，揮戈一整舊乾坤。惜哉千載多遺恨，餘燼猶存竟燎原。”

明·王夫之《讀通鑒論》："知人之哲,其難久矣。狄公之知張柬之、敬暉,付以唐之宗社,何以知其勝任哉?夫人所就之業,視其器之所堪;器之所堪,視其量之所函;量之所函,視其志之所持。志不能持者,雖志于善而易以動,志易動,則纖芥之得失可否一觸其情,而氣以勃興,識以之而不及遠,才以之而不及大,苟有可見其功名,即規以為量,事溢於量,則張惶而畏縮,若此者,授之以大,而枵然不給,所必然矣。"

＊王　同　皎

（王）同皎[一]與張仲之[二]等謀誅三思，為宋曇[三]所發。御史大夫李承嘉[四]、御史姚紹之[五]按問，事連椒宮[六]，內敕宰相問對。諸宰佯假寐無所聞，獨嶠[七]與承嘉竊議，同皎、仲之等遇族。

【箋注】

[一]王同皎（？—706年），相州安陽（今河南省安陽）人。唐中宗李顯女定安公主之夫，神龍二年（706年），因反對武三思被殺害。《舊唐書》卷一八七上《忠義傳上》："神龍二年，同皎以武三思專權任勢，謀為逆亂，乃招集壯士，期以則天靈駕發引，劫殺三思。同謀人撫州司倉冉祖雍，具以其計密告三思。……遂斬同皎於都亭驛前，籍沒其家。臨刑神色不變，天下莫不冤之。"

[二]張仲之：洛陽人，神龍二年（706年）與王同皎、祖延慶、武當丞壽春周憬等潛結壯士，謀殺三思，事見《資治通鑒》卷二〇八："神龍二年……三思使曇、悛及撫州司倉冉祖雍上書告王同皎與洛陽人張仲之、祖延慶、武當丞壽春周憬等潛結壯士，謀殺三思。……上命御史大夫李承嘉、監察御史姚紹之按其事。"

[三]宋曇：宋之遜之子，宋之問之姪。希武三思旨告發王同皎、張仲之、祖延慶等，為人所不恥。

[四]李承嘉：時任御史大夫。《資治通鑒》卷二〇七："長安四年……秋，七月……乙未，司禮少卿張同休、汴州刺史張昌期、尚方少監張昌儀皆坐贓下獄，命左右臺共鞫之；丙申，敕，張易之、張昌宗作威作福，亦命同鞫。……乙巳，御史大夫李承嘉、中丞桓彥範奏：'張同休兄弟贓共四千余緡，張昌宗法應

免官。'"《新唐書》卷三四《五行一》:"神龍中,有群狐入御史大夫李承嘉第,其堂無故壞;又秉筆而管直裂,易之又裂。"

[五]姚紹之:時任監察御史,武三思走狗,與李承嘉按王同皎、張仲之案。《資治通鑒》卷二〇八:"神龍二年……三月,初,少府監丞弘農宋之問及弟兖州司倉之遜皆坐附會張易之貶嶺南,逃歸東都,匿于友人光祿卿、駙馬都尉王同皎家。同皎疾武三思及韋后所為,每與所親言之,輒切齒。之遜于簾下聞之,密遣其子曇及甥校書郎李悛告三思,欲以自贖。三思使曇、悛及撫州司倉冉祖雍上書告同皎與洛陽人張仲之、祖延慶、武當丞壽春周憬等潛結壯士,謀殺三思,因勒兵詣闕,廢皇后。上命御史大夫李承嘉、監察御史姚紹之按其事。"《資治通鑒》卷二〇八:"神龍二年……八月,時兵部尚書宗楚客、將作大匠宗晉卿、太府卿紀處訥、鴻臚卿甘元柬皆為三思羽翼。御史中丞周利用、侍御史冉祖雍、太僕丞李俊、光祿丞宋之遜、監察御史姚紹之皆為三思耳目,時人謂之五狗。"又見《唐御史臺精舍題名考》"侍御史幷內供奉武后中至玄宗末"條。姚紹之後坐贓汙,詔傅弓按之,獲贓五千余貫以聞,當坐死。韋庶人妹保持之,遂黜放為嶺南瓊山尉。

[六]椒宮:又曰椒房,指皇后居住的宮殿。白居易《長恨歌》:"梨園弟子白髮新,椒房阿監青娥老。"

[七]嶠:指李嶠,時任宰相。《新唐書》卷一二九《李朝隱傳》:"武三思構五王,而侍御史鄭愔請誅之,朝隱獨以不經鞫實,不宜輕用法,忤旨,貶嶺南醜地。宰相韋巨源、李嶠言于中宗曰:'朝隱素清正,一日遠逐,恐駭天下。'"

＊張　仲　之

張仲之等謀誅武三思，宋之遜[一]子曇，知其謀，將發之，未果。會冉祖雍[二]、李悛于路，白之。雍、悛以聞。

【箋注】

[一]宋之遜：宋之問之弟，曾任洛陽丞。羅織、陷害王同皎。《朝野僉載》載：“初，之遜諂附張易之兄弟，出為兗州司倉，遂亡而歸，王同皎匿之于小房。同皎，慷慨之士也，忿逆韋與武三思亂國，與一二所親論之，每至切齒。之遜於簾下竊聽之，遣侄曇（此處誤，曇為宋之遜子，筆者注），上書告之，以希韋之旨。武三思等果大怒，奏誅同皎之黨。兄弟並授五品官，之遜為光祿丞，之問為鴻臚丞，曇為尚衣奉御。天下怨之，皆相謂曰：‘之問等緋衫，王同皎血染也。’誅逆韋之後，之遜等長流嶺南。”

[二]冉祖雍：時任侍御史，為武三思耳目。《新唐書·宋之問傳》：“祖雍，江夏王道宗甥，及進士第，有名于時，王同皎謀殺武三思，祖雍上急變。歷中書舍人、刑部侍郎。倡飲省中，為御史劾奏，貶蘇州刺史。睿宗立，流嶺南，賜死桂州。”又見《唐御史臺精舍題名考》卷一“碑陰題名”載冉祖雍。按：《資治通鑒》卷二〇八：“神龍二年……八月，時兵部尚書宗楚客、將作大匠宗晉卿、太府卿紀處訥、鴻臚卿甘元柬皆為三思羽翼。御史中丞周利用、侍御史冉祖雍、太僕丞李俊、光祿丞宋之遜、監察御史姚紹之皆為三思耳目，時人謂之五狗。”《新唐書》卷一一五《朱敬則傳》：“侍御史冉祖雍誣奏朱敬則與王同皎善，貶涪州刺史。”《新唐書》卷一二〇《桓彥範傳》：“時監察御史廬襲秀亦坐與桓、敬善，為冉祖雍所按，不屈。或報曰：‘南使至，桓、敬已死。’襲秀泫然。祖雍怒

185

曰：'彥范等負國，君乃流涕。且君下獄，諸弟皆縱酒無憂色，何邪？'對曰：'我何負哉？正坐與彥範善耳。今盡殺諸弟則已，如獨殺襲秀，恐公不得高枕而瞑！'祖雍色動，握其手曰：'當活公。'遂得不坐。"周利用，應為周利貞。

*姚 紹 之

張仲之、宋之遜、祖延慶[一]謀於衣袖中發銅弩射三思，伺其便，未果。之遜子曇，密發之。敕李承嘉與紹之按於新開門內。初，紹之將直[二]其事，未定，敕宰相對問。諸相畏三思，但傴俛[三]，佯[四]不聞仲之、延慶言。諸相中有附會[五]三思者，屢與承嘉耳言，復說誘紹之，事乃變。遂密置人力十餘，命引仲之對問。至則塞口反接，送擊所。紹之還，謂仲之曰："張三，事不諧矣。"仲之固言三思反狀，紹之命檛[六]之而臂折。仲之大呼天者六七，謂"紹之反賊，我臂且折矣，已輸你，當訴爾于天曹。"乃自誣[七]，反而遇族。

【箋注】

[一]祖延慶：有氣節，與王同皎友好，娶宋之遜之表妹為妻。神龍二年（706年）三月，王同皎與張仲之、周憬等人計畫在武則天葬禮當天，埋伏弓箭手，射殺武三思。宋之問得知此事，遂向武三思告密，王同皎、祖延慶被誅。

[二]直：此處作動詞，負責之意。

[三]傴俛：隨俗沉浮，隨波逐流。阮籍《詠懷》其十二："輕薄閒遊子，俯仰乍浮沈。快捷方式從狹路，傴俛趨荒淫。"

[四]佯：假裝。

[五]附會：依附，附和。唐·無名氏《玉泉子》："于時朝貴朋黨，德裕破之，由是結怨，而絕於附會，門無賓客。"

[六]檛：本義為馬鞭，引申為打、鞭打。《玉篇》"檛，策也。"

［七］自誣：自我招認所犯事實。

【按語】

以上三條材料均見《考異》卷一二"王同皎為宋之遜等所告，坐斬。"《資治通鑒》載此事在神龍二年（706 年）。

李　詳

　　李詳[一]①字審己，趙郡[二]人。祖璣衡②[三]，父穎[四]，代傳儒素。詳有才華膽氣，放蕩不羈。解褐鹽亭[五]③尉。詳在鹽亭，因考，為錄事參軍[六]所擠。詳謂刺史曰：“錄事恃糾曹之權，當要害之地，為其妄褒貶耳。若使詳秉筆，亦有其詞④。”刺史曰：“公試論錄事考狀。”遂授筆。詳即書錄事考曰：“怯[七]斷大按，好勾[八]⑤小稽。自隱不清，言他總濁。階前兩競，鬧困方休。獄里囚徒，非赦不出。”天下以為談笑之最焉。

【校勘】

①李詳：《大唐新語》卷二“剛正”作“李祥”。

②璣衡：《廣記》卷四九三作“機衡”，《新唐書·宰相世系表二》作“璣衡”，據改。

③鹽亭：《朝野僉載》卷四作“監示”。趙守儼疑“監示”乃“鹽亭”之誤，頗為得之。

④亦有其詞：《大唐新語》卷二“剛正”作“頗亦有詞”。

⑤勾：原作“勻”，據明鈔本改。

【箋注】

[一]李詳：兩《唐書》無傳，武后時期曾任鹽亭尉、侍御史等。《唐御史臺精舍題名考》卷一“碑陰題名侍御史並內供奉”：“李詳，《新表》：‘趙郡李氏東

189

祖房荆山丞璣衡孫、都水丞仁穎子詳,太子太保。'《朝野僉載》云:'李詳,河內人。氣俠剛健。初為梓州監。'《廣記》二百五十四。《御史臺記》云:'李詳字審己,趙郡人。祖機衡,父穎,代傳儒素。詳有才華膽氣,放蕩不羈,解褐鹽亭尉。'又四百九十三。《新·史思明傳》:'乾元二年九月,思明命許叔冀與李詳守汴州。'"

[二]趙郡:今河北省趙縣。《元和郡縣圖志》卷一七《河北道二》:"趙州,趙郡,……春秋時屬晉,戰國時屬趙,秦為邯鄲郡地。漢為常山郡平棘縣地,又為趙國。……後魏明帝又于廣阿城置殷州,高齊改殷州為趙州,因趙國為名。隋開皇十六年又於樂城縣置欒州,大業二年廢欒州,以縣並屬趙州。三年,以趙州為趙郡。武德元年,張志昂舉城歸國,又改為趙州。"

[三]璣衡:李詳祖璣衡,曾任荆山丞。見本條【箋注一】。

[四]穎:李詳父李穎,字仁穎,曾任都水丞。見本條【箋注一】。

[五]鹽亭:鹽亭縣,上。西南至州九十三裡。本漢廣漢縣地,梁於此置北宕渠郡及縣,後魏恭帝改為鹽亭縣,以近鹽井,因名。隋開皇三年罷郡,屬梓州。

[六]錄事參軍:唐代負責地方一州的監察事務,為都督、刺史的僚佐。《通典》卷三三《職官一五·總論州佐》:"掌付事勾稽,省署鈔目,糾彈部內非違,監印,給紙筆之事。"

[七]怯:膽怯、怕事。

[八]勾:稽查、檢查之意。

【按語】

該條材料見《廣記》卷四九三引《御史臺記》,又見《大唐新語》卷二"剛正"、《朝野僉載》卷四。《唐御史臺精舍題名考》卷一載李詳,約與姚紹之同時,故繫於此。本篇敘寫趙郡李詳持身剛正、胸懷坦蕩之風範。其對地方錄事小吏的筆伐,入木三分,至今讀來令人猶覺氣壯。

*唐 奉 一[一]

奉一，齊州[二]人，善書翰。武后時為御史，後坐誅翦皇族，廢。

【箋注】

[一]唐奉一：武后時酷吏，工書畫。《舊唐書》卷八《玄宗上》："三月，……御史大夫程行謀奏：'周朝酷吏來子珣、萬國俊、王弘義、侯思止、郭霸、焦仁亶、張知默、李敬仁、唐奉一、來俊臣、周興、丘神績、索元禮、……等二十三人，殘害宗枝，毒陷良善，情狀尤重，子孫不許仕宦。陳嘉言、魚承曄、皇甫文備、傅遊藝四人，情狀雖輕，子孫不許近任。'"

[二]齊州：今山東省濟南市。

【按語】

本條材料見宋·趙明誠《金石錄》卷二五："《唐中興聖教序》，中宗為三藏法師義淨所作，唐奉一書，刻石在濟南長清縣界四禪寺。寺在深山中，義淨真身塔尚存，余屢徃遊焉，得此文入錄。案：《御史臺記》：'奉一，齊州人，善書翰，武后時為御史，後坐誅翦皇族，廢。'"

吳　少　微

　　吳少微[一]，東海[二]人也。少負文華，與富嘉謨[三]友善。少微進士及①第，累授晉陽[四]太原尉[五]，拜御史。時嘉謨疾卒，為文哭之。其詞②曰：“維三月癸丑，河南富嘉謨卒，于時寢疾於洛陽北里。聞③之，投枕④而起，淚沾乎袵⑤席[六]。匍匐於寢門之外，病不能起，仰天而呼曰：‘天乎天乎！予⑥曷所朋？曷有律？曷可得而見？抑斯文也，以存乎哀。’太常少卿徐公[七]，郿州刺史尹公[八]，中書徐、元二舍人[九]、兵部張郎中說[一〇]，未嘗值我不歎於朝。夫情悼之，賦詩以寵亡也。其詞曰：

　　吾友適不死，於戲[一一]社稷臣。直祿非造利，常懷大庇人。

　　乃無⑦承明藉，邁此敦牂[一二]春。藥礪其可畏，皇窮故匪仁。

　　疇昔與夫子，孰云異天倫。同病一相失，茫茫不重陳。

　　子之文章在，其殆尼父[一三]新。鼓興幹⑧[一四]河岳，真⑨詞毒鬼神。

　　可悲不可朽，東⑩輤沒荒榛。聖主賢為寶，吁茲大國貧。”

　　詞人莫不歎美。既而病亟，長歎曰：“生死人之大分，吾何恨焉！然官職十分未作其一，乃至是耶？”慷慨而終。

【校勘】

　　①及：《廣記》原闕“友善少微進士及”七字，據《唐詩紀事》卷六補。

　　②詞：《廣記》原闕“嘉謨疾卒，為文哭之，其詞”十字，據《唐詩紀事》卷

六補。

　　③聞：《廣記》原闕“時寢疾於洛陽北里，聞”九字，據《唐詩紀事》卷六補。

　　④枕：《廣記》“枕”字原缺，據《唐詩紀事》卷六補。

　　⑤淚沾乎衽：《廣記》作“疾行乎衫”，據《唐詩紀事》卷六改。

　　⑥予：《唐詩紀事》卷六作“俾予”。

　　⑦無：《唐詩紀事》卷六作“通”。

　　⑧幹：《唐詩紀事》卷六作“斡”。

　　⑨真：《唐詩紀事》卷六作“貞”。

　　⑩東：《唐詩紀事》卷六作“車”。

【箋注】

　　［一］吳少微，唐神龍元年至二年（705—706 年）任右蕭政臺監察御史。《舊唐書》卷一九〇中《文苑傳中》：“少微亦舉進士，累至晉陽尉。傳中興初，調於吏部，侍郎韋嗣立稱薦，拜右臺監察御史。臥病，聞嘉謨死，哭而賦詩，尋亦卒。有文集五卷。嘉謨與少微在晉陽，魏郡谷倚為太原主簿，皆以文詞著名，時人謂之‘北京三傑’。倚後流寓客死，文章遺失。”《新唐書》卷二〇二《文藝中》：“少微，新安人，亦尉晉陽，尤相友善；……天下文章尚徐、庾，浮俚不競，獨嘉謨、少微本經術，雅厚雄邁，人爭慕之，號‘吳富體’。豫修《三教珠英》。韋嗣立薦嘉謨、少微並為左臺監察御史。”《唐僕尚丞郎表》卷三考韋嗣立神龍元年至二年任吏部侍郎，其推薦吳少微、富嘉謨任御史在此期間。又見宋計有功《唐詩紀事》卷六。

　　［二］東海：唐王朝置海州總管府，領海、漣、環、東楚四州，海州領胸山、龍沮、新樂、曲陽、沭陽等八縣，即今江蘇省東海縣。《新唐書》卷二〇二《文藝中》：“少微，新安人。”又據宋·羅願《新安志》，吳少微應為新安人。

　　［三］富嘉謨：武后時期著名文學家。《舊唐書》卷一九〇中《文苑中》：“富嘉謨，雍州武功人也。舉進士。長安中，累轉晉陽尉，與新安吳少微友善，同官。先是，文士撰碑頌，皆以徐、庾為宗，氣調漸劣。嘉謨與少微屬詞，皆以經典為本，時人欽慕之，文體一變，稱為‘富吳體’。嘉謨作《雙龍泉頌》《千蠋

穀頌》,少微撰《崇福寺鐘銘》,詞最高雅,作者推重。並州長史張仁亶待以殊禮,坐必同榻。嘉謨後為壽安尉,預修《三教珠英》。中興初,為左臺監察御史,卒。有文集五卷。"《新唐書》卷二〇二《文藝中》:"嘉謨,雍州武功人,舉進士,長安中,累轉晉陽尉。"

[四]晉陽:唐武后天授元年(690年)頒詔:"其並州宜置北都,改州為太原府。"此為太原建府之始,太原府與京都長安、東都洛陽並稱"三都"。

[五]太原尉:唐朝太原府治晉陽(太原市西南汾水東岸),下轄14縣太原、晉陽、榆次、陽曲、盂縣、壽陽、樂平、太谷、祁縣、文水、交城、清源、蘆川、廣陽等縣。

[六]衽席:床褥,莞簟,亦泛指臥席。唐·儲光羲《晚霽中園喜赦作》:"落日燒霞明,農夫知雨止。幾悲衽席濕,長歎垣牆毀。"

[七]太常少卿徐公:即徐彥伯,神龍元年(705年)任太常少卿。《舊唐書》卷九四《徐彥伯傳》:"徐彥伯,兗州瑕丘人也。少以文章擅名,……累轉蒲州司兵參軍。時司戶韋暠善判事,司士李亘工於翰劄,而彥伯以文辭雅美,時人謂之'河中三絕'。……神龍元年,遷太常少卿,兼修國史,以預修《則天實錄》成,封高平縣子,賜物五百段。未幾,出為衛州刺史,以善政聞,璽書勞勉。俄轉蒲州刺史,入為工部侍郎,尋除衛尉卿,兼昭文館學士。"《唐會要》卷六五:"少卿,神龍元年七月三十日加一員,徐彥伯為之。"

[八]鄜州刺史尹公:據郁賢皓《唐刺史考全編》,尹思貞于神龍元年至二年(705—706年)任鄜州刺史。

[九]中書徐、元二舍人:即徐堅、元希聲,時任中書舍人。《全唐文》卷二九一張九齡《大唐故光祿大夫右散騎常侍集賢院學士贈太子少保東海徐文公神道碑銘並序》:"公諱堅,字元固,其先東海郯人。……尋與李嶠等撰《三教珠英》,書成奏御,拜司封員外,尋加朝散大夫,即拜郎中。稍遷給事中,以公代及文史,詞不失舊,雖居瑣闥,尚比纏牽,遂除中書舍人。……二年,敕公修《則天聖后實錄》及文集等絕筆,中宗嘉之。"又《全唐文》卷二八〇崔湜《故吏部侍郎元公碑》:"公諱希聲,字某,河南洛陽人也,七歲屬文,遒有高致。十四通五經大旨,百家之言,先儒未諭,一覽冰釋,四方儒墨之士,由是響風

矣。……皇帝纘膺大業,擢中書舍人,是時天地初復,中外多務,章奏交馳,文誥迭委,公操斧則伐,懸衡不欺,至於獻納,多所施用。"

[一〇]兵部張郎中說:即張說,時任兵部郎中。《舊唐書》卷九七《張說傳》:"中宗即位,召拜兵部員外郎。"

[一一]於戲:感歎詞。李白《蜀道難》:"噫籲嚱,危乎高哉! 蜀道之難,難於上青天!"

[一二]敦牂:草木茂盛的樣子《爾雅·釋天》:"(太歲)在午曰敦牂。"

[一三]尼父:對孔子的尊稱,孔子字仲尼,故稱。《左傳·哀公十六年》:"旻天不吊,不憖遺一老。俾屏餘一人以在位,煢煢餘在疚。嗚呼哀哉,尼父! 無自律。"

[一四]幹:沖犯,觸犯。

【按語】

本條材料見《廣記》卷二三五引《御史臺記》。《新唐書》卷二〇二《文藝中》載:"韋嗣立薦嘉謨、少微並為左臺監察御史。"《唐僕尚丞郎表》卷三考韋嗣立神龍元年至二年任吏部侍郎,其推薦吳少微、富嘉謨任監察御史應在神龍元年(705 年)至二年(706 年)。吳少微、富嘉謨不僅是武后時期監察官,還是當時著名文學家。今《全唐文》收吳少微《為並州長史張仁亶進九鼎銘表》等六篇。《全唐詩》收吳少微《哭富加謨》等六首。唐代御史制度是一個注重文學的職官體系,唐代御史的任職制誥中主要包含好儒、尚文、吏能、重德四個方面的標準:儒求經濟、文尚詞藻、才重吏能、行崇正直,它全方位考察文人在文、儒、吏、行、法諸方面的綜合素質,賦予了唐代文學和文學家御史重大的政治使命和責任。這一點從吳少微、富嘉謨身上可明顯看出。《唐代墓誌彙編》大曆〇六二《有唐朝散大夫守汝州長史上柱國安平縣開國男贈衛尉少卿崔公墓誌》,為吳、富二人合撰墓誌,是考察"吳富體"的珍貴文獻。

【匯評】

《大唐新語》卷八:"張說、徐堅同為集賢學士十餘年,好尚頗同,情契相得。時諸學士凋落者眾，唯說、堅二人存焉。說手疏諸人名，與堅同觀之。堅謂說曰：'諸公昔年皆擅一時之美，敢問孰為先後？'說曰：'李嶠、崔融、薛稷、宋之問之文，皆如良金美玉，無施不可。富嘉謨之文，如孤峰絕岸，壁立萬仞，叢雲鬱興，震雷俱發，誠可畏乎。若施之於廊廟，則為駁矣。閻朝隱之文，則如麗色靚妝，衣之綺繡，燕歌趙舞，觀者忘憂。然類之《風雅》，則為罪矣。'堅又曰：'今之後進，文詞孰賢？'說曰：'韓休之文，有如太羹玄酒，雖雅有典則，而薄於滋味。許景先之文，有如豐肌膩體，雖穠華可愛，而乏風骨。張九齡之文，有如輕縑素練，雖濟時適用，而窘于邊幅。王翰之文，有如瓊林玉斝，雖爛然可珍，而多有玷缺。若能箴其所闕，濟其所長，亦一時之秀也。'"

宋·羅願《新安志》卷八："吳御史少微，新安人，第進士。長安中，累至晉陽尉，與武功富嘉謨同官友善。先是天下文章以徐、庾為宗，氣調益弱，獨少微、嘉謨詞本經學，雄邁高雅，時人慕之，文體一變，稱為'吳富體'。"

元　福　慶

　　唐元福慶[一]，河南人，拜右臺監察。與韋虛心①、任正名[二]、頗事軒昂。殿中監察朱②評之詠曰：“韋子凝而密，任生直且狂；可憐元福慶，也學坐癡床[三]。”正名聞之，乃自改為“俊且強”。

【校勘】

　　①韋虛心：《廣記》作“韋虛名”，《舊唐書》卷一〇一《韋虛心傳》、《唐御史臺精舍題名考》卷一“碑陰題名”均作“韋虛心”，據改。

　　②朱：“朱”字原缺，據明鈔本補。

【箋注】

　　[一]元福慶：河南人，神龍元年(705 年)前後任右臺監察御史，其餘生平事蹟不詳。

　　[二]任正名：唐先天二年(713 年)任侍御史，見本書“御史裏行”條【箋注六】。《唐御史臺精舍題名考》卷一“碑陰題名”：“《新·嚴挺之傳》：‘先天二年，侍御史任正名恃風憲，至廷中責詈衣冠，嚴挺之讓其不敬，反為所劾。’”

　　[三]癡床：又名“南床”，唐代侍御史食座之南所設橫榻，謂坐此床使人驕倨如癡，故稱。見本書《南床》條【箋注三】。

【按語】

　　本條材料見《廣記》卷二五〇引《御史臺記》。《舊唐書》卷一〇一《韋虛心傳》：“虛心舉孝廉，為官嚴整，累至大理丞、侍御史。神龍年，推按大獄，時僕射竇懷貞、侍中劉幽求意欲寬假，虛心堅執法令，有不可奪之志。"知韋虛心神龍元年(705年)前後任侍御史。又《舊唐書》卷四四《職官三》："光宅元年分臺為左右，號曰左右肅政臺。……神龍復為左右御史臺。"元福慶在御史臺與韋虛心、任正名同時，由此知元福慶任右臺監察御史在神龍元年(705年)前後。《全唐詩》卷八七二《三御史詠》："韋子凝而密，任生直且狂。可憐元福慶，也學坐凝床。"系從《御史臺記》摘出。

崔 希 喬

崔希喬[一]，清河人也。以孝悌稱，解褐臨清[二]尉。丁母憂，哀毀殆至滅性。服闋，補鄭縣[三]尉，清介公方，聞乎京邑，轉鄭縣丞。所居堂，芝草生焉，一暝[四]而葩蓋盈尺矣。州以狀申，歲餘，遷監察，出授並州[五]兵曹[六]，轉馮翊[七]令，人吏畏愛，風化大行，貧弱之輩，荷其仁恕，時有雲如蓋，當其廳事。斯須，五色雜彩周于縣郭，道俗仰望。久之，以狀聞，敕編諸國史，尋遷司勳員外[八]。其並州廳前有叢葦，小鳥來巢，如鶺鴒[九]矣。孕卵才數日，殼毀而見，已逾於母矣。枝且不勝，墜於地。月余，五色成文，如鵝，馴擾閒暇，無復驚懼，泊能飛翔，時歸舊所。人到於今稱為“兵曹鳥”。初居喪管城，每一哭，群鳥畢集，至千萬數，牆宇皆遍，至有樹條折者。周于原野，村鄰嗟稱之。每所居，其巢燕敷乳必返哺，逾旬後分飛矣。此孝義感通也。

【箋注】

[一]崔希喬：《唐御史臺精舍題名考》卷二“碑陰題名”載：“崔希喬，見侍御，《御史臺記》：‘自鄭縣尉轉鄭丞，歲餘遷監察，出授并州兵曹，轉馮翊令，尋遷司勳員外。’《御覽》四百十一。”《太平御覽》明顯從《御史臺記》摘出。

[二]臨清：即今山東聊城市下屬臨清市。《元和郡縣圖志》卷一六《河北道一》：“臨清縣，……本漢清泉縣地，後魏孝文帝於此置臨清縣，屬魏郡。高齊省。隋開皇六年復置臨清縣，屬貝州。皇朝因之。”

[三]鄭縣：陝西華縣。唐·李泰《括地志》卷一《華州·鄭縣》：“鄭，故城

在華州鄭縣西北三裡,桓公友之邑,秦縣之。"唐·李吉甫《元和郡縣圖志》卷二《關內道二·京兆府下·華州·鄭縣》:"鄭縣,本秦舊縣,漢屬京兆。後魏置東雍州,其縣移在(華)州西七裡。隋大業二年,州廢,移入州城。至三年,以州城屋宇壯麗,置太華宮,縣即權移城東。四年宮廢,又移入城。"

〔四〕暝:暮色沉沉曰暝。《孔雀東南飛》:"晻晻日欲暝,愁思出門啼。"

〔五〕并州:今山西太原市古稱並州,三國魏黃初元年(220年)復置,領太原、上黨、建興、西河、雁門、樂平、新興等七郡,仍治晉陽。晉沿用,建興後淪沒。隋唐以後亦有並州。

〔六〕兵曹:古代管兵事等的官員。唐諸衛府、東宮諸率府、王府、京府、都督府、都護府均稱兵曹參軍,諸州稱司兵參軍,掌軍防烽驛門禁田獵儀仗等事。《新唐書》卷四九上《百官四上》:"諸衛府州,各有兵曹參軍事。"

〔七〕馮翊:今陝西省韓城、白水、蒲城一帶。三國魏改左馮翊,置馮翊郡,長官稱馮翊太守,治臨晉(今陝西省大荔縣),北周時廢置,隋唐時曾改同州為馮翊郡。馮翊是古代出入秦晉的關隘和交通要道,素有"三秦通衢""三輔重鎮"之稱,歷來為兵家爭奪的戰略要地。

〔八〕司勳員外:即司勳員外郎,吏部司勳司次官。隋文帝開皇六年(586年)始置,員一人,煬帝大業三年(607年)改司勳承務郎。唐高祖武德三年(620年)復置,員二人,從六品上,掌校定勳績及授予勳官告身等事。《新唐書·百官志一》:"吏部,……司勳郎中一人,員外郎二人,掌官吏勳級。"

〔九〕鷦鷯:一種小型鳴禽。《莊子·逍遙遊》:"鷦鷯巢于深林,不過一枝;偃鼠飲河,不過滿腹。"

【按語】

本條材料見《太平御覽》卷四一一"人事部·孝感類"引《御史臺記》。《唐御史臺精舍題名考》考其與任正名同時,在"任正名"之後,故繫於此。

宋　務　光

　　唐有監察御史不工文，而好作不已。既居權要，多為人所誚，不之覺也。每篇輒為宋務光①[一]書以光臺[二]，月俸幾盡。其妻謂曰："公經生[三]，素非文筆，所稱篇詠，不為外人所傳。此必臺中玩公，折俸助廚耳，奈何受人嗤玩？"自後雖吟詠不輟[四]，不復出光臺錢矣。或問之，以妻言對。諸御史退相謂曰："彼有人焉，未可玩也。"乃止。

【校勘】

　　①宋務光：《廣記》作"宋務先"，《新唐書》卷一一八有《宋務光傳》，岑仲勉《元和姓纂》亦作"宋務光"，據改。

【箋注】

　　[一]宋務光，生卒年不詳，字子昂，一名烈，唐汾州西河（今山西省汾陽縣）人，進士及第，曾任洛陽尉、右衛騎曹參軍、右臺監察御史等職，事見《新唐書》卷一一八本傳。

　　[二]光臺：即光臺錢。唐代中央機構中的尚書省、門下省、中書省、御史臺、國子監與翰林院等部門，均對擔任這些部門的職官收取禮錢。其中，"三省收取的稱光省錢，亦稱光署錢，御史臺稱光臺錢，國子監稱光學錢，翰林院則稱光院錢。諸司禮錢主要作為這些部門的公使錢使用，如用於公廨維修、食料開支、購置辦公用品以及其他各種開支。唐五代的這一制度實際上是一種弊政，是唐後期及五代時期財政開支緊張的一種折射。"（杜文玉《唐五代的助禮錢與諸司禮錢》，《陝西師範大學學報·哲社版》2004年第2期）唐代御史臺

官員繳納光臺錢雖然不見於制度規定,此條材料說明繳納光臺錢已存在。並非國家制度的規定,而是官員之間的個人行為。

[三]經生:泛指科舉入仕、研治經學之人。

[四]輟:停頓,停止。

【按語】

本條材料見《廣記》卷二五五引《御史臺記》。《新唐書》卷一一八《宋務光傳》:"宋務光,字子昂,一名烈,汾州西河人,舉進士及第,調洛陽尉,遷右衛騎曹參軍。神龍元年,大水,詔文武九品以上官直言極諫。務光上書,……疏奏不省,俄以監察御史巡察河南道。時滑州輸丁少而封戶多,每配封人,皆亡命失業。務光建言:'通邑六都,不以封今;命侯之家,奪擇雄粵。滑州七縣,而分封者五,王賦少於侯租,入家倍于輸國。請以封戶均餘州。'又請'養賦附租庸歲送,停封使,息傳驛之勞。'不見納。以考最,進殿中侍御史,遷右臺。嘗薦汝州參軍事李欽憲,後為名臣。"可見宋務光為官倡節儉、敢於直言極諫,是武后時期有作為的監察官。

趙 仁 獎

　　唐趙仁獎，河南人也，得①販於殖業坊王戎墓北，善歌《黃獐》[一]，與宦官有舊。因所托附，景龍中，乃負薪詣闕，遂得召見，云："負薪助國家調鼎。"即日臺拜②焉。睿宗朝，左授[二]上蔡丞[三]。使[四]於京，訪尋臺中舊列，妄事歡洽。御史倪若水[五]謂楊茂直[六]曰："此庸漢，亡為傴茸[七]。"乃奏之，中書令姚崇[八]曰："此是《黃獐》漢耶？"③授當州[九]悉當尉④，馳驛發遣。仁獎在臺，既無餘能，唯以《黃獐》自衒[一〇]。宋務光⑤[一一]題之曰："趙獎出王戎幕下，入朱博[一二]臺中。舍彼負薪，登茲列柏。行人不避驄馬，坐客唯聽《黃獐》。"時崔宣一⑥使於都，仁獎附書於家，題云："西京趙御史書，附到洛州殖業坊王戎墓北第一鋪。付妻一娘。"宣一以書示朝士。初，其左授上蔡，潘好禮[一三]自上蔡令拜御史，仁獎贈詩曰："今乘驄馬去，丞脫繡衣[一四]來。"當時訕之，或以為假手[一五]。仁獎初拜監察，謝朝貴，但云："有幸把公馬足。"時朝士相隨，遇一胡負兩束柴，曰："此胡合拜殿中。"或問其由，答曰："趙仁獎負一束而拜監察，此負兩束，固合授殿中。"

【校勘】

①得：《實賓錄》作"裨"。

②臺拜：《海錄碎事》卷一一作"拜監察御史"。

③《黃獐》：《海錄碎事》卷一一："趙仁獎附宦官，拜監察御史，無他能，惟善歌《黃獐》，姚崇見之曰：'此黃獐御史'。"《海錄碎事》卷一一下注《御史臺記》。

④悉當尉：據《元和郡縣圖志》，當州所屬無悉當縣，不知何據。

⑤宋務光：《廣記》作"宋務先"，據《唐詩紀事》卷一五、宋尤袤《全唐詩話》均作"宋務光"。

⑥崔宣一：《太平廣記》卷四九四引《大唐新語》作"崔宣"。霍按：《唐御史臺精神題名考》卷一《碑陰題名·崔宣》將初唐睿宗時崔宣，與晚唐崔宣兩人混為一談，此處應為唐睿宗時崔宣。

【箋注】

［一］《黃獐》：唐雜曲謠辭名、舞名。《舊唐書·儒學傳下·郭山惲》："工部尚書張錫為《談容娘舞》，將作大匠宗晉卿舞《渾脫》，左衛將軍張洽舞《黃獐》。"舊題宋·尤袤《全唐詩話·趙仁獎》："蓋仁獎在王戎墓側，善歌《黃獐》。"

［二］左授：亦云"左遷"，貶官、降職之意。唐·魏求己《自御史左授山陽丞》："朝升照日檻，夕次下烏臺。風竿一眇邈，月樹幾裴回。"

［三］上蔡丞：上蔡，古縣名，秦置上蔡縣。漢初為汝南郡治所。南朝宋移治是勳城，故址在今汝南。隋大業間複置上蔡，臨汝、武津先後省入，至此上蔡之名遂不變。隋屬汝南郡，唐屬蔡州，故址在今河南省東南部駐馬店市一帶。丞有幫助、輔佐之意，古代中國中央和地方長官的屬官多稱"丞"，如府丞、縣丞等。

［四］使：此處用作動詞，出使。

［五］倪若水：初唐御史，見《唐御史臺精舍題名考》卷一"碑陰題名"。

［六］楊茂直：武后時期曾任拾遺之職，其餘生平不詳，又見本書"楊茂直"條。

［七］偈茸：唐代俗語，卑賤、無能之意。

［八］姚崇（651—721 年）：本名元崇，字元之。陝州硤石（今河南陝縣）人。唐朝名相、著名政治家，寯州都督姚懿之子。曾任武后、睿宗、玄宗三朝宰相常兼兵部尚書。唐玄宗親政後，拜兵部尚書同平章事，遷中書令，封梁國公。提出《十事要說》，力主實行新政，推行社會改革。興利除弊，整頓吏治，淘汰冗職，選官得才；抑制權貴，發展生產，為"開元盛世"的出現，奠定了政治基礎

和經濟基礎。

　　[九]當州:唐貞觀二十一年置,治通軌縣(今四川黑水縣北),屬劍南道。轄境相當今四川省黑水縣。天寶元年改為江原郡,乾元元年復改為當州,元廢。

　　[一〇]衒:同"炫"。

　　[一一]宋務光:唐武后時期監察御史,參見本書"宋務光"條注釋。

　　[一二]朱博:字子元,杜陵人也,家貧,本武吏,不更文法,然吏才卻十分了得,故後世常將從政經驗不足然頗有吏能者,以朱博喻之。《漢書·薛宣朱博傳》載:"博及為刺史行部,吏民數百人遮道自言,官寺盡滿。從事白請且留此縣錄見諸自言者,事畢乃發,欲以觀試博。博心知之,告外趣駕。既白駕辦,博出就車見自言者,使從事明敕告吏民:'欲言縣丞尉者,刺史不察黃綬,各自詣郡。欲言二千石墨綬長吏者,使者行部還,詣治所。其民為吏所冤,及言盜賊辭訟事,各使屬其部從事。'博駐車決遣,四五百人皆罷去,如神。吏民大驚,不意博應事變乃至於此。後博徐問,果老從事教民聚會。博殺此吏,州郡畏博威嚴。徙為並州刺史、護漕都尉,遷琅邪太守。"

　　[一三]潘好禮:初盛唐時期御史。《唐御史臺精舍題名考》卷一"碑陰題名":"《元和姓纂》二十六桓:'唐侍御史、岐王府司馬潘好禮,貝州人。'《會要》三:'侍御史潘好禮諫以惠妃為皇后疏。'蘇冕駁曰:此非好禮作好禮。先天元年為侍御史。開元十二年為溫州刺史致仕。表是十四年獻,而云職參憲府,若題年恐錯,即惠妃先天元年始年十四,王皇后月寵未衰,張說又未為右丞相,竟未知此表是誰獻之。《新傳》:'第明經,累遷上蔡令,擢監察御史。坐小累,下除芮城令,拜侍御史。徙岐王府司馬。開元初,為邠王府長史。'《新玄宗貞順皇后武氏傳》:'開元十四年,帝將遂立惠妃為皇后,御史潘好禮上疏諫,遂不果立。'"

　　[一四]繡衣:漢武帝時,民間起事者眾,御史中丞督捕猶不能止,因使光祿大夫范昆諸輔都尉及故九卿張德等衣繡衣,持斧仗節,興兵鎮壓,號"直指使者""繡衣直指"。唐代對御史彈劾的服裝亦有專門規定,《唐會要》卷六一:"大事則豸冠、朱衣、纁裳、白紗中單以彈之。小事常服而已。"《全唐文》卷四

三八李訥《紀崔侍御遺事》:"繡衣奔命去情多,南國佳人收斂翠蛾。"

[一五]假手:指請人代筆。《後漢書·陽球傳》:"亦有筆不點牘,辭不辯心,假手請字,妖偽百品。"

【按語】

本條材料見《太平廣記》卷二五九引《御史臺記》。《唐詩紀事》卷一五:"'令乘驄馬去,丞脫繡衣來。'仁獎送上蔡令潘好禮拜御史詩也。或訝其假手。蓋仁獎住王戎墓側,善歌《黃獐》,景龍中負薪詣闕云:'助國調鼎',即除臺官。中書令姚崇曰:'此是《黃獐》耶!'授以當州一尉。惟以《黃獐》自衒,宋務光嘲之曰:'趙仁獎出王戎墓下,入朱博臺中,舍彼負薪,登茲列柏。行人不避驄馬,坐客唯聽《黃獐》。'忽一胡負兩束薪,曰:'此合拜殿中。'問其由,曰:'趙以一束拜監察,此兩束合授殿中。'"此又見宋尤褒《全唐詩話》。可知《唐詩紀事》本乎《御史臺記》;《全唐詩話》又源自《唐詩紀事》。

邵 炅

　　唐邵炅[一]①,安陽[二]人。擢第授汾陰尉[三],累轉歙州[四]司倉[五],遷至右臺監察、考功員外[六]。時神武皇帝[七]即位,炅與殿中御史蕭嵩[八]、韋鏗[九],俱升殿行事②,職掌殊別[一〇]。而制[一一]出,炅、嵩俱授朝散大夫[一二],而鏗無命。炅、嵩狀貌類胡③,炅鼻高而嵩須多。同時服朱紱[一三],對立於庭。鏗獨廉中竊窺而詠之:"一雙胡子④著緋袍,一個須多一鼻高。相對廳前捺且(去聲)立⑤,自慚⑥身品世間毛。"舉朝歡詠之。他日,睿宗御承天門,百僚備列,鏗忽風眩[一四]而倒。鏗肥而短,炅詠之曰:"飄風忽起團團[一五]旋,倒地還如着腳鞋⑦。莫怪殿上空行事,卻⑧為元非五品才。"

【校勘】

　　①炅:《大唐新語》卷一三、《廣記》作"景",《唐御史臺精舍題名考》卷二、《唐尚書省郎官石柱題名考》、《唐語林》卷五均作"炅",據改。

　　②炅與殿中御史蕭嵩、韋鏗,俱升殿行事:《大唐新語》卷一三"諧謔第二十七"作"玄宗初即位,邵景、蕭嵩、韋鏗並以殿中升殿行事。"《唐語林》卷五作"韋鏗初在憲司,邵炅、蕭嵩同升殿"。

　　③類胡:《唐語林》卷五作"並類鮮卑"。

　　④胡子:《唐語林》卷五作"獠子"。

　　⑤捺且立:《大唐新語》卷一三"諧謔第二十七"作"搽早立"。

　　⑥慚:《大唐新語》卷一三"諧謔第二十七"作"言"。

⑦腳餻：《唐語林》卷五作"腳被餻"。

⑧卻：《唐語林》卷五作"直"。

【箋注】

［一］邵炅：《唐御史臺精舍題名考・碑陰題名》："邵炅，見郎官考外補，又監察。《御史臺記》：'邵景自歙州司倉遷至右臺監察、考功員外。'"今《全唐詩》卷八六九存詩一首。

［二］安陽：今河南安陽市一帶。《元和郡縣圖志》卷一六《河北道一》："安陽縣，……本七國時魏寧新中邑，秦昭襄王拔之，改名安陽。漢初廢，以其地屬湯陰縣。晉於今西南三里置安陽縣，屬魏郡，後魏并入湯陰。隋開皇十年置安陽縣，屬相州。皇朝因之。"

［三］汾陰：即今山西省萬榮縣一帶，因在汾水之南而名。《元和郡縣圖志》卷一二《河東道一》："寶鼎縣，……本漢汾陰縣也，屬河東郡。劉元海時廢汾陰縣入蒲阪縣。後魏孝文帝復置汾陰縣，開元十一年，改為寶鼎縣。"

［四］歙州：即今安徽省歙縣一帶。《元和郡縣圖志》卷二八《江南道四》："歙州，……春秋時屬越。秦時為丹陽郡歙縣之地，其後或屬新都，或隸新安郡，或立新寧郡。隋開皇十二年置歙州，武德中置都督，貞觀廢。"

［五］司倉：即司倉參軍，是唐代州郡長官的屬官，主管一州的倉儲、租賦、財貨、市肆等事。杜佑《通典》卷三三《總論郡佐》："司府曰功曹、倉曹；州曰司功、司倉，大與上府置二員，州置一員。自司功以下通謂之判司。"

［六］考功員外：即考功員外郎，為吏部考功司副長官，隋文帝開皇六年（586年）始置，煬帝大業三年（607年）改考功承務郎。唐高祖武德三年（620年）復舊，員一人，從六品上。太宗貞觀（627—649年）後兼掌貢舉。玄宗開元二十四年（736年）以貢舉事屬禮部。高宗龍朔二年（662年）改司績員外郎，咸亨元年（670年）復舊，五代沿置。《新唐書》卷四六《百官志一》："考功郎中、員外郎，各一人，掌文武百官功過、善惡之考法及其行狀。"

［七］神武皇帝：即唐玄宗李隆基。見《舊唐書・玄宗紀》。

［八］蕭嵩：景雲元年（710年）任監察御史，景雲二年（711年）任殿中侍御

史。《舊唐書》卷九九本傳："景雲元年,為醴泉尉。時陸象先已為中書侍郎,引為監察御史。及象先知政事,嵩又驟遷殿中侍御史。開元初,為中書舍人。"又見《唐御史臺精舍題名考》卷二"監察御史並□□□"蕭嵩。

[九]韋鏗:景雲二年(711年)任殿中侍御史。又見《唐御史臺精舍題名考》卷二"殿中侍御史並內供奉",參見霍志軍《唐御史臺職官編年匯考·初盛唐卷》。今《全唐詩》卷八六九存詩《嘲邵景蕭嵩》,即來自《御史臺記》。

[一○]殊別:此處是並無什麼不同之意。

[一一]制:古代帝王的命令、制誥。

[一二]朝散大夫:古代文散官名。隋朝始置朝散大夫。唐朝因之,為從五品下,文官第十三階。白居易當過朝散大夫,其詩《聞行簡恩賜章服喜成長句寄之》:"吾年五十加朝散,爾亦今年賜服章。"宋朝時為從五品上,文官第十二階。歷代沿用,品級略有不同,至明朝時廢除。

[一三]朱紱:古代禮服上的紅色蔽膝,後多借指官服。唐·杜荀鶴《再經胡城縣》:"去歲曾經此縣城,縣民無口不冤聲。今來縣宰加朱紱,便是生靈血染成。"

[一四]風眩:祖國醫學認為由血氣虧損,風邪上乘所致的一種疾病。唐·劉肅《大唐新語·諛佞》:"高宗末年,苦風眩頭重,目不能視。"

[一五]團圞:環繞貌。唐·牛希濟《生查子》其二:"新月曲如眉,未有團圞意。紅豆不堪看,滿眼相思淚。"

【按語】

本條材料見《廣記》卷二五五引《御史臺記》,又見《大唐新語》卷一三"諧謔第二十七"、《唐語林校正》卷五"第六六一條"。《舊唐書》卷七《中宗睿宗》:"景雲二年……冬十月甲辰,……中書侍郎陸象先同中書門下平章事。"嚴耕望《唐僕尚丞郎表》:"景雲二年,陸象先為兵部侍郎。"(第248頁)《舊唐書》卷九九:"及象先知政事,嵩又驟遷殿中侍御史。"當在此時。又景雲元年(710年)蕭嵩、宋務光同任監察御史,參見霍志軍《唐御史臺職官編年匯考·初盛唐卷》。

孟　詵

　　唐孟詵[一]，平昌[二]人也，父曜，明經[三]擢第，拜學官[四]。詵少敏悟，博聞多奇，舉世無與比。進士擢第，解褐長樂[五]尉，累遷鳳閣舍人[六]。時鳳閣侍郎[七]劉禕之[八]臥疾，詵候問之，因留飯[九]，以金碗貯酪[一〇]。詵視之，驚曰："此藥金[一一]，非石中所出者。"禕之曰："主上見賜，當非假金。"詵曰："藥金仙方所資，不為假也。"禕之曰："何以知之？"詵曰："藥金燒之，其上有五色氣。"遽[一二]燒之，果然。禕之以聞，則天以其近臣，不當旁稽異術，左授台州[一三]司馬，累遷同州[一四]刺史。每歷官，多煩政，人吏殆不堪。薄其妻室，常曰"妻室可烹之以啖[一五]客。"人多議之。

【箋注】

　　[一]孟詵(621—713年)，汝州梁縣人(今河南省汝州市)，唐代著名方術之士、醫學家。《舊唐書》卷四七《經籍志下》載孟詵著《補養方》三卷；《新唐書》卷五八《藝文志二》載孟詵《家祭禮》一卷、《孟氏食療本草》三卷；《宋史·藝文志》載孟詵《錦帶書》八卷。今大英博物館存有敦煌莫高窟唐人抄寫的 S.0076號《食療本草》殘卷，該書記載食物本草二百餘種，並對所載藥食的性味、功效、主治以及食用方法等作了詳細的介紹，集古代食療之大成，與現代營養學相一致，是世界上現存最早的食療專著，今有輯本《食療本草》(人民衛生出版社1984年版)。其餘皆散佚不存。《舊唐書》卷一四一《方伎傳》、《新唐書》卷二一九《隱逸傳》均有傳。1964年甘肅省涇川縣大雲寺地宮出土孟詵撰

《涇州大雲寺舍利石函銘並序》載:"朝散大夫行司馬平昌孟詵撰",可知孟詵曾任涇州司馬,此可補兩《唐書》之失載。

[二]平昌:即今山東省德州平昌。隋煬帝大業初年(605年)改德州為平原郡,以安德、平昌二縣屬之。孟詵的籍貫,兩《唐書》皆言其為汝州梁人。《御史臺記》及涇川縣大雲寺地宫出土孟詵撰《涇州大雲寺舍利石函銘並序》云"平昌孟詵撰",平昌與汝州為兩地,蓋古人記籍貫,常以郡望之故。

[三]明經:兩漢時期,察舉中即有"明經",明經即通曉經學之意,唐代明經與進士科為科舉的基本科目。唐代的"明經"科試帖經,以通經比例決定等第。唐人尤重進士科,故有"三十老明經,五十少進士"之說。

[四]學官:隋煬帝改國子寺為國子監,所屬有國子學、太學、四門學、書學、算學等,各置博士,總稱為學官。清人鞏建豐《朱圉山人集·徐學博壽序》:"學校師保之制,詳于成周,備于漢唐。宋明大率位卑而道尊,職輕而任重,自古訖今,未之或易云。"

[五]長樂:唐武德六年(623年)改新寧縣置,屬泉州,治所即今福建長樂市南。唐上元元年(760年)移今治。《元和志》卷二九"福州":長樂縣"以長安樂為名"。元和三年(808年)廢,五年(810年)復置,屬福州。

[六]鳳閣舍人:古代官名,即中書舍人。唐代中書省名多次變更,中書舍人之名亦相應變化。唐初因襲隋制置内史省,中書舍人定名為内史舍人。武德三年(620年)改内史省為中書省,内史舍人改為中書舍人。龍朔二年(662年)中書省改為西臺,中書舍人又改稱西臺舍人。咸亨元年復稱中書舍人。光宅二年(685年)中書省改稱鳳閣,中書舍人成為鳳閣舍人。神龍元年(705年)復舊。開元元年(713年)中書省改稱紫薇省,中書舍人改稱紫薇舍人,開元五年(717年)復舊,後至唐末,皆稱中書舍人。中書舍人之唐代職官中最具文學素養者,杜佑《通典》稱中書舍人為"文士之極任,朝廷之盛選。"《新唐書》卷四六《百官志一》載:"唐制,乘輿所在,必有文詞,經學之士,下至蔔、醫、伎術之流,皆直於别院,以備宴見。而文書詔令,則中書舍人掌之。自太宗時,名儒學士,時時詔以草制。"

[七]鳳閣侍郎:古代官名,即中書侍郎,是中書省的長官,副中書令,說明

中書令管理中書省的事務。光宅二年（685年）中書省改稱鳳閣，中書侍郎亦相應改稱鳳閣侍郎。《舊唐書》卷四三《職官志二》："中書侍郎二員，掌貳令之職。凡邦國之庶務，朝廷之大政，皆參議焉。凡臨軒冊命大臣，令為之使，則持冊書以授之。凡四夷來朝，臨軒則受其表疏，升於西階而奏。若獻贄幣，則受之以授于所司。"

［八］劉禕之（631—687年）：字希美，常州晉陵（今江蘇省常州市）人，唐代宰相。劉禕之少以文藻知名，唐高宗上元（674—676年）中，遷左史、弘文館直學士，與著作郎元萬頃，左史範履冰、苗楚客，右史周思茂、韓楚賓等皆召入禁中，共撰《列女傳》《臣軌》《百僚新誡》《樂書》，凡千餘卷。時又密令參決，以分宰相之權，時人謂之"北門學士"。武則天臨朝，官至鳳閣侍郎、同鳳閣鸞臺三品。後以私議天后返政，並受人誣罪賜死，時年五十七，追贈中書令。事見《新唐書》卷一一七本傳。劉禕之有集七十卷，傳于時。今《全唐詩》收其詩五首。

［九］飯：此處名詞活用為動詞，吃飯之意。

［一〇］酪：乳酪，將牛羊等動物的乳汁做成的半凝固或凝固的乳製品。

［一一］藥金：《辭源》："用藥物煉製成的假金。"古代煉丹術將爐甘石、赤銅等與木炭混合在高溫下加熱，即得"藥金"，因其外觀和黃金相似，常被誤認為黃金。明李時珍《本草綱目》卷八金類藥物達二十八種之多，並無"藥金"之說。

［一二］遽：從辵虡聲，此處是急忙、匆忙之意。《呂氏春秋·察今》："楚人有涉江者，其劍自舟中墜于水。遽契其舟，曰：'是吾劍之所從墜。'"

［一三］台州：唐李吉甫《元和郡縣圖志》卷二六《江南道二》："禹貢揚州之域。春秋時為越地，秦並天下置閩中郡，漢立（東）（南）部都尉。本秦之回浦鄉，分立為縣，揚雄解嘲'東南一尉，西北一候'，是也。後漢改回浦為章安縣。吳大帝時分章安、永寧置臨海郡，隋平陳廢郡為臨海縣。武德四年討平李子通，於臨海縣置海州，五年改海州為台州，蓋因天臺山為名。六年，輔公祏叛，州從陷沒。七年平定公祏，仍置台州。"

［一四］同州：今陝西省渭南市大荔縣。《元和郡縣圖志》卷二《關內道

二》：“《禹貢》雍州之域，春秋時其地屬秦，本大荔戎國，秦獲之，更名曰臨晉。魏文侯伐秦，秦築臨晉，今朝邑西南有故城，七國時屬魏。始皇並天下，京兆、馮翊、扶風並内史之地。及項羽滅秦，為塞國，立司馬欣為塞王。及漢王定三秦，以為河上郡，復罷為内史，武帝更名左馮翊。魏除‘左’字，但為馮翊郡，晉因之。後魏永平三年，改為同州。《禹貢》云‘漆、沮既從，灃水攸同’，言二水至此同流入渭，城居其地，故曰同州。”

［一五］啖：吃。《說文》：“啖，食也。”

【按語】

該條材料見《廣記》卷一九七引《御史臺記》。孟詵的主要貢獻在食療、養生方面，如其《食療本草》《補養方》等均是，且在本草學發展史上有一定的地位。

房　光　庭

　　房光庭[一]為尚書郎，故人薛昭流放，而投光庭，光庭匿之。既敗，御史陸遺逸[二]逼之急。光庭懼，乃見時宰。時宰曰："公郎官，何為匿此人？"曰："光庭與薛昭有舊，以途窮[三]而歸光庭，且所犯非大故，得不納之耶？若擒以送宮①，居廟堂者，復何以待光庭？"時宰義之，乃出為慈州[四]②刺史，無他累。光庭嘗送親故之葬，出鼎門[五]③，際晚且饑，會鬻[六]糕餅者，與同行數人食之。素不持錢，無以酬值。鬻者逼之，光庭命就我取直，鬻者不從。光庭曰："與你官銜，我右臺御史也，可隨取值。"時人賞其放逸。

【校勘】

①宮：《大唐新語》卷七作"官"。

②慈州：《大唐新語》卷七作"磁州"。

③鼎門：《南部新書》"庚"作"定鼎門"。

【箋注】

　　[一]房光庭：唐代清河（今河北省邢臺市）人，《唐郎官石柱題名考》卷四"吏部員外郎"、卷九"考功郎中"、卷一〇"考功員外郎"、卷一二"戶部員外郎"均載，知其曾任監察御史、戶部員外郎、考功員外郎、吏部員外郎、考功郎中等職。據孟二冬《登科記考補正》卷五，先天二年（713 年），考功員外郎房光庭知貢舉，試《出師賦》《長安早春》詩。

　　［二］陸遺逸：《朝野僉載》卷三：“右丞盧藏用，中書令崔湜，太平黨，被流嶺南。湜夜夢講座下聽法而照鏡，……尋有御史陸遺勉齎敕，令湜自盡。”據《資治通鑑》卷二一○，崔湜被誅在開元元年。陸遺逸、陸遺勉疑為一人。

　　［三］途窮：走投無路、山窮水盡。南朝·宋·顏延之《五君詠·阮步兵》：“物故不可論，途窮能無慟。”

　　［四］慈州：古代地名，今河北磁縣。隋開皇十年（590年）置慈州。《元和郡縣誌》：“以滏陽縣西九十裡有礠山，出礠石，因取為名。”

　　［五］鼎門：古代洛陽城東南有鼎門。北魏·酈道元《水經注·谷水》：“郟，山名，鄏，地邑也。十年定鼎為王之東都，謂之新邑，是為王城。其城東南，名曰鼎門，蓋九鼎所從入也。”此處泛指城門。

　　［六］鬻：賣。《宋書·鄧琬傳》：“琬性鄙闇，貪吝過甚，財貨酒食，皆身自量較。至是父子並賣官鬻爵，使婢僕出市道販賣。”

【按語】

　　本條材料《廣記》卷四九四陳校本作出《御史臺記》，又見《大唐新語》卷七“識量”、《南部新書》“庚”部。

成 敬 奇

唐成敬奇^[一]有俊才,天策中,詣闕^[二]自陳^[三],請日試文章三十道。則天乃命王勔^{[四]①}試之,授校書郎^[五],累拜監察、大理正^[六],與紫微令姚崇^[七]連親。崇嘗有疾,敬奇造^[八]宅省^[九]焉,對崇涕淚。懷中置生雀數頭,乃一一持出,請崇手執^②之而後釋。祝云:"願令公速愈也。"崇勉^[一○]從之。既出,崇鄙^[一一]其諛媚,謂子弟曰:"此淚從何而來^③?"自茲不復禮也^④。

【校勘】

① 勔:《廣記》作"勃",明鈔本作"勔",據明鈔本改。

② 手執:《大唐新語》卷九作"執手"。

③ 此淚從何而來:《大唐新語》卷九作"此淚亦何從而來"。

④ 不復禮也:《大唐新語》卷九作"不復接遇"。

【箋注】

[一]成敬奇:兩《唐書》無傳,生平事蹟不詳,據本條材料,其有文才而無士行。

[二]詣闕:詣:到。闕:代指宮殿。

[三]自陳:即自薦。唐代士子可以向朝廷自我薦舉。

[四]勔:即王勔,王勃次兄,博學工文。《新唐書》卷二○一《文藝上·王勃傳》:"勃兄勔,……長壽中為鳳閣舍人,壽春等五王出閣,有司具儀,忘載冊

文，群臣已在，乃瘝其闕，宰相失色。勵召五吏執筆，分占其辭，粲然皆畢，人人嗟服。尋加弘文館學士，兼知天官侍郎。始，裴行儉典選，見勵與蘇味道，曰：'二子者，皆銓衡才。'至是語驗。"

[五]校書郎：古代官名，主要職責是掌校讎典籍、訂正訛誤。《通典》卷二六《職官八》："漢之蘭臺及後漢東觀，皆藏書之室，亦著述之所。多當時文學之士，使讎校於其中，故有校書之職。初，漢成帝時已命光祿大夫劉向于天祿閣校經傳、諸子、詩賦，步兵校尉任宏校兵書，太史令尹咸校數術，太醫令李柱國校方伎。後以諸大夫揚雄等亦典校於其中。後於蘭臺置令史十八人，秩百石，屬御史中丞。又選他官入東觀，皆令典校秘書，或撰述傳記，後漢明帝以班固為蘭臺令史，撰《光武本紀》及諸傳記。又以傅毅為蘭臺令史，與班固、賈逵共典校書。蓋有校書之任，而未為官也，故以郎居其任，則謂之校書郎。明帝召班固詣校書部，除蘭臺令史，後遷為郎，典校秘書。又劉珍與校書郎劉騊駼、馬融校定東觀五經、傳記、百家、藝術，整齊脫誤，定正文字。又楊終字子山，征詣蘭臺，拜校書郎。又竇章為東觀校書郎，以郎中居其任，則謂之校書郎中。後漢蔡邕拜郎中，校書東觀。又馬融為校書郎中，詣東觀典校秘書。當時重其職，故學者稱東觀為老氏藏室，道家蓬萊山焉。至魏，始置秘書校書郎。晉、宋以下無聞。至後魏，有秘書校書郎，北齊亦有校書郎。後周有校書郎下士十二人，屬春官之外史。隋校書郎十二人，煬帝初，減二人，尋更增為四十人。大唐置八人，掌讎校典籍，為文士起家之良選。其弘文、崇文館，著作、司經局，並有校書之官，皆為美職，而秘書省為最。"

[六]大理正：唐朝大理寺置卿一人、少卿二人，為寺正副長官，下屬有大理正、獄丞、司置、評事。大理正掌刑獄覆核，丞、評判處不當時，大理正可糾正重判。《新唐書》卷四八《百官志三》："大理寺，……正二人，從五品下，掌議獄，正科條。凡丞斷罪不當，則以法正之。五品以上論者，蒞決。巡幸，則留總持寺事。"

[七]姚崇（651—721 年）：本名元崇，字元之，陝州硤石（今河南陝縣）人。唐朝名相、著名政治家。嶲州都督姚懿之子，曾任武后、睿宗、玄宗三朝宰相常兼兵部尚書，在位頗有作為，輔佐玄宗開創開元時期政通人和之局面。

[八]造:往、到,動詞。

[九]省:探望,慰問。

[一〇]勉:此處作"勉強"解。

[一一]鄙:此處用作動詞,鄙視,輕視、瞧不起之意。

【按語】

本條材料見《廣記》卷二五九引《御史臺記》,又見《大唐新語》卷九《諛佞》。重視道德倫理是中國文學的優良傳統,在某種意義上,中國文學的核心問題之一便是道德問題。古人所謂"文",本身就包含了深廣的道德內涵、文學內容,不能拘泥於字面意義的理解。如唐代制舉中的"博學宏辭科""賢良方正能直言極諫科""文以經國科""才堪經邦科"等,出現頻率頗高,而純文學的"藝文優長科"則出現甚少,這也說明唐人觀念中的文學和文學家不應只是辭藻和文才,更重要的是賢良方正的品德和經邦治國之才。古人在評價一個人的"文學"時,其實包含了他的文學、道德兩方面的標準。"高情千古《閒居賦》,爭信安仁拜路塵?"成敬奇有俊才而乏德行,為姚崇所不恥。其間道理值得後人深思。

吕 太 一

呂太一^[一]為戶部員外郎^[二],戶部與吏部鄰司。時吏部移牒,令戶部於牆宇自豎棘,以備銓院之交通^①。太一答曰:"眷彼吏部,銓惣^[三]之司,當須簡要清通^②,何必豎籬種棘?"省中賞其清俊。

【校勘】

①以備銓院之交通:《大唐新語》卷八作"以防令史之交通"。

②通:原作"同",據陳校本改。

【箋注】

[一]呂太一:生卒年不詳,河東蒲州(今山西省永濟)人,初射策登科,睿宗景雲年間,魏知古推薦任洹水令、監察御史裹行使、戶部員外郎。開元中為張嘉貞所薦,授中書舍人。後任戶部侍郎、右庶子。《唐尚書省郎官石柱題名考》卷一二"戶部員外郎"有載。《舊唐書‧魏知古傳》:"睿宗即位,黃門侍郎魏知古表薦洹水令呂太一,後累居清要。"《新唐書》卷一二七《張嘉貞傳》:"嘉貞性簡疏,與人不疑,內曠如也,或時以此失。有嗜進者,汲引之,能以恩終始。所薦中書舍人苗延嗣、呂太一,考功員外郎員嘉靜,殿中侍御史崔訓,皆位清要,日與議政事。故當時語曰:令君四俊,苗、呂、崔、員。"《資治通鑒》卷二一二"開元八年"記載同。《唐會要》卷五八:"開元五年四月九日敕:尚書省。天下政本。仍令有司各言職事,吏部員外郎褚璆等十人,案牘稽滯。璆稽四道,戶部員外郎呂太一四道。"《通典》卷二四《職官六》:"開元初,置御史裹使及侍御史裹使、殿中裹使、監察裹使等官,並無定員,議與裹行同。穆思泰、

元光謙、呂太一、翟璋,並為裏使。"《全唐文》卷五二二梁肅《外王父贈秘書少監東平呂公神道表銘》:"郴州之嗣曰仁誨,以文學稱,以從父兄太一俱用射策科。太一歷御史、尚書郎、中書舍人、戶部侍郎、右庶子。"

[二]戶部員外郎:《新唐書》卷四六《百官志一》:"戶部……其屬有四:一曰戶部,二曰度支,三曰金部,四曰倉部。……戶部郎中、員外郎,掌戶口、土田、賦役、貢獻、蠲免、優復、姻婚、繼嗣之事。"

[三]惣:為"捴"的異體字。

【按語】

本條材料見《廣記》卷四九四引《御史臺記》,又見《大唐新語》卷八"文章"。呂太一生平事蹟散見於《舊唐書·魏知古傳》、《舊唐書·張嘉貞傳》、《唐尚書省郎官石柱題名考》卷一二、梁肅《外王父贈秘書少監東平呂公神道表銘》等。呂太一頗負才華,能詩,今《全唐詩》存詩一首。

【相關補錄】

《全唐詩》卷一〇〇呂太一《詠院中叢竹》詩:"擢擢當軒竹,青青重歲寒。心貞徒見賞,籜小未成竿。"題下注:"太一拜監察御史裏行,自負才華而不即真,因詠院中叢竹以寄意焉。"

* 張 佶

唐①監察御史②清河張佶[一]，侍兒仙鵝③，能歌舞，能書翰④，常出使，以仙鵝⑤充使典。有客知者，將發[二]之，佶鉤距[三]多數，竟得不發。

【校勘】

①唐：《天中記》卷九無"唐"字。

②監察御史：《天中記》卷九作"監察"。

③仙鵝：《天中記》卷九作"仙娥"。

④書翰：《天中記》卷九作"書畫"。

⑤仙鵝：《天中記》卷九作"娥"。

【箋注】

[一]張佶：唐代曾任監察御史，其餘生平不詳。

[二]發：此處是告發之意。

[三]鉤距：機謀，此處用作動詞。

【按語】

本條材料見宋人溫豫編《續補侍兒小名錄》引《御史臺記》，又見明代類書《天中記》卷九，當摘自《續補侍兒小名錄》。

校注參考文獻

（漢）許慎：《說文解字》，商務印書館 2013 年版。

《爾雅》，中州古籍出版社 2013 年版。

（唐）吳兢撰、謝保成集校：《貞觀政要集校》，中華書局 2003 年版。

（後晉）劉昫：《舊唐書》，中華書局 1975 年版。

（唐）李吉甫：《元和郡縣圖志》，中華書局 1983 年版。

（唐）劉餗：《隋唐嘉話》，泰山出版社 1999 年版。

（唐）張鷟：《朝野僉載》，泰山出版社 1999 年版。

（唐）張九齡等：《大唐六典》，甘肅人民出版社 1997 年版。

（唐）劉肅撰，許德楠、李鼎霞點校：《大唐新語》，中華書局 2004 年版。

（唐）封演撰、趙貞信校注：《封氏聞見記校注》，中華書局 2005 年版。

（唐）杜佑：《通典》，中華書局 1984 年版。

周紹良主編：《唐代墓誌彙編》，上海古籍出版社 2001 年版。

（宋）歐陽修、宋祁：《新唐書》，中華書局 1975 年版。

（宋）李昉：《太平御覽》，中華書局 1960 年版。

（宋）李昉：《太平廣記》，上海古籍出版社 1990 年版。

（宋）王欽若等編：《冊府元龜》，中華書局 1960 年版。

（宋）計有功：《唐詩紀事》，中華書局 1975 年版。

（宋）司馬光：《資治通鑒》，中華書局 1956 年版。

（宋）司馬光：《資治通鑒考異》，影印文淵閣四庫全書本

（宋）王溥：《唐會要》，上海古籍出版社 2006 年版。

（宋）晁公武：《郡齋讀書志》，上海古籍出版社 1990 年版。

（宋）陳振孫：《直齋書錄解題》，上海古籍出版社 1987 年版。

（宋）洪邁：《容齋隨筆》，上海古籍出版社 1978 年版。

（宋）鄭樵：《通志》，中華書局 1987 年版。

（宋）佚名：《唐宋白孔六帖》，影印文淵閣四庫全書本

（宋）王讜撰、周勳初校證：《唐語林校證》，中華書局 1987 年版。

（宋）錢易：《南部新書》，泰山出版社 1999 年版。

（宋）洪邁：《容齋隨筆》，上海古籍出版社 1978 年版。

（元）馬端臨：《文獻通考》，中華書局 2011 年版。

（元）陶宗儀：《說郛》，上海古籍出版社 2002 年版。

（清）陳夢雷編：《古今圖書集成》，中華書局、巴蜀書社 1985 年版。

（清）勞格、趙鉞撰，徐敏霞、王桂珍點校：《唐尚書省郎官石柱題名考》，中華書局 1992 年版。

（清）趙鉞、勞格撰，張熱忱石點校：《唐御史臺精舍題名考》，中華書局 1997 年版。

（唐）林寶撰，岑仲勉校記：《元和姓纂》，中華書局 1994 年版。

（清）彭定求等編：《全唐詩》，中華書局 1960 年版。

（清）董誥等編、孫映逵等點校：《全唐文》，山西教育出版社 2002 年版。

陳尚君輯校：《全唐文補編》，中華書局 2005 年版。

吳鋼主編：《全唐文補遺》，三秦出版社 1994—2014 年版。

嚴耕望：《唐僕尚丞郎表》，上海古籍出版社 2007 年版。

岑仲勉：《唐人行第錄》，中華書局 2004 年版。

［日］池田溫：《唐研究論文選集》，中國社會科學出版社 1999 年版。

蔣鴻禮：《敦煌變文詞義通釋》，上海古籍出版社 1997 年版。

張相：《詩詞曲語詞匯釋》，中華書局 1953 年版。

郁賢皓：《唐刺史考全編》，安徽大學出版社 2000 年版。

郁賢皓、胡可先：《唐九卿考》，中國社會科學出版社 2003 年版。

孫映逵校注：《唐才子傳校注》，中國社會科學出版社 2013 年版。

張國剛：《唐代官制》，三秦出版社 1987 年版。

陶敏：《全唐五代筆記》，三秦出版社 2002 年版。

張思溫編：《積石錄》，甘肅民族出版社 1989 年版。

李時人編：《全唐五代小說》，中華書局 2014 年版。

孟二冬：《登科記考補正》，北京燕山出版社 2003 年版。

丁如明、李宗為、李學穎校點：《唐五代筆記小說大觀》，上海古籍出版社 2000 年版。

張晉藩主編：《中國古代監察法制史》，江蘇人民出版社 2007 年版。

胡滄澤：《唐代御史制度研究》，福建教育出版社 2000 年版。

胡寶華：《唐代監察制度研究》，商務印書館 2005 年版。

傅紹良：《唐代諫議制度與文人》，中國社會科學出版社 2003 年版。

胡可先：《政治演變與唐代文學》，中國社會科學出版社 2003 年版。

戴偉華：《唐方鎮文職僚佐考》，廣西師範大學出版社 2007 年版。

汪聚應：《唐人豪俠小說輯校》，中華書局 2011 年版。

霍志軍：《唐御史臺職官編年匯考初盛唐卷》，臺灣花木蘭文化出版社 2016 年版。

霍志軍：《唐代御史與文學》，臺灣花木蘭文化出版社 2015 年版。

霍志軍：《唐代御史制度與文人》，中國社會科學出版社 2013 年版。

後　記

　　《御史臺記》一書，在眾多唐人筆記中是較為知名的一種。一般來說，唐人筆記多街談巷語、道聽塗說之言，而《御史臺記》十二卷記載"自唐初，迄開元五年。……皆論建置沿革，附以名氏爵里，美惡必書。"（陳騤《中興館閣書目》）陳振孫亦云該書"自唐初迄開元五年，御史姓名、行事及官制沿革，皆詳著之。"故《御史臺記》堪稱唐代御史制度的史料彙編，這也是其受到兩《唐書》《通鑒》編者重視的重要原因。該書在元代散佚，很大程度上與元代蒙古貴族"臺綱盡廢"，監察制度不受重視的歷史文化背景相關。

　　從 2007 年開始，我從事唐代御史制度與文學研究已逾十載，先後出版了《唐代御史與文學》《唐代御史制度與文人》《唐御史臺職官便匯考》之《初盛唐卷》《中唐卷》《晚唐卷》等六本專著，可以說基本涉及了唐代御史制度、御史制度與文學關係的方方面面。在長期的研究過程中，我深感《御史臺記》迄今無人整理，大量資料散見各書，查閱翻檢頗為不便。當時想，如能將《御史臺記》的資料聚攏到一起，進行詳細的校勘、箋注，一方面可以部分復原《御史臺記》的部分原貌，復原唐人著述的情況；另一方面也為學界閱覽提供便利，這便是我整理《御史臺記》的由來。

　　在此次《御史臺記》整理過程中，我充分尊重、借鑒、參考了先賢如池田溫、陶敏諸先生輯佚成果，又吸收了學界同仁對《御史臺記》的研究成果。特別是池田溫、陶敏、李德輝諸先生的輯佚都經過了長時間的精心琢磨，輯佚、校勘的成果都是精到的，值得充分重視。同時，筆者在研究過程中發現先賢時彥成果仍有一些可商榷之處。對此，我在整理過程中擇善而從，又補錄了自己新發現的《御史臺記》佚文。

天水師範學院中國語言文學重點學科為本書出版提供了資助，人民出版社為本書出版付出了辛勤的勞動。在此謹致感謝！限於學力水準，書中錯誤、不妥之處，懇請讀者批評指正。

責任編輯：李之美

圖書在版編目（CIP）數據

《御史臺記》輯注／霍志軍 輯校. —北京：人民出版社，2021.7
ISBN 978－7－01－023465－6

Ⅰ.①御…　Ⅱ.①霍…　Ⅲ.①中國歷史-唐代-紀傳體②《御史臺記》-注釋
　Ⅳ.①K242.042

中國版本圖書館 CIP 數據核字（2021）第 103130 號

《御史臺記》輯注
YUSHITAIJI JIZHU

霍志軍　輯校

人民出版社 出版發行
（100706　北京市東城區隆福寺街 99 號）

中煤（北京）印務有限公司印刷　新華書店經銷

2021 年 7 月第 1 版　2021 年 7 月北京第 1 次印刷
開本：710 毫米×1000 毫米 1/16　印張：16
字數：240 千字

ISBN 978－7－01－023465－6　定價：65.00 圓

郵購地址 100706　北京市東城區隆福寺街 99 號
人民東方圖書銷售中心　電話（010）65250042　65289539